본향
original
hometown

히브리서 11장 14절, 파트리스: 아버지에게 속한 것은 아버지와 조상이 살던 곳, (마13:54, 요4:44, 히11:14) 성도의 본향은 영원한 하나님의 나라이다.

(자유마을, 가정교회 중심으로)

저자 김공수 박사

킹포레스트

KB203529

목록

김공수 박사 저자 약력

유엔참공동체방송 총회장

UN참사랑협동조합 대표

UN참사랑협동조합대학교 총장

UN청렴십자군단 한국총회장

UPF전남종교국장

주)문성유통 회장

주)경산실업 대표

강한대한민국범국민운동영광군본 대표

김공수대업 대표

ANB방송국 사장, 저널 기자

주)환경신문 기자

세계일보조사위원

사) 부패방지 국민운동 총연합 상임위원

에슈아 대학교 아시아 총장

참사랑회 총재

대한예수교장로회 참교회 담임목사 김공수 신학, 종교철학, 사
회복지학 박사

대동초등학교 졸업

함평중학교 졸업

함평농업고등학교 축산과 졸업

단국대학교 상경대학 경영학과 졸업

단국대학교 경대학원 경영학석사

청심신학대학원대학교 교회 경영학

에슈아대학교 사회복지학 박사

주) 세일로, 세일로 신용협동조합 이사장 역임

주) 해피월드한국주재원 근무

행세 대표
신세계 대표
대동면 성 중학교 설립
해보면 향토중학교 설립
광주 동구 18대 국회의원 입후보
서울특별시 서초구 구의원 입후보
대통령 공문 회신 7회
전남 교육감상 수상
전남 선거관리위원회 위원장 상 수상
함평군수 상 수상
자랑스러운 대한민국 국회의원상 수상
대동, 해보, 영산포, 광주, 영광, 공주, 천안, 함평, 강진, 장흥, 영광, 참교회 목회
저서, 본향, 건강비법, 하나님의 뜻, 참부모님 리더십, 참부모님 리더십 중심으로, 박사논문, 종교지도자 리더십 박사논문, 한국 신흥종교 비교 연구 박사논문, 참 리더십 등 다수

제1장 UN 참 공동체

1) 목적과 취지

UN 참 공동체 목적을 달성하기 위해서는 인간관계를 약간 무시해서라도 목적을 달성하는 리더십 스타일이다. 하나님의 창조목적은 성경에 기쁨의 세계이다. 기쁨은 참에서 출발하고 역사의 결실 있어야 한다. 그 취지와 뜻을 이루는 것이다.

우리 민족정신의 바탕은 경천, 애인, 애국에 홍익인간과 광명천지, 단군 실사를 학문적 사례를 들어서 고증하고 우리의 뿌리를 찾아야 한다. 환인이 하늘의 천자로 배달의 땅에 천부경을 가지고 오셔서 제정일치의 한배검 단군 왕조로 이어져 왔다. 이스라엘이 에덴동산에서 아담과 하와로 출발했지만 그 이전에 우리는 국조와 언어, 반도 국가 땅, 역사와 문화가 있다. 인류 역사의 최초의 문화는 휴메니문화이다 당시 사용한 언어는 한글이다. 엄마는 웁마, 아빠는 웁빠, 길을 기르라 사용하였다. 미국 예일대학의 최창규 박사가 기고한 서울 스포츠 신문에 인류 역사 언어학 연구교수다. 참 리더십 연구는 우주의 종교적 영역으로 발전할 수 있는 근거가 있다. 한민족 영성과 만나 토착화된 교회로서 발견한 한국예수교의 영성 신학적인 이해는 원초적 희망의 원리이다. 즉 섭리 사관의 원리, 영지주의의 원리, 풍류 신학적 해석학의 원리였다.

2) 본향은 가족과 함께 하나님을 모시고 예수님이 하나님의 나라와 성전과 예배와 찬양 감사의 참 세계를 세우는 것이다.

종교의 비전은 종교가 가지고 있는 이상향에 대한 지상과 천상의 존재에 대한 해석과 더불어 인간 영혼의 불멸과 영생을 이해하는 환생모티브에 대한 통합심리학의 극복이라 할 수 있다.

형이상적 배경과 영성의 변혁적 통찰에 기반을 두어야 할 것이다. 정치는 메시아의 왕국정치이며, 경제는 온 나라가 지구촌 국가로 치리 위하는 공생, 공영, 공의의 하나님을 중심한 참사랑의 경영이다. 하나님을 몸 마음으로 모시고, 예배와 찬양, 감사의 수신, 제가, 치국, 평천하 대동 사회 참 사랑회이다.

전남 함평군 대동면 덕산리 1083번지 대지 용안 동 마을 187평에 13층 건축과 힐링 공동체 마을 지하 3층, 지상 10층 원룸식으로 45명 이상 공동체 예배와 찬양 감사 명상의 집이다. 1085번지는 주차장과 가족 공원이다. 농가용 전기시설 완료하였다. 황토 황금 맨발 걷기 축복의 용안 동, 참 가정 공원이다.

전남 함평군 대동면 덕산리 1103-17번지는 참이다. 예수님의 생애 로정을 조형물로 만들고 가족과 같이 승용차로 입장하여 예배와 찬양 감사하고 가족과 같이 체험학습을 하면서 쉬어가는 쉼터이다.

전남 함평군 대동면 덕산리 1108-6, 1108-7은 농축임해산물 유통 센타 올림픽 도로 인접 농가용 전기설치 완료하였으며 간이 식당 및 휴게소 주차장, 주말농장, 콘도처럼 민박 촌이다.

전남 함평군 대동면 덕산리 857-26번지 답은 양식장 및 UN 참사랑협동조합, UN 참사랑협동조합 대학교이다. 함평천 뚝방 안에 주차공간 100대와 축구, 배구, 파크골프 및 기타 가족 단위 힐링 코스 철새도래지 5만 평이 조성되어 있다.

전남 함평군 대동면 덕산리 산 117번지, 118-1번지 3,000여 평은 산림 경영사 관리주택 15평 및 참사랑의 힘! 체험장이다. 농가용 전기설치 하였다.

김영조 아버지 명의 전남 함평군 대동면 덕산리 225번지 (고산동길 26-1)은 자택 및 사무실, 기획본부이다. 스토리텔링 관광 레저 종합 단지로 주거환경 사업으로 개선하여 볼거리, 먹거리, 놀거리, 쉬어갈 수 있는 힐링 치유 센타가 친환경으로 돌아가는 자연 회복 운동이다. 지형적으로 대동면은 고산봉과, 석산봉, 장길봉 3봉우리가 포란형으로 감싸고 있다.

덕산리는 아차동, 고산동, 덕산 3구, 덕산 4구이다. 덕산 3구 안에 새로 도로변을 중심으로 신덕이라 한다. 아차 동은 아차천국 마을, 고산동은 하늘마을, 덕산 3구는 천국, 덕산 4구는 용안동 하나님의 얼굴이다. 신 덕은 하늘나라이다. 함평천을 지나서 대동천으로 진입하면 물 좋고, 산림으로 우거진 자연환경은 황금박쥐로 유명하다. 적당한 들판은 풍요와 인심마저 좋다. 청용, 황용, 백용, 흑용, 적용 5마리의 용이 살고 있다. 하천에 워킹할 수 있는 길, 자전거길, 마차가 다닐 수 있는 길, 승마체험 할 수 있는 길을 만들어 유상 레저산업을 개발하고, 고산봉, 석산봉에는 페러글라이딩 체험장 등 항공레저산업을 발전시키고, 함평천과 대동천에는 오리보트, 수상스키 등 수상레저산업을 개발하여 다양한 체험을 할수 있는 '육, 해. 공, 복합레저타운이 천혜의 자연조건을 가지고 형성할 수 있다. 그 외도 소원을 비는 유등놀이, 명상센터, 사랑의 언약을 하는 참사랑 이벤트 등 다양한 체험을 할 수 있는 사업을 만들 수 있다. 다섯 마리 용이 매일 승천하는 레이저 쇼를 하여 전남 함평군 대동면 덕산리 영역에 가면 용이 승천하는 쇼를 관심 유도로 세계인이 모여드는 관광특구 살아생전에 필수 구경하고 건강, 참 기운 풍요, 행복할 수 있다. 머무르는 식사와 용꿈 숙박, 특산물 판매 경제적 소비 운동이 지속되어서 봄, 여름, 가을, 겨울 4계절 관광 단지로 변신한다. 매일 다른 태마를 적용해 다섯 마리 용에 이야기를 불어넣어 용이 승천하는 순간 소원을 빌면 특별히 소원을 들어주는 용으로써 흑용은 취업, 직업에 관련된 소원, 청용은 건강과 관련된 소원, 백용은 임신,

출산, 적용은 이성 간에 사랑관 관련된 소원, 황용은 사업경제와 관련된 소원을 빌고 기도하면 특별히 들어주는 용이다. 용안 동 마을에는 고시 합격한 김강현, 김창권 국방부 예산편성 국장, 김영춘 장군, 김영월 목사, 김공수 목사, 박사, 김낙현 교사, 운동선수, 사업가, 직장인 등이 많은 인재가 배출된 축복의 땅이다.

3) UN 참 공동체 결과
앞에서 서술한 실현 가능한 곳부터 차근차근 조감도의 비전과 꿈을 실현한다면 광주 빛고을 산단 및 함평 산단, 함평 거점 해양 수도로 발전하는 함평 천지 만대 번영! 하나님이 축복한 함평군 대동면 덕산리이다.
김공수는 전남 함평군 대동면 덕산길 17-17에서 출생하여 타향에서 생활하다가 고향을 50년이 지나서 찾아왔다. 이 마을에서 태어나 타향에서 자수 성공하여 자립경제를 이루는 인재들이 아주 많이 있다.
외국에 이민이나 유학 또는 취업해서 잘 사는 분들도 많이 있다.
참 리더십이란 하나님을 모시고 하나님의 창조 이상을 실현하려는 지도력이라 말한다.
리더십 종류가 800여 가지 넘지만 참 리더십은 총체적 참 리더십이다.
모든 리더십은 참, 즉 진실과 성실, 변하지 않는 정의이다. 진리이다.
참 리더십 개론은 우주의 근본 창조주의 심정을 상속받아 창조주의 뜻을 이루려는데 인간이 조력하고 협력하여 창조 이상을 조기에 이룰 수 있도록 리더의 자질과 그룹을 리더 하는 선지자의 역할을 다해야 한다.

예수님의 리더십은 서번트 즉 섬김과 기도, 영성, 청지기, 희생, 말씀, 카리스마 리더십 등이다. 석가모니 리더십은 말씀의 법화경, 믿음과 수행, 행위수행법이다. 공자님의 리더십은 예, 의, 인, 상례, 혼례, 생활의 효와 윤리 법도이다. 마호멧트의 리더십은 카리스마, 말씀 코란경, 룰과 율법, 기도, 모심의 리더십이다. 김공수의 참 리더십은 예배와 찬양, 성령님께 감사의 말씀과, 윤리, 행위, 카리스마, 모심, 기도, 희생, 심정, 영성 등 리더십이다.

2. 제2장 본론

1) 하나님의 뜻

4세 때 대한예수교장로회 통합 덕산교회에 입문하여 학습 세례를 받고, 성 중학교를 세워서 목회자 12명, 사회지도자 10명과 지역사회 봉사하는 11명 합 33명의 예수 제자를 배출한 것이 기적이다. 하나님과 직접 일문일답을 주고받으면서 참 공원 세워서 하나님께 봉헌하는 것이 나의 꿈이자 하나님의 뜻이다.

단순하게 삶을 사는 것이 아니라 운명을 개척하고 환경을 소화하여 비켜라! 나는 하나님의 뜻을 이룬다. 예수님의 심정을 상속받아 예수 닮기 운동이며, 성령의 체험으로 본연의 나를 찾아서 하나님의 참 자녀가 되는 방법과 그 길을 안내한다.

하나님의 뜻은 이스라엘을 선민으로 선택하여 준비하신 것처럼 한반도를 천민으로 준비하여 하나님의 천손 국가로 선택하시어 세계정부를 만들어 하나님의 참 나라로 봉헌합니다.

첫째로 온 인류와 먼저 간 8천억 영혼들이 하나님께 경배와 예배, 찬양과 감사드리는 참 세계 완성입니다.

둘째로 언어와 문화를 하나님의 심정의 언어와 한류 문화를 하늘 문화로 만들겠습니다.

셋째로 역사와 한류 문화 전통을 하나님을 중심에 모시고 잘사는 천도의 길! 모든 경전을 통합하여 천부경의 큰 뜻을 이어 가겠습니다.

넷째로 우리는 흑, 백, 황인종을 초월한 인류 한 가족 공동체로 세우겠습니다. 온 인류의 삶의 질을 높이고 과학적 근거에 입각한 기술의 평준화 모든 인류가 공평하게 배우고 주거환경, 병마와 싸우고, 자연재해로부터 해방되는 안전한 에덴을 회복하겠습니다.

다섯째로 우리는 UN을 중심 한 비가입 국가까지 준회원국으로 모시고 인류 행복, 건강, 풍요로운 참 세계를 반드시 완성하겠습니다.

여섯째로 지구성을 벗어나서 우주 환경 보호와 인류 안전을 바르게 교육하고 UN 세계법을 선포하고 개선하겠습니다.

일곱 번째로 질병과 전쟁이 없는 지상천국을 건설하겠습니다. 감사합니다.

2) 역사의 인물

용안 동에서 태어나 사법고시 합격자, 교사, 공무원, 약사, 운동선수, 사업가, 목사 등 많은 인재를 배출했다. 그러나 정작 하나님이 함께하는 참사랑의 공동체 중심인물이다. 용안 동 마을에 맞는 하나님 나라를 이루어 참 완성이다.

현재 지구상에 인류가 80억 넘게 살고 있고, 먼저 간 영혼들이 8천억이 넘는다. 이 영혼들을 구원 해원 축복과 참 동산 에덴을 회복함이다. 누구든지 하나님의 깊은 뜻을 알고 상속받아 경영 하였은 즉 이룩하리라 하신 마무리를 해야 한다.

어느 누가 먼저 하나님의 뜻을 잘 알고 이루어 드리느냐가 중요하다. 가능하면 주어진 환경을 최대한 활용하면서 최대의 효과를 창출하는 것이다.

어린 나이에 치약 칫솔이 있어야 이빨도 깨끗하게 씻어야 하는데 소금으로도 양치 못 하고 비가 온 뒤 흘러가는 모래 한 줌을 입에 털어 넣고 오른손 검지 손 가락을 입에 넣고 좌우로 씻어서 입안을 행구는 양치질이다. 지금 생각해보면 대단한 용기다.

매일 우물가에서 우물 길러 와야 생활한다. 양동이도 없다. 하는 수 없이 어머님이 머리 위에 짚을 둥그렇게 만들어 고정할 수 있는 받침대이다. 남자이지만 잘 고정해서 무게에 비중을 두면서 발걸음을 조금씩 움직이면서 조절을 잘하면 쉽게 물을 가져올 수 있다. 아무리 큰 뭉 항아리에 부어도 차지 않아서 양쪽 도가니에 철사나 새끼로 매어서 대나무를 베어 양쪽 메달고 머리 아래쪽 팔 위에 매고 채우는 것이 기억에 남는다. 산에 가서 나무를 해오라 하면 어두운 밤이 되도록 나의 키보다 긴 아버지 바지게를 등에 메고 갔으나 내려니 무겁고 지게 다리가 땅에 닿아서 올라가기보다 어렵다. 결국 중간쯤 커브 길에서 넘어져서 무거운 풀나무 지게에 덮쳐서 소리도 지르지 못하고 끙끙대고 있는데 공수야! 공수야! 어머니 목소리가 들려서 힘차게 예! 라고 했는데 초롱불도 없이 산에 오셨다. 겨우 일어나자 집까지 잘 내려왔다. 이런 경우엔 하나님과 대화를 나누고 감사한다. 어떤 책임을 주시더라도 하고야 만다. 어느 날 뒷밭에 고추나무 대를 다 뽑으라고 하셨다. 나는 다음날 교회 가야 하니까 밤새워서 다 메고 교회에 갔다.

3) 중심인물

창조 이래 많은 사람이 이 땅에 왔다 갔다. 하나님의 뜻을 이루고야 말겠다는 사람은 몇 명이냐? 라고 묻는다면 하나님의 대답은 몇 명이라고 하실까? 입니다. 길지 않는 인생이지만 최고의 귀한 생명과 주변 환경을 주시고 하나님의 아들로 택하여 주시고 함께하셨으니 배움도 부족하고 경험도 없지만, 하나님의 뜻을 이루기 위해서 많은 시련과 고통 연단을 하여 준비하셨다. 남은 시간 최고의 기도 정성을 다하고 노력하고 준비하

자. 나와 같은 심정으로 하나님을 위해서 일하고 기도 정성을 다해줄 동반자가 있으면 참 기쁘겠다.

하나, 지구상의 미개척지를 건설과 지구 복지 정책으로 참 사랑회 공동체로 반드시 이룩하겠습니다. 구약과 신약의 주요 인물과 지금까지의 역사의 인물들 가운데서 효자의 아들과 효녀의 딸이 필요하다면 사용하십시오!

둘, 우리는 교통건설과 통신시설을 극대화하여 지구촌 초 복지 건설에 이바지하겠습니다.

셋, 우리는 산림을 보호하고 물과 공기를 잘 활용하여 태양의 빛을 아끼고 절약하겠습니다.

넷, 생명을 보호하고 존중하는 초자연 환경을 지키겠습니다.

다섯, 나눔은 나로부터 실천하여 남은 농, 축, 임, 해산물을 가공하고 관리하여 복지국가에 재 활용 하겠습니다.

여섯, 금융질서와 세계경영 효율성을 극대화하겠습니다.

일곱, 세계국가의 참부모, 참스승, 참주인이 되겠습니다.

여덟, 공생, 공영, 공의 참 공동체를 완성하겠습니다. 감사합니다.

제18대 국회의원 입후보 광주광역시 광주시 동구
참 세계위해서 일하겠다는 다짐과 공약이 크다, MBC TV 광주

방송 10분 2회 방영하였습니다.

120층 국제문화센타 건립과 국제영재학교설립, 동서고속도로 건설 공약 등이었습니다.

신바람 나는 동구건설이 생생합니다. 당시에 지지와 후원자 여러분께 마음속 깊이 감사드립니다. 항상 건강하시고, 참사랑함께 행복하십시오!

4) 하나님께 예배, 찬양, 감사

하나님께 예배와 찬양 감사의 땅이 용안 동이다. 준비된 땅에 참을 세우는 것이다.

네 살 때 교회는 작은 골방에 손바닥 크기의 흑판 하나 걸어 놓은 것이 고작이다.

생활은 가난하나 항상 긍정적으로 효성으로 일관했다. 어려워도 감사! 배가 고파도 감사! 초등학교에 입학하지 못하고 어린 동생들을 업고 손잡고 들과 논, 밭으로 가서 어머니 젖을 주곤 했다. 동네 우산 각에서 잠시 쉬노라면 대소변도 자주 두면은 김영월 목사 화현 할아버지가 따뜻한 온 정으로 도와주셔서 감사드린다.

농사를 벼 수확하여 마당에 동그렇게 벼 단을 만드는데 처음부터 다시 가르쳐 주고, 초가지붕용 마람과 심지어 소매 장군을 지고 일어나 밭에 가서 뿌리는 일까지 잘 가르쳐 주신 멘토이다. 외할머니가 암 닭 한 마리를 주셨다. 김종수 동생과는 7살 터울 있다. 아버지가 6.25 참전 하사관 군 복무로 늦게 귀대하셨다. 나에게 어머님이 큰 숙제를 주셨다. 동생이 밥도 먹지 않고 뼈만 앙상하게 남아 약용으로 주시게 되어서 단지에 닭 1마리를 넣고 바닥에는 조금 작은 단지에 물을 넣어서 밀가루 반죽하여 틈새를 바르고 잘 고아서 국물을 동생에게 주라고 하여 정성을 다해서 조금씩 주었더니 살아났다. 하나님께 감사드린다. 학교에도 입학도 못 하고 어린 동생들을 양육에 최선을 다하였다.

10세에 어느 날 갑자기 직계 김돈명 할아버지가 1,000원 1장을 주시면서 대동초등학교에 입학하라고 하신다. 얼마나 학교에 가기를 원했는지 그 길로 산 넘고 대동천을 물건서 학교 입구에서 김공수 이름을 적고 입학했다. 어머님에게 손수건 1장을 달라고 하니 손수건은 없고 걸레 조각을 가위로 잘라서 왼쪽 가슴에 실 바늘로 달아주어서 다음날부터 초등학교를 열심히 다녔다. 초등학교에 입학해서 도자기 반, 군 대회와 운동장 단상에 올라가 전교생 전체 학생 앞에서 국어책을 또박, 또박 읽었다. 1학년 미술 시간에 그림을 잘 그려서 담임 최안준 선생님의 장래 화가 되겠다는 칭찬도 받았다. 초등학교 4학년 이용원 선생님 담임 기간에 반 급장으로 일했다. 청소하다가 여학생의 손에서 피가 나서 책보자기를 잘라서 감싸주고 선거했는데 여학생들이 많이 손들어 주어서 반 급장도 잘했다.

3. 제3장 결론

1) 기쁨

만물을 창조하시고 기쁘다고 하신 하나님의 창조목적을 이루는 축복의 땅 용안 동 마을이다.

참 아름다워라! 찬송가를 부르면서 혼자 산속에서 낙엽을 모아 집에 땔감을 가져오면서 부르는 노래이다. 항상 하나님을 나의 참 아버지로 모시고 하나님 감사합니다. 예배와 찬양, 감사가 매일 연속된다. 교회가 없어서 어느 가정집을 매입하여 소 마구간을 개조하여 교회로 하여 생활하다가 대나무를 손으로 파서 교회를 지었다. 드디어 전기를 가설하여 대동면 성 중학교를 세워서 33명을 모집하여 졸업을 시켰다. 저녁 수업이 끝나면 중학생 2명 정창 마을 과외 수업지도 차 다녀오면 밤, 12시였다. 다시 학교 공부 준비하고 잠지지만 새벽잠을 깨고 새면하면은 코피가 흘렀다. 통신으로 성경 공부 초급, 중급, 고급을 마치고 루터 신학교를 졸업 했다.

학생회 예배를 드리기 위해 아차 동 마을 가정집에 방문 예수!
천당! 박군의 심정 전단을 전국 가정문서 선교회에서 주문하여
받았다.

2) 성령 은사

나는 성령의 은사를 체험하면서 두렵지 않게 추진했다. 새벽 4
시에 일어나 새벽기도 전에 새벽 교회 종을 치고, 수요일, 일
요일 종을 치는 소년이다. 맥 추 감사는 보리를 드리고, 추수
감사는 벼를 타작하여 드리고, 나의 몸을 헌신 봉사하여 교회
학교 반사와 학생 청년회 회장으로 활동했다. 7일 금식하였다.
하나님께 가족 전도를 기도했지만, 어느 날 외삼촌 문형준 성
경 찬송가를 가져와서 열심히 신앙 했다. 어느 날 저녁밥을 지
어내기 위해서 땔 나무를 아궁이에 불을 피우고 있는 아끼는
성경, 찬송가를 부엌 아궁이에 넣고 말리는 나의 머리 정수리
를 못 박민 각목으로 내리쳐서 붉은 피가 부엌 천정에 솟구쳤
다.
아버지가 나의 생활을 보시고 새벽에 뒤를 따라 교회에 오셨
다. 나는 앞자리에서 통성기도하고 뒤돌아가려는데 맨 뒤에서
아버지가 계셨다. 놀라운 기적이다.

3) UN 참 공동체

UN 참 공동체가 자연스럽게 이루어진 용안 동 마을이다. 어른
들은 어린아이들을 참사랑으로 양육하고, 어린아이들은 어른을

공경하고 부모에게 효도하고 형제간에 우애하며 서로 위하여 사는 공동체 마을이다.

어느 날 추운 초겨울이었다. 호박죽을 맛있게 준비하여 큰 쟁반에 상보를 덮고 아랫마을 집에 가져다주라고 하여 입 기침소리를 하고 죽을 내밀었다. 부부 아저씨와 아들 셋 5명이 호롱 불 도 없이 어두컴컴한데 죽이 들어가자마자 "아! 맛있다!"라고 하면서 저녁 식사하는 모습을 보고 우리도 가난해서 먹을 것 없지만 남을 배려하는 문이순 어머님을 깊이 생각한다.

하나, 노인복지, 청소년 복지, 다문화 복지를 통합 시스템 프로그램을 구축하겠습니다.
둘, 교육의 질을 높이고 심정, 기술, 예술, 특별 재능교육과 영재교육을 시행하겠습니다.
셋, 기독교, 유교, 불교, 이슬람교, 힌두교, 기타 종교 경전 교과서를 제작 배포하겠습니다.

3) 하나님의 참 자녀

산과 바다, 들, 마을 어느 곳을 가든지 어린이 여러분과 어르신 여러분들이 새벽기도회와 어린이집, 성 중학교, 마을 회관, 우산 각 하나님의 참 자녀들이다. 그중에 의인 한 사람이 마을과 면과 군, 나라, 참 세계를 구하는 것이다. 친구들과 어울려서 놀 때도 있지만 마을 정자 언덕 바위에 앉자 묵상과 기도를 드렸다. 참삶이란 종적인 하나님을 중심에 모시고 횡적으로 천지인 참부모님과 하나 되어 자석의 역할을 다해야 한다. 의인들이 줄을 서서 달려오고 끌어 올 힘과 지혜와 권능을 갖자! 드디어 진영선 감독님이 보내온 유투브 3편 영상이다. 유엔 참

공동체 방송, CUN TV이다. 공동체에 대한 메시지 천성경 천일국 국민 서약서, 1,304쪽 38절 1. 심정 문화 전통 상속 공동체, 2. 세계 한 가족, 3. 영육 일체화 완성, 천주 평화 이상세계 완성이다. 2022년 2월 18일 지금까지 활동한 70년 보고와 2022년 1월, 유엔참공체 창간호, 2월 2월호, 3월호, 발간 후 유엔참공동체 유투브 제작하여 기독교 목사와 지인께 전달하여 격려와 응원 전화를 받고 감명을 받았습니다. 말로만 보고한 내용이 아니라 실세화 승리 보고드려서 하나님이 인정해주고 역사하신 응답에 감사드립니다. 2층에서 시편 44편을 봉독하고 나의 갈길 인도하시고 구원하시는 하나님과 천지인 참부모님! 예수님! 성령님께 감사합니다.

꿈을 연 3일 좋은 꿈을 꾸고 기록한다. 성령님의 인도하심 따라서 모피 쇼핑 백에 물고기 5섯 마리 선물 받고, 주변 정리한 환경을 조성해주시고, 대형 침대를 가져오는 꿈과 함평군수 모범 표창장을 받고 좌석에 앉자 있는데 아는 권사의 목소리도 듣다. 남자, 여자 불편했던 것 다 풀고 새로운 출발이다. 덕산 4구 이장 업무협조 전화 상담 후 협조키로 하였다.

4) 참 건강 상식

(1) 2021년 9월 10일 금요일 식중독을 비롯한 배탈의 특효 건강비법, 원로 목사 황박연 정보
뒤뜰이나 노천 습지에서 자라는 머위 2뿌리를 깨끗이 씻어서 팔팔 끓여서 따뜻하게 마시면 된다. 황박연 목사 평생 연구한 수지침 방법을 김공수 목사에게 전수하여서 여러분께 홍보해주라고 전화를 받았다. 유투버 진영선 사장님과 동행 취재하여 홍보한다.

2) 참 천운 천지인 기능 패션클리스탈 한: 하늘 부모님 성회 한 가족 공동체 참부모님 토탈 브랜드 세계화에 앞장서겠다. 우리는 자고, 가고 오고, 입고, 먹고, 자고, 공부하고, 살아가는 모든 환경이 참공동체이다. 하늘부모님의 참사랑 중심으로 인류 대가족 UN참공체이다.

(2) 2021년 9월 11일 토요일
암세포 박멸시키는 식품 15가지

하나, 생강은 면역력을 증진 시키고 항균 작용 함으로써 암세포를 박멸하도록 유도합니다. 혈액순환을 잘되게 도와주며 소화를 잘 시켜 위 질환을 예방한다.

둘, 미역귀, 미역귀는 영양소가 아주 풍부하다. 후코이단이 풍부하여 항암효과가 크다.

셋, 고추는 매운 성분 캡사이신은 암세포를 억제한다.

넷, 노루궁뎅이 버섯은 베타글루칸이란 성분이 세균이 들어오면 방어해준다.

다섯, 쑥은 요모긴과 테미시닌이 암세포를 공격해서 박멸시킨다.

여섯, 포도는 레스베라트로리 풍부 암 예방, 노화 방지다.

일곱 톳은 신체 내 면역체계를 조절 후코이단 성분이 암세포 억제한다.

여덟, 브르콜리는 암 억제 대장암에 효과,

아홉, 인삼은 암세포 전이 예방, 염증 완화다.

열, 콩, 콩은 아이소플라본이 풍부 항산화 항암 작용을 한다.

열하나, 도라지, 항암 작용과 수족 냉증 예방이다.

열둘, 딸기는 비타민이 풍부 항암 작용한다.

열셋, 아보카도는 발암 물질 제거 암세포 성장억제 한다.
열넷, 청국장은 유방암, 직장암, 폐암 등 항암 작용과 간암 기능 개선한다.
열다섯, 녹차는 카테킨 성분이 암 성장을 억제합니다.

3) 소금
반드시 체내 염도 0.9% 이상 유지해야 당분, 지방, 단백질을 소변, 대변, 땀으로 배출한다. 체액도 0.9% 이상 유지한다.
서초동 유원상가 지하 1층에서 주식회사 문성유통시 건강 식품도 취급하였다. 기독교 목사의 소금 요법이다. 매일 목욕시 비눗물로 잘 씻고 난 후에 컵에 소금을 티스푼 3개 정도로 잘 녹인 다음 머리 위 정수리에 한꺼번에 부으면 몸으로 번져 흘러내린다. 그 상태를 유지하면서 타월로 물기를 닦지 말고 손으로 마사지 한 다음에 5분 정도 지나서 내의를 입으면 피부에 소독도 되고 건강에 좋다.

A. 본인 사례
 30년 정도 계속 소금 요법을 시작하여 사용해보니 피로감도 덜하고 피부 상처도 빨리 아물고 좋았습니다.

B. 큰아들 죽염 요법
태아의 태열로 피부에 옹기종기 반점 현상이 일어나서 서울특별시 도봉구 창2동 현대빌라 3층 목욕탕에 죽염을 티스푼 3개 넣고 따뜻한 물에 30분쯤 기다리고 나서 옷을 갈아입었는데, 갑자기 "아빠! 피부 가려움증이 없고 빨간 색깔도 없어졌어요!" 아주 기쁘고 감격한 어조로 직접 피부를 보여주었다. 눈을 의심할 정도로 금방 다 나았다. 선문대 신학과 경희대학교

수석 졸업 후 동대학원 NGO학과 전공 재학이다. 일본 며느리 연세대대학교 일본어 교수.은평구 마을 공동체 임원이다. 3세 남매 초등학교, 유치원생이다.

C. 본인 코 사례
어느 날 죽염을 구해서 사용 설명서를 열심히 읽고 있는데 주문 배달 직원이 코에 죽염 가루를 넣으면 노폐물이 다 나오고 감기도 걸리지 않는다고 하여 용기를 내어 빨대 대롱 속에 죽염 가루를 넣고 양쪽 코에 입으로 불어 넣었다. 잠시 후에 콧물이 쏟아지고 눈물이 핑 돌았다.

4) 참사랑의 힘!

새벽 시간을 활용하여 정심 조식 호흡법, 복식호흡, 단전 호흡을 하되 정직한 몸 마음으로 우주의 근본 된 하나님을 마음속 깊이 모시고 우주의 에너지를 받는다. 상념으로 건강! 돈(부자)! 행복하다! 라고 긍정적 마음으로 생활하는 반복 습관이다. 하나님께서 주신 공기, 물, 햇빛을 잘 응용 개발하여 참사랑의 주인이 되자. 군 생활도 서울에서 신학교를 마치고 오자 대동교회를 개척하면서 국방의무 다했다. 감사드린다.
해보, 영산포, 광주, 영광, 서울특별시 용산구 동부이촌동, 강남구 서초 1동, 도봉구 창동, 공주, 천안, 함평, 나산, 강진, 장흥, 영광, 대동면 참교회 목회를 계속하고 있다. 매일 새벽 1시, 1시 30분에 기상, 아침 운동과 새벽기도로 하루를 시작한다. 예수님처럼 12 제자 대신 개량 육종 흑염소 12두 거금을 주고 사서 기르고 있다.

하나, 건강 운동 기구와 자연건강 지킴이 책자를 한국어, 영어, 중국어, 스페인어, 기타 언어로 보급하겠습니다.

둘, 언론 방송체널을 총체적으로 경영관리하겠습니다.

셋, 경영관리는 시장자율성에 따라 상호 개선하겠습니다.

넷, 마을 단위 한글 학당과 기도와 정성 기도실을 만들겠습니다.

다섯, 명상과, 영성교육프로그램을 단계별 교과정을 구축하겠습니다.

여섯, 태아교육과 명음악, 찬양, 감사의 간증을 사례로 수록하겠습니다.

일곱, 개성이 다른 장점만을 잘 살리고 취향에 따라 교육, 취업문을 확대하겠습니다.

여덟, 부모에게 효도하고 자녀에게 참사랑으로 상생하는 가정 효 문화를 확대하겠습니다.

참사랑의 힘 잠언서 7장 4절 지혜에게 너는 내 누이라 하며, 명철에게 너는 친족이라 하라.   존경하고 참사랑는 참 사랑회 회원 여러분! 40년 넘게 서울특별시 용산구 동부이촌동 삼아 렉스 맨션에 살면서 사과 1개를 1,000원에 사서 다시 쓰지 않고 통장 관리 별도로 하여 두 개를 사서 3개로 불리어 나온 돈이 적은 티끌이 태산이 되어서 수만, 수천이 되고 수억이 되었다. 다문화, 가장 어려운 가정 강원도 그 어느 곳을 가든지 온정의 도움을 드렸다. 질병으로 병원에서 암, 판단 받고 운명한 가정에 성금과 병원비를 서울대학교 유학생 부부가 가스 중독으로 사망 신촌 병원비용 전체를 부담하였다.

다문화가정 공동기금으로 3천만 원 성금으로 기탁 하였다. 전국을 순회하면서 모은 기금을 도와 주었다. 부부는 양발 21년

동안 구멍 난 곳을 자랑스럽게 아내는 신었다, 둘째 딸아이가 사준 구두를 8년 신고 계속 재활용 하였다. 다문화가정 전국 2대 회장 집사람 부회장 함께 거들어 주었다. 일본, 미국, 아프리카, 홍콩 어느 나라에서 오든지 먹고, 자고 쉬어가는 쉼터가 되었다.

그냥 보내지 않는다. 자매결연 맺고 호텔 숙박과 좋은 식당과 관광, 선물 꾸러미와 여비도 주고 공항까지 환송하였다.

아프리카 우간다 빈민촌 성금과 책, 선물을 지원했다.

밤에는 눈물로 기도와 정성으로 새벽공기를 마시면서 열심히 일하고 후원했다.

일본 북해도 도미타 나오미 친정 처 갓집 가정을 방문해서 7일 금식과 아르바이트를 하여 모은 성금으로 유용하게 잘 사용하였다. 가는 곳마다 성령의 인도와 주님이 함께 하나님의 참사랑을 주셨다. 한국 영사관댁을 방문 인사하고 주특기 안마를 해드리고 사정을 상담하니 3회 연장되어 7개월 동거 비자로 봉사했다. 첫 아이 큰딸 북해도 중앙 병원 출산하여 건강한 모습을 보고 기뻤다.

항상 밤잠을 자지 않고 운전 연습을 아파트 단지 공터에서 거듭하여 1978년 초에 자동차운전 면허 2종을 받고 10년 무사고 감사합니다

3번 이상 소리 내어 바른 마음으로 소원을 불러오면 바로 이루어진다. 건강! 부자! 행복!

산이나, 바다, 들, 어느 곳에서나 내가 특허 출원 및 상표 등록 10년간 특허청에 지급하고 관리한 참사랑 회(TRUELOVE CLUB. ORG)이다. 주식회사 문성유통 법인을 설립하여 강남구 서초동 유원 상가 지하 1층을 분양받아서 전도하면 서초1동 교회 목회하면서 기호 1번 서초구 기초의원 입후보로 활동

10% 이상 선거 결과 소요 비용을 환급받았다. 건강식품과 쌀, 미역, 달걀, 건어물, 과일, 녹즙까지 배달해주고 라온스 및 일본까지 고급 시계를 납품하였다.

시작은 아주 적게 출발이지만 하나님께서 함께하시고 주님과 성령이 역사하면 창대하다.

A. 사례

영광교회 시무 10년 기간은 긴 목회 생활이다. 항상 긍정 예배와 찬양, 감사의 생활이다. 예배 시간 전에도 다 같이 먼저 "우리는 참 사랑해요!" 3번 힘차게 구호를 반복해서 결의와 다짐하고 예배를 드린다. 어느 날 갑자기 고압 전기 볼트가 높은 느낌으로 직접 새벽기도회 시간 몸속으로 들어왔다. 새벽 3시 30분이나 4시 사이라 생각한다. 그 이후로 성도들이 찾아왔고 이임 때도 축복받았다. 어려운 환경에서도 박사 학위 3개와 각종 행사를 잘 마무리 했다.

박근혜 대통령 취임식에 81번 호 여의도 국회의사당 초대장 지참 참석했다. 문제인 대통께 박사논문 종교지도자 리더십 책자와 오직 독생녀 저자 김공수 이름으로 청와대에 송부 그 답장을 세종특별자치시 국민권익위원회 소관 문화, 행정, 교육위과에서 정식 공문을 받다.

B. 사례

독산교회 시무 6개월간에 금천구 축제와 교회 성장 십일조 포함 3천 600만 원이다. 매일 예배 정성으로 모심을 다하니, 교회 앞 지나는 행인들이 찬송 소리에 4층까지 들어와 예배드렸습니다. 김대중 대통령께 편지를 보내 국가에 대한 건의로 대통령 특별담화로 발표와 공문으로 받아 교회 보관하고 있다.

C. 사례

강진교회

새벽기도회 전에 일어 공부 마치고 함께 예배 참여하고 축제 3회 유치원, 노인정 부흥회로 많은 역사가 있었다.

옆 건물 피아노 학원이 문을 닫고 정리하는 책상과 악기 에어콘을 매입하여 교회 기증과 장흥교회 성전과 사택에 에어콘 설치 공사하였습니다.

마음의 문을 활짝 열고 기도와 정성을 다하면 결과는 좋다.

속담에 지성 감천! 라는 말이다. 지성을 다해서 노력하면 꼭 이루어진다는 교훈이다.

지금 생각해보니 목욕 정성과 새벽을 지키며 기도는 하나님께서 답을 주다.

　위와 같이 많은 사례연구가 있지만 몇 가지 서술하였다.

앞으로는 더욱 열심히 기도와 정성으로 많은 일을 하나님께 봉헌하고자 합니다.

존경하고 사랑하는 독자 여러분! 자랑할 것 없이 작은 생활의 일상을 소개했으니 너그럽게 이해하시고 도움이 되었으면 합니다. 감사합니다.

참고 1.

전남 영광군 법성면 법성중학교 1, 2, 3학년과 학부모, 교사 학교폭력 예방 교육 장면이다.
상대방을 배려하고 고운 말을 사용하고 먼저 인사하고 친절하게 대응하면 오해도 풀리고 싸움은 없어집니다.

참고 2.

전남 곡성군 옥과면 옥과고등학교 녹차 교실 스케치이다. 녹차는 항암 작용에 효과가 있다.

식생활의 습관이다. 정서적으로 마음의 안정이 가고 편안하게 하는 식품이 UN에서 발표한 녹차이다.

자연 녹차 단지나 녹차 나무를 심어서 정신건강에 도움이 되고 항암 작용에 좋은 녹차를 애용하는 식습관도 좋다. 참고 3.돈보다 운을 벌어라! 쌤 앤 파커스 출판사 저자: 김승호 212쪽 천이다. 얼이란 주역의 괘상은 천이다. 힘의 원천으로서 영혼을 의미한다. 64괘 주역의 원리로 운을 경영하는 법이다. 얼굴은 우리의 정신과 혼이 들어있다. 웃으면서 기쁘게 감사하는 마음은 천지의 운을 융합 천운을 끌어오는 기술이다. 타고난 팔자를 뛰어넘는 경영의 기술이다.

1. 차도와 영성
1. 영성 생활이란 무엇인가?

현대 생활에서 인격, 신격, 심신 수련 등 수행을 통해 자아를 찾는 진리를 추구하는 것이다. 영성에 대한 의미를 철학자들은 자기초월적 능력, 심리학자들은 인간에게 에너지 혹은 행동의 능력을 사회복지영역에서는 인간의 통합적인 건강을 향한 인간의 갈망으로 종교학자들은 거룩한 실재와 관계에서 발생하는 자기초월로 기독교에서는 하나님과의 교재의 삶으로 기독교에서는 영계와 육계는 하나님을 부모로 모시고 영계의 실재와 가치관의 삶이라는 것이다. 하나님과의 심정 일체의 삶이다. 세계평화통일가정연합은 창조주신이다. 하나님은 인간의 부모이시다. 하나님은 구원의 하나님이시다. 효심의 영성, 자기 비움의 영성, 참사랑의 영성, 식구 공동체의 영성이다. 천지인참부모의 삶을 닮고 원수까지도 참사랑으로 하나님아래 하나의 대가족을 완성하는 것이다.

우리는 이성과 과학의 힘 의해 생활하고 있지만, 진리 말씀을 묵상하고 원리 영성 생활을 통해서 자신의 인격 완성과 심령의 기준을 높여서 행복한 삶의 질을 높이자는 것이다. 온 인류가 영성을 공유하면서 신. 인. 애 일체 이상을 완성하는 것이다. 예수님만이 느낄 수 있는 경지의 생활입니다. 참부모의 말씀과 통일사상에서 보는 영성의 생활은 인격 완성과 우주의 물질로부터 내가 태어났기에 우주의 부모와 하나 되고, 나를 낳아 주신 육신의 부모에게 효도하는 것과 나에게 영을 불어 넣은 하나님 부모님 모시고 더불어 사는 것으로 본다. 배꼽 안복 건강 비법으로 일본 스기야마 타이끼 선생의 배꼽 마사지로 손쉽게 질병 치료 비법 등도 생활 습관과 음식, 운동이라 한다.

개발한 HQ-8000해피헬스 한국 피스월드 메디칼(주)의 물리치료와 훈독교재를 매일 30분 이상 훈독과 에배와 찬양 감사! 이다.

우리의 인체 중 복부야말로 우주와 연결되며 인간은 욥기서와 요한일서, 건강원리에 기록된 인체는 우주의 총합 실체상이며 화동의 중심체 즉 소우주이다. 우주 심과 연결되어 있고 태원력을 받고 있다. 복부는 모든 에너지를 받고 주는 충전기와 같다. 손은 하나님께서 각 사람마 다 각 각 다른 인장과 손금을 갖고 태어난다. 하나님 창조의 인이 표시된 것이다. 정신을 집중하고 정성을 다하여 손으로 기운을 주거나 받게 된다. 동양에서의 조상들의 지혜와 건강비법 두 손을 모아 기도을 드리면 좋은 기운이 돌게 된다. 음식이나 운동 명상도 영성개발에 큰 도움이 된다. 배꼽을 중심으로 심장은 머리, 얼굴, 목에 영향을 준다. 둘째, 비장은 어깨에 셋째, 폐는 팔에 넷째 간, 담은 팔과 허리 무릎, 다리에 영향을 준다. 다섯째 위, 대장, 소장은 몸통, 내장에 영향력을 준다. 여섯째, 신장 방광은 허리와 무릎 다리에 영향력을 전달하여 효과를 본다. 좋은 음식섭취와 운동, 명상, 훈독, 영성생활은 우리들의 건강에 좋은 영향력을 준다. 매일 꾸준한 노력과 정성으로 실천하는 생활이 중요하다.

2. 영성과 차도

영성과 차도는 영계가 있는 것을 확실히 알아야 인간은 지능이 있기 때문에 좋은 것이 있으면 나쁜 것을 버리고 그곳에 가게 되어 있고 차원 높고 가치 있는 곳이 있으면 그곳에 가는 것이 인간의 본성이다. 영계의 실존을 알아야한다. 영계와 육계는 하나님을 모시고 참사랑으로 하나 된 세계이다.
둘째 하나님을 부모로 스승으로 주인으로 왕으로 모시고 사는 것이다. 셋째 영계는 하나님이 중심이 되는 참사랑으로 엮어져 있다는 것이다.
영성은 심정의 뿌리이다. 심정의 뿌리가 참사랑이다. 인간, 만물, 하나님과 조화의 세계이다. 차 도구 들이 대나무로 사용하는 것도 대나무는 땅의 기운과 태양의 기운 달 기운, 별의 기운, 인기도 잘 전달한다고 한의학자들이 죽염을 연구 하면서 시험한 결과이다. 죽염을 굽게 될 때에 서해안의 소금을 대나무 통에 넣어서 황토 흑으로 발라 막고 9번 구어 낸 것이 죽염이다. 대나무를 타고 신 내림이 빨라지는 이유도 여기에 있다고 본다. 대나무의 성질은 곧고 자라게 될 때 한꺼번에 자라고 매듭을 지어서 자란다. 차나무가 맑고 깨끗한 야산에서 자라서 이슬을 머금고 잘 자란 첫물을 정성 드려서 음용할 수 있도록 한 잔의 차를 마시는 과정과 정성은 곧 사랑이다. 도구를 사용하는 다기에 따라서 그 정성의 차이가 있고 대접하는 자와 마시는 대접 받는 이의 마음 자세가 또한 중요하다. 인격을 완성하여 차를 마셔도 신선이 되는 것이다. 수호천사가 협조하고 치유의 능력도 배양 하게한다. 천사는 인간과의 관계에서도 타락한 인간 앞에는 높은 위격을 가지지만, 본성을 회복한 부활한 인간에게는 종의 입장 인간의 심판의 대상이 된다. 따라서 경배의 대상이 아니다.[1] 인간이 찻잎을 끓여서 마시고 과일주로 발효한 떡 차 또는 청태전 차를 마시게 되면 타락한 타락성을 정화하고 순화된 본연의 자아를 발견하고 본심 되로 살고자 한다. 육 고기보다는 식물성의 부드러운 향기와 땅의 기운을 받고 식물의 그린 녹색 특유의 물질을 섭취하게 된다. 태양의 기운을 받고 자란 녹차의 기운은 마음을 다스리고 안정시키어서 고요하게 만든다. 시편91:11처럼 약속 성취를 위해 곤궁 할 때에 천사를 보내어 보호해 달라고 하나님께 구하는 것은 합당하다고 본다. 출애굽기 3:4절 '떨기나무 불꽃 가운데' 나타난 '천사는 하나님의 현현체로 본다. 사사기 2:1절에서 여호와의 사자(천사)가 자기 현현한 하나님이라고 분명히 말한다.[2] 고로 다도는 엄격이 말해서 하나님이 나타나시는 찻잎을 타서 정성 관리 보관하여 음용하면 하나님을 만나게 된다. 다도의 지극 정성의 도에 따라서 그 효과가 다르게 나타나게 된다.

찻잎을 따기에서 우려 마시기까지의 차일로써 몸과 마음을 수

1) 강명호, 『성서에 나타난 천사에 관한 연구』영성연구 창간호, 아산: 선문대학교 출판부, 2011. 2. 1.
2) 김재진, 『칼바르트 신학해부』서울: 한들. 1998. 159.162.

련하여 덕을 쌓는 행위를 말한다.

3. 차도와 명상

질 좋은 명차를 마시면서 명상하는 것은 차원이 다르다. [3]고요
하고 깊은 정신 집중은 자연스럽게 명상의 상태로 이끈다. 이
상태에서 내재화된 대상 도는 중심은 의식이 전체공간을 채운
다. 모든 일어난 관념들은 망상이나 잡념을 일으키지 않으며
평화롭고 고요한 정서의 상태가 유지된다. 감각은 강화되지만
감각으로부터 마음이 흔들리지 않는다. 깨어있는 주의력 상태
를 유지한다고 할 수 있다. 화두를 어떻게 시작하느냐에 따라
서 다르고, 음악의 리듬이나 다기의 모양이나 찻잔의 색상에
따라서도 다르게 나타난다. 녹차의 색상과 의상의 종류와 차를
마시는 곳에 따라서도 차이가 다르다. 환경의 변화가 아주 다
양하게 나타나고 있고, 차를 즐겨 마시는 동호인에 따라서 차
이 난다. 차도는 개인의 영성만을 강조하는 존 롤즈의 독립된
무연고적 자아보다는 인간의 사회적 삶과 결코 분리되어 이해
할 수 없으며 타인과의 연대와 공존의 공동체적 위하여 사는
세계인 것이다.[4]
화두를 "우리는 참사랑해요!"라고 3회 반복 양쪽 귀에 잘 들리
도록 한다. "천지인참부모님 태평성대 억 만세!"를 30분간 계
속 반복한다.
차는 군자처럼 사악함이 없이 중국은 중용, 검덕, 한국은 중정,
일본은 화, 경, 청, 적, 수행이다.

4. 발효차와 질병 예방

---

3) 이재영, 요가 영성과 가정교회 영성의 비교 고찰, 영성연구제3집 2011, 235.
4) 강화명, 『자유주의와 가정연합의 통전적 영성』영성연구, 아산: 선문대학교 출판부 2011.2, .44.

첫 물의 발효된 청태전 차를 정성 드려서 마시면 마음이 편안해지고 몸을 다스리게 된다. 차의 성분에 따라서 다르지만 차도의 정서에 따라서도 치유의 효과 또한 다르게 나타난다. 차를 마시는 사람이 마음을 비우고 긍정적 자세로 차를 감사와 몸, 마음이 살아있는 마음으로 마시면 더욱 효과적으로 치유의 능력이 두드려지다.

찻잎 하나라도 정성을 다해서 마시면 영적인 병, 신경성, 기타 병을 예방 하고, 치유의 효과도 있다고 본다. 대표적으로 우리나라에서 나오는 향약이다. 100가지가 넘는 한국 전통의 향약 먹거리를 이용한 농, 어, 임, 수산물을 잘 응용 개발하여서 사용하면 많은 효과있다. 차와 100가지 이상의 향약을 혼합 발효 응용 개발하여 청태전 차를 만들어 음용한다면 차도를 통한 질병 예방 및 치유 효과도 상승된다.

타인과의 자유로운 연대가 가능한 이중적 존재로서의 인간론 제시하는 가정연합의 통전 적 영성 이해를 통해 새롭게 극복한다. 5)

차례의 개념은 하나님, 부처님, 인간에게 바치는 예, 차례(Tea Ceremony)라고 한다.

차례 종류는 조정, 유, 불, 도교의 종교적인, 손님맞이 등이 있다. 다도는 차가 가지고 있는 본연의 맛, 향기, 빛깔이 나타나게 되면 덕을 쌓는 도의 경지에 이르렀다고 할 수 있는 것이다. 차는 항산화 기능이 있어 병을 예방하고 노화를 억제한다.6)

우리 몸은 대단히 많은 세포로 되어 있다. 세포내 미토콘드리아가 있어 산소로 유기물 태워 세포 활동에 필요한 에너지를

5) 강명호,『영성연구』창간호 아산: 선문대학교 출판부, 2011.2.44.
6) 박근형, 전남대학교 식품공학과 교수『차의 건강 기능성1, 』서울: 차인지 2009년 5/6월호, 84~97.

생산하여 생명을 유지하고 있다.

활성산소는 노화를 촉진하고 질병을 일으킨다. 차는 활성산소를 소거시키는 탁월한 능력이 있다. 녹차가 가장 뛰어난 항산화 효능을 갖으며, 카테킨류와 테아플라빈류를 포함한 홍차순으로 항산화 작용을 나타낸다. 차는 혈중 지질 성분 상승을 억제하여 혈관 질환을 예방한다. 혈액에 지질 성분 상승을 억제하는 탁월한 능력이 있다. 차는 혈당 상승 억제기능으로 당뇨병을 예방하고 치료에 도움 된다. 차의 건강 기능성 2차인지 2009년 7/8월호 78~82, 9/10월호 78~82쪽에 게재한 내용이다. 차 카테킨의 혈당 강하 메카니즘, 차에 합유된 다당체에 의한 혈당 상승 억제 작용이다.

고혈압 예방과 치료에 도움되는 차의 혈압 상승 억제기능이다. 혈관 확장물질을 보호하여 혈압을 낮춘다. 차카테킨 성분의 혈압상승억제 효과, 테아닌, 사포닌의 혈압상승효과가 있다. 비만 예방과 치료에 효과적인 차의 지방축적억제 기능이다. 차의 건강 기능식 4 차인지 2009년 11/12월호 78~82쪽에 게재한 내용이다. 위장질환의 예방과 치료에 도움되는 차의 헬리코박터 증식 억제 기능이다. 차의 건강 기능성 5차인지 2010년 5/6월호 74~78쪽 게재 내용이다.

숙취 경감과 지방간, 간 세포손상 억제에 도움 되는 차의 간 보호기능이다. 차는 충치와 치주병 발생을 억제하고 치료 효과가 있다. 차는 뇌 신경세포 독성물질을 억제하여 치매와 알츠하이머병을 예방한다.[7]

5. 차의 유래와 차 특성 종류

7) 박근형, 『차의 건강 기능성7,8』2010. 1/2 82~85. 7/8, 74~78.

1) 차의 유래

차의 원산지는 중국의 윈난(운남)성과 인도의 아삼(Assam) 지방으로 모두 남방횡단 산맥이다.

차의 기원은 중국 건국 시대의 명의 발해군 정 태생 진 월인이다. 편작의 아버지가 돌아가신 무덤에 차나무가 처음으로 돋아났다는 전설이 있다. 약방문을 2만 2천은 차나무로 전수 남겼다는 것이다.

달마대사의 전설이다. 타이 라오스의 달마대사가 선종을 포교하려 인디아에서 중국 광동으로 상육 하여 좌선을 하다가 졸음이 와서 눈시울을 떼어서 마당에 던져 이튿 날 아침 마당에 한 그루 차나무가 있어 잎을 따서 달여 마셨더니 잠을 쫓는 효험이 있다고 하여 차나무의 전설이 이다.

인도의 기원설은 기파(Jivaka)란 고대 인디아 왕사성의 명의였다. 빙파사라 왕의 아들 석가에 귀의했다. 기파가 여행을 떠난 후 20살 딸이 죽었다. 평소에 선물을 주지 못하여 후회하였다. 좋은 약을 뿌렸더니 차나무가 돋아났다.

차는 약으로 사용되었으며, 원산지는 중국, 인도이며, 차라는 글자, 당 현종 때 집현전 학자인 위포, 개원 문자 음의 글자에서 인용한 것이다.

일월설은 염색체(2n=30)는 같아서 세포유전학적인 차이가 없고 야생차가 분포되어있는 동남아 일대의 강물은 그 상류가 중국의 사천성과 운남성으로 이어져 있기에 차나무의 원산지는 중국으로 추정된다는 설이다.

2) 차의 특성

육우는 다 경에서 차나무의 형상에 묘사한 차나무는 과로와 같고 잎은 차와 같으며 꽃은 흰 장미와 같고 열매는 병려와 같으며 줄기는 정향과 같고 뿌리는 호도를 닮았다.

차 재배지는 상품의 차는 자갈밭(마사) 중품은 사질양토, 하품은 황토에서 난다고 육우는 다 경에서 표현하고 있다. 개울물을 굽어보며 배수가 잘 되는 산골에 습기를 머금은 공기가 산에 닿아서 안개가 되어 개울물과 함께 흐르는 산 중턱의 경사지가 이상적인 재배환경이며 약산성이 알맞다.

기후조건은 연평균 12~13도에서 17~18도 사이에서 잘 자란다. 최고 온도는 32도를 넘어서는 안 되며, 6 도시의 차나무를 인공적으로 보호해야 한다. 강우량은 1,400mm~2,400mm가 요구된다. 강우량은 고르게 분포되거나 봄과 여름의 생육기에 2/3 이상이 분포되는 것이 바람직하다.

일조량은 홍차의 경우는 충분한 일조량이 필요하지만, 녹차의 경우는 일조가 강렬하면 차잎의 섬유가 발달하여 플라본(flavone, 황색 색소)의 함량이 많아져 쓰고 떫은맛이 늘어난다. 분포지역은 북위 42도 위치한, 크리스노다르이다. 백산차 백두산이고 남방한계는 남위 30도에 아프리카 나탈과 북부 아르헨티나이다. 남한은 지명으로 전북 김제 옥구, 남원, 경남의 함양, 밀양, 울산 이남 제주까지다.

환경요소는 육우 다 경에는 차는 이슬을 무릅쓰고 딴다. 비가 오면 따지 않으며 날씨가 개어도 그으름이 끼어있으면 따지 않는다. 조여려의 북원별록에서는 차 따는 법은 모름지기 새벽을 침노하여 혀를 보아서는 아니 된다. 명나라 장원의 다 록에도 새벽에 따는 것을 으뜸으로 삼았다.

3) 차의 종류[8]

(1) 계절, 시기별 성분의 변화

동진의 곽박은 (276~324) 이아의 주석에서 일찍 딴것은 차라고 하고 늦게 딴것은 차싹이라 한다. 명나라의 장원은 다록에서 차를 따는 철은 이르면 맛이 온전하지 못하고 늦으면 신령스러움이 흩어진다고 하였다.

(2) 채취 시기에 따른 차의 종류

① 납전 차: 동지 뒤의 세 째날 술날 일납일 직전에 따서 만든 차이다.
② 납후 차: 이규보의 유 차시에 전북 운봉면에 사는 노규 선사가 납일 이후에 딴 차를 싫어하였다고 읊었다.
③ 사전 차: 예기 월령 광의 조에는 입춘 뒤의 다섯 번째 술날이 춘사이다. 송나라의 송자안은 사일이란 신력 3월 하순이다.
④화전 차: 실학의 선구자인 이수광(1563~1628)은 지봉유설에서 살피건대 화전 차란 금화 전에 따서 만든 것이다. 라고 하였다.
⑤기화 차: 오대 촉나라의 문신인 모문석이 지은 다보에는 용안 사천성 무평현에 기화 차는 최상품이다. 화전도, 화후도 아닌 때에 만든다고 한다. 청명에 불을 갈기 때문에 기화 차라고 하였다.
⑥화후 차: 금화 뒤에 따서 만든 차를 말한다.
⑦우전차: 1년을 24절기로 나눈 여섯 번째 절기가 곡우인데, 곡우 이전에 만든 차를 우전이라고 한다.

---

8) 성화자, 『향기로운 차문화』(사)초의차문화연구원 원장 2011.4.26.5.

⑧우후 차: 곡우 이후에 딴 차를 말한다.

⑨입하 차: 입하에 만든 차를 말한다.

⑩매 차: 망종 뒤의 임일인 출 매 때에 따서 만든 차를 말한다.

⑪추 차: 입추에서 상강까지 따서 만든 차를 말한다.

⑫소춘 차: 입동에 따서 만든 차를 소춘 차라고 한다.

(3) 발효 정도에 따른 차의 종류

①녹차: 차나무에서 딴 찻잎을 가지고 가공한 차는 불 발효된 차

②청자: 반 발효 된 차

③백차: 약 발효된 차

④황차: 약 발효된 차

⑤홍차: 강 발효된 차

⑥흑차: 후 발효된 차

⑦율무차: 율무로 만든 차

⑧감잎차: 감잎으로 만든 차

⑨각 상표 이름 따라서 반야, 설록, 춘설, 용정, 철관, 오룡, 보이차 등이 있다.

(4)차 만들기에 따른 차 종류

①일쇄차: 불발효차인 녹차는 햇빛에 말려서 만드는 차

②부조차: 가마에 덖어서 만든 차

③증차: 가마에 쪄서 만든 차

④발효차: 효소 발효차 균류 발효차로 나눈다.

⑤효소 발효차: 약 발효차 반 발효차로 나뉜다.

⑥균류발효차: 유산균 발효차와 국균 발효차로 나뉜다.

차의 보관 방법은 북송 채양은 저장 조에 차는 부들 잎과 걸맞고 향이나 약을 두려워한다. 또한 따뜻하고 건조한 것을 좋아하며 축축하고 차가운 것을 꺼려한다고 하여 건조하게 보관하여야 한다.

차의 성분과 효능은 카페인 탄닌산, 수분, 담백질, 지방질, 당질, 섬유, 회분, 비타민A, B1, B2, C, 니코닌 산 등이 들어 있다.

효능은 카페인 알카로이드의 일종으로 생명의 원천인 세포핵의 유도체로 알려져 있으며 이뇨, 강심작용, 근육의 수축력 강화, 피로회복, 각성작용, 주독회독, 두통 치유, 식물검약제 등의 효능이 있다. 탄닌산은 차의 어린 순보다 쇤 잎에 많고 산소를 흡수하여 각종의 색소로 변하면서 떫은맛을 잃게 된다.

6. 청태전의 영성 효과

청태전은 전남 장흥군 유치면 보림사에서 오랫동안 보관하여 음용할 수 있도록 발효한 엽전 모양으로 하여 가운데 구멍을 뚫어 보관하여 왔다. 최근 명차 발굴 작업과 조상님들의 지혜를 찾고 복원하여 일본에서 차 박람회에서 금상을 수상하여 그 가치가 드러나고 있다고 한다. 중국 장흥시도 청태전과 같은 전통 차를 만들어 1,000년 이상의 전통을 이어 가고 있다.

청태전은 만드는 과정이 까다롭지만, 정성으로 만들어 보관하는 것도 대나무 잎이나 죽순 껍질에 싸서 대나무 바구니에 넣어서 돌을 올려서 장시간 압을 가해서 발효한다.

이렇게 정성을 다해서 만든 것을 오랫동안 보관할수록 가치가 더 있으며, 가격도 비싸다는 것이다.

차를 보관 운반하는 것이 어려움으로 낙관을 찍어서 만든 이의 이름, 제조 년 월 일, 차의 채취 장소 등 인증제 생산 유통, 명차를 만든 이의 제다자의 명성이 뒤따른다.

정성드려서 만든 명차의 효능 또한 높게 평가 받고있다. 고로 청태전 차를 어떻게 어떤 마음 자세로 마시느냐에 따라서 영성의 급도 달라진다고 본다.

지름 5cm, 두께 1.5cm, 무게 3g, 동그랗고 새까맣게 세월의 흔적을 잔뜩 머금었다. 한가운데 자그마한 구멍이 있는 엽전 모양이다. 찻잎 쪄 건조시킨 전통 떡차 '세계 명차'이다. 1200년 전 통일 신라시대 부터전해내려온 청태전은 눈을 밝게 하고 해독, 변비 예방, 몸살과 두통 등에 좋다. 약이 귀하던 시절에는 갖가지 약초를 넣어 달여 먹기도 했다. 가정상비약, 다례가 번성하던 고려 시대에는 진상품으로 올리기도 한다. 대표적으로 장흥, 조선 시대 지역 토산품으로 기록한 '세종실록지리지'에는 차 전문 생산단지인 19개소 중 13곳이 장흥에 존재한다고 기록하고 있다.

김정호 '대동지리지'에서 "원래 차의 주산지는 전남이며 장흥의 차 품질이 으뜸"이라고 적고 있다. 장흥이 차의 본산이다. 2008년 금상과 2011년 세계 차 콘테스트에서 '최고 금상을 수상했다. 장흥군은 목포대학교와 산학협력단 생산 농가가 복원을 시작하여 청태전 명품화사업을 핵심 사업으로 농림수산식품부가 향토 산업 육성사업으로 청태전을 선택 했다. 유기 인증을 받은 해원리 야산에서 차잎을 따 솥에 넣고 찐다. 쪄낸 찻잎은 절구로 빻아 성형 틀에 넣어 모양을 만들고 구멍을 내어 말린다. 열 한 번의 손길을 거쳐 7일정도 건조한 청태전은 발효에 들어간다. 문헌에 따르면 20년, 10년, 4년, 최소한 1~2년은 나야 한다. 전통 차, 전통음식, 문화 예절교육, 차 은행, 꾸지뽕, 표고버섯, 들개, 생강 등 지역 특산물과 혼합하여 건강차를 개발해야 한다. 녹차, 황차, 말차 등을 만날 수 있다. 장흥군 061-862-8958, 녹차 제조업자, 차 지도사 김공수 박사 01098212239, kggs9911@gmail.com 이다. 9) 청태전 보전회 회장 신명근 사단법인을 설립하여 활발한 활동을 전개하고 있다.

7. 차그릇과 한복

1) 차 그릇

백차, 황차, 홍차를 마실 때는 향이 짙은 향을 덜 빨아드리는 자기질의 다기를 사용했으며, 청차, 흑 차를 마실 때는 향이 쉽게 옮겨지는 질 그릇를 사용했다.

병차 시대엔 청자가, 연고 차는 흑유 잔에, 산 차는 백자에, 반발효차나 흑 차 등은 자사 등 분 청으로 시대마다 차에 따라 선호도가 달랐던 것이다.

찻물 선택도 중요하다. 유천수가 좋고, 생수나 수돗물을 숨을 쉬는 용기에 담아 8시간 정도 침전시키고 나서 찻물로 쓰면 괜찮다.

음다에서는 팽주가 차를 내어 주면 찻잔을 오른손으로 들어서 왼손 위에 얹고 오른손으로 찻잔을 가볍게 감싸 눈으로는 차의 색을 보고 코로는 차의 향을 맡고 입으로는 차의 맛을 보는 데 색, 향, 미를 차의 3기라고 한다.

첫 모금은 입안에 잠시 머금었다가 삼켜야 한다.

"온 우주가 동원되었구나!" 하고, 아는 마음과 보은하는 사랑의 마음을 가질 때 보건 음료가 아닌 형이상학적인 음료가 될

---

9) 녹색의 땅 전남새뜸. 전라남도 제 355호 2011.10.20. 5면

수 있다. 평안하고 건강한 순간들을 살아야 한다. 청태전 차를 일본에서 금상을 수상한 평화다원 원장이 직접 다려서 천지인 참부모 국민세계지도자호남권대회 2012년 1월 17일 광주광역시 염주실내체육관VIP 대기실에서 대접하고 선물하였다.

2) 한복

고유의 전통 한복은 기가 많이 발생하고 기를 모아온다. 선과 멋이며, 색이다.
도를 닦는 도인이 입는 옷이며 선 복이다. 하늘나라 하나님의 조국, 고향인 대한민국 천일국의 대표 의상이다.
차를 만들거나 마실 때 입는 옷 또한 한복이 잘 어울린다.
차를 준비하는 과정에서 정성을 다해 한복을 입고 접대하고 마신다면 더 많은 기가 흐르고 기, 상승으로 차를 마신 후 영성의 생영체의 영성의 힘이 강하게 유입된다고 본다. 우주의 기운을 모아서 편안하게 마실 수 있는 옷이 한복이라고 말한다.
성염으로 다기와 한복, 다실을 성별하고 성주를 마시고 성별 선남선녀가 합일될 때 기가 발생한다.

8. 결론

예수님은 하나님의 나라가 이 땅에 이루어질 때 예수님의 길은 완성된다고 하였고, 석가모니는 80세 열반 시 법화경을 통해 현실 세계의 수행은 계, 정, 혜, 라고 하였다. 공자는 천국의 사회학적 관계의 외적 형태에 대해 가르쳤다. 이슬람은 하나님께 헌신 악을 멀리하는 것이다. 우리는 하나님의 실체로 진리를 가지고 천지간에 천일국을 실체적으로 완성하는 것이다.

우리나라의 차는 형태에 있어서 병 차, 떡 차와 산 차, 잎 차로 나누어진다.

우리나라의 차는 병 차가 주를 이루었다. 만들어진 차들은 오래되면 후발효가 이루어지기 때문이다.

정다산이 황차에 대응하여 구증구포라는 새로운 제다 패러다임을 만들어 낸 병 차이다.

초의선사의 자하 신위에게 드린 보림백모 차, 동다송 내요의 잎 차와 떡 차의 내용이 혼재하고 있다.

동의보감의 탕액 편, 고다조 기록에 의하면 살청 하지 않고, 어린잎을 따서 찧어서 떡을 만드는데, 아울러 좋은 불을 얻어야 한다.

호차형 떡차 일 가능성이 크다. 1617년 이전에 우리나라가 홍차 시원국이 된다고 본다. 문선명 선생님은 질병의 영적 원인 하나님과 일치시켜 하나님의 치료 능력을 도모 할 방법에 대해 구체적으로 말한다. 기적은 대가를 지불해야 한다. 문선명 선생의 세계통일과 평화는 참사랑으로 처방의 약재를 사용해야 한다고 한다. 흥진님 영계 메시지는 하나님께서는 자식인 우리 인간이 질병과 고통, 불행, 그리고 죄악으로부터 해방될 수 있도록 직접 역사하시겠다고 하셨다.

홍차형 제다 과정은 채엽 4월 초파일 전후, 시들이기 부뚜막 열풍과 햇빛 시들이기 일광 위조와 실내 위조 그늘 시들이기 실내 위조 후 비비기 유념, 찧어서 비비기, 발효 덩이 지어 상온 발효한다. 건조한다. 좋은 불을 얻어, 햇빛, 온돌, 일쇄 건조, 그늘 냉풍 건조 등이다.

우리나라의 잎차형 발효차의 여러 유형은 홍차 형 재살, 홍 청차 형 차, 청차 형 차, 선악 퇴형 차 등이 있다.

외형 빛깔에 따라 박희준의 자설고에 무이암차에는 흑작설, 일본의 녹차에는 청작 설이라는 이름을 붙였다. 1,000년의 전통으로 이어진 우리의 청작설 녹차와 홍작설 홍차를 우리의 국산차로 세계화에 이바지 하게된다. 한국은 천기, 지기, 인기, 우주의 기운이 강하게 운행하고 있다. 천운, 천복을 상속받아 정성과 사랑으로 차를 만들고 다기와 한복 다도의 정신을 계승 발전시키면 400년 전에 장흥군에서 생산되는 제다법으로 생산한 청태전은 차 약으로 우리 몸을 건강하게 하고, 영성 생활에 크게 이바지하게 된다고 본다.

돈차와 혼용한 제다 방법으로 구전되는 효능 또한 높다고 본다.

장흥군 유치면 봉덕리 보림사 차와 쑥을 넣은 차와 장흥군 유치면 봉덕리 부근의 차와 오갈피 나뭇잎, 쑥이 적을 때에는 어린이가 배가 아파서 배가 부플를 때에 마셨다. 장흥군 유치면 단산리 부근에서는 차와 생강뿌리 유자 과실, 참죽나무 잎을 넣은 차는 배앓이 약으로 마셨다. 열왕기하 4장 32~35절, 엘리사가 어린아이를 살리는 기적은 7번의 정성어린 기도와 정성이었다. 사도행전 3장 1~8절은 베드로가 금과 은은 없으나 내게 있는 것으로 준다. 나사렛 예수의 이름으로 걸으라 하여 앉은뱅이의 오른손을 잡아 걷기도 하고 뛰기도 하여 하나님을 찬양하면서 그들과 함께 성전으로 들어갔다. 대반열반경 575-576 불경처럼 아자타사트루 왕을 위해 월광 삼매에 드셨다. '진리는 만고의 불변이요, 이적 기사는 일시적인것이다. 일시가 만고를 지배할 수 없습니다.' 문선생 말씀 선집 252, 258. 1994.1.1.

장흥군 일대에서 나는 차는 여름철에 이질 배피 걸렸을 때 마셨다. 장흥군 안양면 수양리 수대마을 부근의 차와 소엽, 쑥차는 감기약으로 음용하였다.[10]

호남지역의 돈차의 제다 방법은 장흥군 유치면 봉덕리 이석준 댁 제과 방법이다. 찌기, 더찌기, 찧기, 성형, 구멍 뚫기, 꿰기, 불 쬐기, 1차 건조, 얇게 썰기, 구멍 뚫기, 꿰기, 2차 건조이다. [11]

성형 도구는 손으로 하는 방법으로 長田幸子의 논문에서 발표했다.

녹차 제다의 기초를 소개하면 첫째, 살청, 둘째, 유념, 셋째, 건조이며 초청 녹차는 1차 건조 살 청 건조온도 259~280도 수분 함량 58~64%이며 약간의 끈적거림이 있어야 한다. 2차 건조는 150~170도에서 습도40~45%, 3차 건조는 110~120도에서 수분 약 20%이며 손으로 만져서 단단한 촉감이 있어야 한다. 마무리 건조는 건조온도 50~60도 수분 3~6%이며, 수분 함량 높을수록 맛은 좋으며 변조되기 쉽다

홍청녹차는 살청과 유념을 거친 후 홍청기에서 건조하고, 쇄청녹차도 살청, 유념 후 햇볕에 바싹 건조 시킨다[12].

녹차가 완성 될 때까지의 황치 제조과정이다.

1) 적채반입, 매년 4월 중하순에서 5월경 가공 공장 이동 2) 찌기 3) 냉각, 4) 엽타, 5) 조유, 6) 유념, 7) 중유, 8) 재건, 9) 자동 건조 사상 제조공정은 1) 사상 차 총합 2) 사상 차 건조 3) 선별, 4) 합 조, 5) 포장, 6) 출하, 7) 판매이다.

우리나라의 녹차 산업은 밝다. 기계 설비를 일체 자동화시스템은 3억 5천만 원 공장부지 및 공장 차밭 시설 등 운영비 등

10) 박희준, 『우리나라의 발효차의 연원과 고찰』서울: 한국발효차연구소 소장 2011. 8.
11) 같은책 9.
12) 송해경, 『녹차제다의 기초』원광디지털대학 2011. 4.

기타 비용으로 채정해볼 때에 약 25억 원에서 30억 원을 투자하고, 중앙정부나 도, 지방자치단체에서 적극적인 지원과 홍보 교육이 지원되어야 한다고 본다.

장흥군의 청태전 차의 보급과 효능으로 영성 생활에 도움이 되었으면 한다. 탐진강, 정남진의 바다와 천관산, 사자산, 제암산, 억불산, 국사봉, 수리봉 등 산수가 빼어나 제일강산이라 부르고 있다. 정남진은 우리나라의 최 남쪽이다. 우주의 중심이다. 참아버님께서 조국 순례를 시작하면서 장흥 정남진에서부터 출발한 곳이며 3번 이상 주무시고 가신 곳이며 길게 흥하는 고장으로 축복해주시고 한학자 참어머님께서도 세계평화여성연합 집회를 마치시고 현 장흥교회에서. 참사랑 리더십 주무셨다.

2. 참사랑 리더십

참사랑은 하나님주의다. 부자지 관계이다. 하나님은 종적인 인류의 참 부모, 참부모님은 횡적인 참부모님 이시다. 즉 참부모님은 종적인 무형의 하나님이시오, 횡적인 유형의 참부모님 이시다. 즉 재림주, 메시아, 구세주, 참부모, 천지인 참부모, 만왕의 왕 사상이다.

종적인 하나님의 참사랑, 참 생명, 참 혈통을 횡적으로 실체화 시킬 수 있는 참부모, 참스승, 참주인, 참왕의 실존이다.

제1절 연구범위 및 목적

일반적, 종교적, 참사랑 리더십으로 구분하여 연구 하였다. 참
사랑 리더십에 초점을 두고. 참사랑회를 중심한 실적을 중심하
여 연구대상으로 연구하다.

제2장 리더십에 대한 이론적 고찰

제1절 리더십 개념

1. 일반적 리더십
1) 연구의 배경
 리더십의 어원은 '리탄'이라는 말은 앵글로 색슨 어이며 "가
다"라는 뜻을 가진 말이다. 리더십은 민주적, 가치적 지향적,
방향성이라 한다. 13)
리더십의 기초 이론은 특성이론, 행위이론, 상황 이론, 시대순
발전 변혁이론 이다.
리더십이란 개인이나 단체가 목표를 달성하기 위해 지도력을
지속적으로 영향을 미치는 것이라 하며, 시기, 환경, 개성에 따
라 변화한다. 현대는 천지인 참부모님을 중심한 참사랑 리더십
을 연구해야한다.
2) 리더십 스타일
리더십 스타일에는 타스크사고 타입은 임무를 수행하는 타입이
고, 관계중시타입은 인간관계를 중요시하며 일을 수행하는 리
더십이다. 이상적인 리더십은 타스크사고 타입과 관계중시타입
의 2가지를 다 가지고 있는 사람이라고 한다.
제이트게이스트 리더십은 시대마다 달라서, 시대마다 그 시대
에 맞는 리더십의 스타일이 있다고 말한다.

---

13) 양참삼, 『리더십을 정의하라』, 서울: (경문사 2003).

원칙중심의 리더십은 스티븐 코비의 리더십 이론 7가지 습관이
라 하며, 원칙중심의 리더들의 특징이라 한다. 배우고, 서비스,
긍정적 사고, 신뢰, 균형, 모험, 시너지 활용과 자기 쇄신이다.
주도성, 비전제시, 선택과 집중이 성공 습관이라 하였다.
5단계 리더십이란[14] 유능한 개인, 조직에 기여, 유능한 관리
자, 유능한 경영자, 의지가 강한 성격의 소유자이다.

3) 리더십 전통이론

리더십의 본질은 첫째, 성실이다. 둘째, 통찰력이다. 셋째, 직
관이다. 넷째, 헌신이다. 다섯째, 대화이다. 여섯째, 경영계획이
다. 여섯째, 풍요이다.

성공을 위해서는 규칙도 바꾸고, 기회도 잘 포착한다. 본성 교
육이며, 자비, 근검, 겸허이다.

어익의 리더십 이론은 개인의 자질 6가지를 들고 있다.

첫째, 자신, 둘째, 개성, 셋째, 활력, 넷째, 지성, 다섯째, 의사
전달 능력, 여섯째, 판단력이다.

2. 종교적 리더십

교회 리더나 다른 종교의 리더는 필요한 조건이나 스타일 행
동, 양식 리더십에 그 종교의 교의를 중심한 목적을 더해가지
고 리더십을 발휘해야한다.

종교마다 구원의 틀 속에 넣어서 전체를 넣으려 해서는 아니
된다. 각 종단만이 가지고 있는 특성과 소질을 가지고 사회에
봉사해야하고, 하나님께 영광을 돌려야한다. 단체들도 협동하
고 참사랑의 공동체를 만들어 가야한다. 모든 종교 지도자들이
하나님의 말씀을 전달하며 하나님의 뜻에 부합하도록 도와준
다. 하나님의 말씀을 믿고, 사랑하고, 복종하여야 한다. [15]

14) 폴린, 『경영의 극대화』, 미국: (경영학자 동기부여 이론).
15) 윤영호, 『설교의 전달을 위한 커뮤니케이션 이론』서울: (침례신학대학교 목회대학원 2000), 7-21.

3. 참랑회 리더십 참사랑

참사랑 리더십은 참하나님의 참사랑을 중심한 섭리를 경영하시는 지도력이다.

참부모님의 지도자상은 하나님의 복귀섭리를 완수하겠다는 특별한 소명의식이 특별히 강하다. 참부모님의 철학과 사상에서 강조한 것처럼 하나님주의에 입각한 두익 사상·참사랑주의이다.

1) 기도의 리더십

참부모님은 언제나 기도와 정성을 드리시는 참지도자이시다. 하루 평균 3시간 이상 주무시지 않고 기도와 말씀을 묵상하신다. 하나님께 도와달라는 기도보다는 하나님을 해방, 석방하겠다는 각오와 실천이다.

2) 경영적 리더십

참가정과 참사랑을 중심한 하나님의 평화이상 왕국을 창건하는데 그 목표를 두고 있다.

3) 카리스마 리더십

참부모님을 영적으로 뵙고 찾아온 제자들과 심지어는 참부모님께서 지상에 탄생 이전에도 영적으로 모신자도 있다. 자연과학자이며 화가인 서양인도 영계에서 절대자 하나님을 자세하게 그려서 인터넷 사이트에 올렸다. 그분이 문선생님의 젊은 시절 용포를 입고 왕관을 쓰신 모습이었다.

인생과 우주와 역사에 관한 근본원리를 밝히셨다. 국제 교차 축복결혼, 기술, 교육, 체육, 문화, 예술, 첨단 기술 등 지구촌 참사랑공동체 구성이다.

4) 말씀의 리더십

절대가치에 따른 참사랑, 참가정의 본을 보여 실천하신다. "참사랑을 중심한 위하는 삶이다!." 1,000여 권의 말씀책자가 그 증거가 된다.

5) 비전의 리더십

참부모님은 비전을 소유한 종교적 지도자이시다. 참부모님은 천주를 경영하시는 참하나님의 인류구원 비전을 따라서 천주를 품고 기도하며 살아가는 비전의 종적, 횡적 참부모님 이시다.

6) 팔라우 섬김의 리더십

참부모님은 부모님 심정, 종의 몸으로 이웃 섬김을 실현하는 위치가 참지도자라고 했다.
참사랑을 중심한 희생과 봉사, 섬김의 삶을 살았다.

7) 신유의 리더십

참부모님은 효정천보원 등 신유 은사 이다.

조상해원식과 축복, 악령분립역사, 소원성취 기원제 등 합리적, 물리적인 신유 치유은사이다.

8) 군사적 리더십
최첨단 중공업 기술개발과 선박건조와 해양사업에 따른 인류 식량 해결 대책과 새소망 농장경영으로 북한과 아프리카 등 식량난 해소 등이다.

9) 참사랑 리더십

참부모님의 핵심은 참사랑이다. 참사랑은 참부모님의 가장 강력한 리더십이다.
인생 목적은 참사랑의 체휼이다. 참사랑의 완성이다. 참부모님은 열정, 헌신, 뜻 길, 진념 천일국의 빛과 용광로이다.

10) 심정 리더십

하나님의 심정을 소유한 본성적 호소이다. 참사랑을 중심한 인류 창조 이후 80억 인류구원 섭리에 따라 복귀 노정이다. 탕감복귀에 따라 창조와 재창조로 개인, 가정, 종족, 민족, 국가, 세계, 천주, 하나님까지 해방 석방하시고자 하는 심정 리더십이다.

11) 감성 리더십

사람과의 관계를 중시하고 대인관계에 있어서 감정교류와 소통을 통해 친밀감을 이끌어 내는 스타일 조직의 협력과 정서적

일치감을 강조하는 리더십이다.

12) 논리적 리더십

논리적이고 분석적이며 현실적이고 개량적인 근거를 중심한 주변사람들과의 감정교류에 힘쓰며 조용하고 심각하고 매우 집중하는 편이고 초지일관하는 지도자이시다. 많은 말씀을 하고 창조목적을 이루기 위해 꾸준히 정성을 드리고, 노력하신다.

13) 순차적 리더십

조직적이고 계획적이며 꼼꼼함, 일의 계획과 절차, 마무리를 중시 사업의 큰 흐름을 이해하고 자아 주관을 잘하고 일과 사람을 잘 조직하는 지도자이다.

14) 영혼 리더십

끊임없는 기도와 정성으로 신·인·애 일체 이상을 이루어 하나님의 음성에 따라서 절대적 가치에 따른 영혼 리더십의 지도자이시다.

제2절 참사랑 경영
1. 초 관리
1) 참사랑을 중심

(1) 천주 경영이다.

① 남다르게 생각한다.
② 신문명 개벽 후천시대 천지인참부모 경영이다.
③ 식구를 감동시킨다.
④ 신념과 의지가 강하다.
⑤ 복귀섭리 성공을 위해서 규제도 바꾸어서 간다.
⑥ 기회를 잘 포착한다.
⑦ 경영이념이 천주주의이다.
⑧ 절약정신이 투철하다.
⑨ 절대믿음, 절대사랑, 절대복종이다.
⑩ 모든 사업에 일이 즐겁고 기쁘다.
⑪ 천일국 경영관이다. 순결 혈통유지 보전, 인권유린 금지, 공금약취금지, 본원가정 형성이다.
⑫ 영계와 육계가 하나 되어 하나님의 말씀을 중심으로 하나님을 모시고 참부모님을 통해서 가르쳐 주심을 실천 수행하여 책임과 위신과 체면을 세울 수 있는 효자, 충신, 성인, 성자의 가정의 도리를 다하는 지도자의 영연 세 연합 경영이다.

2. 자아 주관

"천주주관 바라기 전에 자아 주관 완성하라!"라는 좌우명으로 지금까지 살아온 본보기 노정이며, 우리가 본받고 자아 주관하여 3대 축복 이상을 이루어야 한다. 전쟁 중에서 제일 큰 싸움은 우리의 몸과 마음의 싸움이며 겉 사람의 유혹을 물리치고 속 삶의 본심대로 살아간다면 천지인참부모님의 삶을 닮을 것이다.

제3절 가정연합 함평, 강진, 장흥, 영광교회 활동 현황의 나의

장단점

1955년 대한예수교 통합측 덕산교회에 4살 때 하늘의 부름을 받고 17세에 학습과 세례를 받고 17년간 교회학교 교사 대동 성중학교 성경구락부를 세워서 봉사했다. 목회 40년간의 하나님과 주님의 소명이다. 영성설교와 신유의 은사는 하나님께서 주신 천품과 천성으로 큰 은혜를 주셨다. 신학통신강좌 초급, 중급, 고급, 루터란아워 신학과를 졸업하다. 중.고등학교 웅변 대회 1등 수상하면서 발표력이 강하다. 노래는 소질은 없지만 계속 연습과 노력이다. 부족한 점은 구체적인 계획 수립과 끈 기력이다.

고향 함평교회에서의 목회 활동이다. 함평군내는 함평 읍 내 교리 423번지에 전 함평교회 이다. 1개 읍 8개면 단위 구역, 홈 그룹의 홈 장들이 아주 적극적인 활동을 하고 있다.
함평교회 시무 발령은 2000년 10월 1일이다. 8일 임지에 도착하여 20여 명의 중심 식구와 매일 성 초 기도회를 8년간 계속했다.
전 읍, 면 남북통일운동 국민연합결성과 함평군 남북통일운동 국민연합결성으로 계속 활동 중이다. 부설로 훈독 대학을 설립하여 10년간 계속 교육하였다. 월, 평균 80-120명 정도 제1기 생으로 출발하여 지역 인사와 외부 강사님을 초청 강의와 훈독회를 실시한 결과 교육생이 1,000명이 넘었다. 2005년 2월 28일 10시 30분에 함평군 문화 체육관에 3,000명을 초청하여 참 부모님 세계 활동 보고와 축복식을 갖게 되었다.
대통령, 통일부 장관 등 축하 화환과 축하 전보는 많은 감명을 주었다. 식순 안내장에 참부모님께서 김공수 회장, 서명하셨다.

지금까지 대회와 각종 행사에 적극적으로 식구 여러분들이 헌신적으로 봉사 활동하여서 세계평화여성연합, 국제축복가정들의 참사랑 봉사활동, 남북통일운동 국민연합의 적극적인 내외 교육 활동, 산수원애국회 활동, 참사랑회 봉사활동 등은 지역 문화 축제 때 통역, 안내방송, 장기자랑, 음식시식회, 문화 해설사, 지역정서에 따른 다양한 노력봉사로 유명인사로부터 표창과 물질적 지원도 받았다. 참사랑 영농 경영이다.

교회학교 어린이들을 위한 영어, 일어강좌는 09:00 교회학교 시작 전에 교육하고, 여름, 겨울에 따라 특별 교육도 실시하고 있다. 함평은 한자로 다함(咸)자에 평할 평(平) 함평이며 호남가에 첫머리에 나오는 함평천지이다. 인심 좋고 인물을 많이 배출한 고장이며, 분기 형으로 지형지세가 기운이 꽉 차는 곳이기도 하다. 특히 격암 유록 남사고 선생이 예언한 길지이기도 하다.

2008년 나비축제는 엑스포로 4월 18일부터 6월1일까지 특별 전시장에서 개최되었으며 함평군 개 군 600주년이 되는 해이기도 하다. 천지인 참부모님과 문형진 세계회장님 일행을 모시는 것과 나비엑스포 성공 개최 등 공연이었다. 함평군청 참부모님 특별 하사금과 김공수 회장 사인과 나비 날리기 케이스에 사인해주셨다. 나비는 무병장수, 청정지역, 부부금실을 상징하며 참사랑, 순결을 뜻한다. 수컷 나비 생식기가 암컷나비 생식기를 막고 죽게 되면 알을 낳아서 애벌레, 번데기, 나비가 된다.

강진교회에서 1년 9개월 동안 2009년도 전국 우수교회 세계회장 표창, 천주청평수련원 전도 우수교회 표창과 2010년도 청소년유해감시단 사업 활동, 서남 권 다문화가정 합동체육대회, 일어, 영어 특별교육과 활동이었고 하트 딸기 재배에 따른 기술조언으로 영농법인 발족 활발한 활동이다.

장흥교회 1년 재임 기간 현재까지 35인승 대형 버스 구입으로 일요예배와 행사에 적극 활용과 장평중학교 실내체육관에서 2010년 8월 24일 장흥군 참사랑회 그룹 한마당 대축제예배이다. 교회학교에서 예배 후 영어 지도와 매 3개월마다 다문화가정 생일축제이다. 참부모님 리더십 책자 발행으로 1,000여권 보급과 참부모님 자서전 430권 보급이다. 특별 지도자 127일 교육을 마치고 매일 새벽 2시30분에 210배 경배, 천복함 어인 날인 참부모님 8대 교재교본 전수이다. 2010년도 광주전남 활동 우수교회 2위이다.

영광교회 목회 10년은 교회 법인과 강한대한민국범국민운동영광군본부 승공국민새마을운동 이다. 오직 독생녀와 종교지도자 리더십 문재인 대통령님께 송부 2회 회신을 받았다.

교회 앞 도로공사와 옹벽공사, 성전 지붕 강판 공사와 조경사업 등이다. 참사랑 공동체 새롭게 출발한 것이다.

제4절 말씀

1. 참사랑 리더십
1) 창조 이상

(1) 말씀 중심한 참사랑공동체 실현

① 좋아서, 곧 기쁘기 때문에 그 기쁨을 얻기 위해서 하나님은 세상을 창조하셨다.
② 사랑의 실현을 통해서 기쁨을 얻으려고
③ 인간과 만물이 하나님의 사랑을 중심으로 하나 되어 화기애

애한 사랑의 세계를 이루는 것을 보고 기뻐하기 위해서

④ 인간이 하나님의 사랑을 중심으로 하나의 참된 부부의 인연을 맺고, 하나의 참된 사랑의 가정과 종족, 민족, 세계를 이루는 것을 보시고 기뻐하시기 위해서

⑤ 인간과 사랑으로 하나 됨으로 말미암아 사랑의 기쁨을 맛보기 위해서 피조세계를 창건한 하나님이었다. 그것이 하나님의 창조이상이다.

- 문선생 말씀 중에서 2007. 7. 29 -

3. UN 참사랑협동조합대학교

제1장 국제결혼

지역사회 주민 본인의 자녀가 축복 결혼을 하여 일본, 필리핀, 태국, 기타의 나라의 신부들이 다문화가정으로 정착이 되고 국가에서도 많은 관심과 배려, 자녀 2세, 3세 교육에도 적극적인 지원이 뒤따르게 되자 스스로 참가정운동에 앞장서야겠다고 결심하여서 원리교육을 받고, 본체론 세미나, 훈독회, 종교지도자 리더십 등 교육과 축복식에 참여하여 교회 모범적인 식구로 거듭나고 있다.

제2장 참 리더십 농법

참 농법이란 하나님을 중심으로 만물과 인간·하나님을 중심으로 만물과 인간·하나님이 심정 일체를 이루어 상호 수수작용에 의해 창조목적 이상세계 건설의 표준 농사법이다.

1. 농촌 중심으로 연구사례

농촌목회로 시작한 8년간은 농촌에서 직접 논농사 밭농사 등 특수작물을 재배하면서 같이 연구하고 좋은 농사법을 가르쳐 주는 것이다. 즉 신농법을 소개하고자 한다.
먼저 하나님을 중심한 신농법을 체계화 한 것이다. 참부모님의 리더십을 중심한 참사랑 영농 경영이다. 존재계는 우리가 잘 아는 대로 물질로 된 우주가 있다. 보통사람으로서는 인식할 수 없는 또 다른 세계 영계가 있는 것이다. 영계의 구성요소를 영 물질이라고 정의하고 육감으로 넘어선 영감이다.

2. 하나님이 농업에서 하는 일
3. 하나님의 마음을 움직여 농사를 잘, 경작할 수 있는법,
   농림수축산업 소득의 본질은 하나님이 소득을 정해준다.
4. 하나님께 물어서 농사를 지을 때 고려해야 할 사항
5. 신앙의 방법으로 병충해 방제하는 방안

1) 자주 예배를 드리면서 병충해를 방제해 주실 것을 하나님께 보고 드린다.
6. 고추 역병 방제 방안

 고추역병은 고추 농사에서 가장 피해를 많이 주는 병입니다. 역병을 방제하여 농가에 도움이 되고자 방안을 찾아보았습니다. (연구 포장의 실면적은 160평 528m^2
입니다.)

제3장 UN참사랑협동조합대학교 리더십을 실천하는 함평군 NGO 활동 사례

 바른 선거 시민 모임 함평군 회장 활동을 5년간 열심히 활동한 결과 2005년도 전라남도 선거 관리위원회 상임위원 표창을 받았고, 지역 사회의 회원 여러분들에게 홍보와 지역 신문에

계속 홍보하여 바른 선거 문화에 이바지하게 되었다.

3,000명에게 홍보지를 전하고 연수 교육, 소그룹 활동, 선거일엔 어깨띠를 매고 투표소를 순회하면서 입회자와 관계자 여러분께 인사를 드렸다.

 그 결과로 선거관리 사무소에서 함평군 관내 회원에게 연하장을 보내게 될 때 함평군 담당판사와 같이 인사를 드리게 되어 많은 호응과 협조가 있었다.

부상으로 받은 손목시계를 착용할 때마다 지역사회에 더욱 봉사하고자 하는 마음을 갖게 된다.

4. UN 참 공동체

1. 참 개요

'참' 활동 중심으로 UN 참 공동체를 만들어서 회보를 발간하였다. 함평교회 식구들과 지역사회 봉사활동을 적극적으로 전개하면서 홈페이지도 개설 운영하게 되었다.

 함평군민 회관에서 1,000명 함평군 경노잔치 행사를 갖게 될 때 기념품으로 실크 보자기 1,000개를 기증하고 서명운동도 가졌다. 3,000명 초청 실내문화체육관 축복 행사와, 함평군 국가유공자 단체인 함평군 국가유공자 보훈지회 지회장 박춘원外 57명에게 '국가유공자의 집' 문패를 제작하여 UN참공동체 '증'으로 보급하였다. 쑥뜸과 의료기기와 간단한 상비약을 준비하여 마을마다 순회 봉사도 하였다.

제1절 활동 현황

우리는 참 사랑해요!
http://www.trueloveclub.org/

UN 참 공동체

총재 김 공수
조직: 읍, 면단위 조직원구성
봉사활동: 영어, 일어, 한국어, 참사랑교육, 어학문화교류
EXPRESS CARGO DOOR TO DOOR SERVICE
심리상담, 축복 결혼, 가정 상담, 훈독회 등

상담전화: HP : 010-9821-2239
E-mail : ggs9911@gmail.com

봉사단의 여러분들이 다양한 활동을 전개하였다. (마을회관 청소, 독거노인들을 위한 김장김치 나눔 행사, 소년소녀 결손가정 장학금전달, 나비축제에 자진봉사활동으로 주변청소, 안내방송 중 일어, 영어 등 안내와 통역, 외국인 장기자랑, 일본,

필리핀음식 시식회, 참가정 참사랑운동 캠페인, 군 행정 및 나비축제 멀티홍보 등 다양한 활동을 전개하였다. 훈독대학운영과, 참사랑 합창단 창설활동, 홈페이지에 다양한 자료를 올리고 회원 광장을 확대운영 하여 찾는 사람들이 늘어나게 되었다. 지금은 몇 만 명이 넘게 되었다. 단상 목회는 인원이 한정되어 있지만 종교와 정치를 초월하여 순수한 봉사활동으로 이젠 뿌리를 내리게 되었다. 회원 상호 간의 친목을 도모는 물론 어려운 일을 도와주고 도움 받을 수 있는 제도를 만들어서 자율적인 소공동체 운영을 하고 있다. 예를 들어서 필리핀, 일본, 미국회원 상호간에 공동으로 주택을 마련하거나 자녀교육, 물류 센타 운영, 통신업무, 지역특산물 거래 등 다양한 봉사활동을 전개하고 있다. 아프리카, 우간다, 스와즈랜드 의회 등 한국 UN참공동체에서 따뜻한 참사랑을 담아 보낸다. UN참공동체는 이미 승화하신 안 창성 강사께서 축복가정 특별교육을 청파동 전 본부교회에서 실시 할 때에 문선명, 한학자 총재님 참부모님의 특별지시를 받들어 모든, 축복가정들이 사과 3개를 사서 공적으로 기금을 만들어 활동하라는 말씀을 받들어서 불 침범 통장 만들기 사과 3개 값 당시 3,000원을 저축하여 조금씩 모아서 투자할 경우 이익금을 다시 적금식으로 적립하고 원금을 늘려나갔다. 14년간 3억 원 이상 대 사회봉사 활동에 이바지하게 되었다. 참부모님의 리더십에 따라 참사랑을 실천궁행 하니 엄청난 실적과 그 규모가 확대되었다. 지난번 청평에서 버스를 타고 일산 킨텍스 전시장에 가던 중에 일본 선교사에게 UN참공동체 봉사기금을 전달할 수 있게 되어서 보람된 일이라 생각했다. 이 모든 것은 참부모님의 리더십에 따른 참사랑 경영이념이며 참사랑의 리더십에서 찾게 되었다. "우리는 참사랑해요!"8자 사람들의 마음을 움직이게 되었다. 병자는 병이 낫고,

가정생활이 궁핍자는 풍요롭게 되고 슬픈 자는 행복하게 만들어주는 위대한 힘이 나온다는 것이다.

제2절 참 리더십
1. 위하는 삶으로 본을 보여라.
　UN참공동체 운동은 성인병 예방, 간, 신장, 방광, 위장 등 질병 치료법이다.

제3절 참지도자들의 리더십

1절 알란 레이 톤 의 리더십

1. 5가지 원리[16)]

① 자유롭게 하라
② 실력을 갖추라
③ 상호관계성을 유지하라
④ 신뢰와 책임감을 가져라
⑤ 진실한 행동으로 지도하라.

제4절 구루스의 리더십

1. 6가지 틀[17)]

---

16) 주)ALLAN LEIIGHTON ON LEADERSHIP-2007 WWW.RANDOMHOUSE.CO.UK
17) 주) Mark Athomas 2006　www.thorogoodd.ws

① 꿈을 가진 예언자의 리더십
② 관리기술의 리더십
③ 친화욕구 리더십
④ 민주적인 리더십
⑤ 겸손한 리더십
⑥ 지휘 명령하는 리더십

제5절 리더십 상식

참부모님 장흥교회에서 주무신 곳이다. 읍내에는 탐진강 수변 공원으로 물 축제가 매년 8월에 개최되며, 의학통합박람회와 철쭉 축제, 은어축제, 학 축제, 편백 우드와 메밀꽃 축제, 천관산 갈대축제도 볼거리가 많다. 매주 도소매로 이루어지는 토요 시장과 말 사업 삼합으로 한우, 키조개, 표고버섯으로 유명하다. 백자기의 시원지이다. 광주 장흥간 4차선 공사와 목포 광양 간 고속도로 공사, 목포, 보성 간 철도 공사, 노력 항 제주 성산 항간 오렌지 호 1, 2호 선 운항으로 길게 흥하며, 큰 인물들이 일어선다고 본다. 천해의 친환경의 장흥군은 오래전부터 야생차를 채취하여 발효차를 개발하여 영성과 질병 예방에 기여해 왔다. 산 태극, 강줄기 물 태극, 도로의 굽이 굽이가 태극 모양이다. 3 태극으로 어우러진 이곳에서 나는 청태전의 효과는 세계 명차 컨 테스트에서 금상 최우수 수상하여 그 평가는 세계인이 알아주는 것이다. 잘 음용하여 영성생활에 도움이 되었으면 한다. 마음을 편하게 해주고 성인병 예방과 청소년 정부에서도 도움을 준다. 다문화가족들이 한데 어울려 사는 현실은 문화, 언어, 역사, 풍습과 생활 습관의 차이로 혼동이 있지만 천태전 발효차를 음용하여 영성 개발에 시너지가 된다고 본다. 매년 통합 의학 박람회로 세계적인 명사의 학술발표와 세미나로 건강증진에 이바지하는 장흥군 주변 환경을 잘 응용하여 미래의 꿈과 희망의 복지가 될 것이다.

참고 문헌

주) 다농엔지어링 전단지

송해경, 녹차 제다의 기초 원광디지털대 2011.

성화자, 향기로운 차문화 사)초의차 문화연구원 2011.4.26

박희준, 우리나라 발효차의 연원과 고찰 한국발효차연구소, 2011

조응태, 영성 연구 창간호 아산: 선문대학교출판부 2011.2

알기 쉬운 녹차, 발효차 제다 방법과 차의 건강 기능성 전남: 전남농업 기술원 녹차 연구소, 2011.

녹색의 땅 전남 새뜸 제355호 2011년 10월 29일 5면

영성연구, 제3집 2011.12

참부모님 리더십, 김공수, 한맥미디어 2010.

천국을 여는 문 참가정, 세계평화통일가정연합, 주)성화출판 석준호, 2009.

스기야마 타이끼, 일본 배꼽 안복 법, 2011 박동섭 외 3인 번역

세계경전 Ⅱ, 세계경전편찬위원회 2009.36

5. 참교회 리더십

Ⅰ. 서론

제1장 문제의 제기

참교회 리더십이란 무엇인가? 하나님주의이다. 부자지 관계이다. 하나님은 종적인 인류의 참부모, 참부모님은 횡적인 참부모님 이시다.
종적인 하나님의 참사랑, 참 생명, 참 혈통을 횡적으로 실체화시킬 수 있는 참부모, 참스승, 참주인, 참왕의 실존이다.

제1절 연구범위 및 목적

일반적, 종교적, 참사랑 리더십으로 구분하여 연구 하였다. 참교회 중심한 실적을 중심하여 연구대상으로 연구하다.

.제2장 리더십에 대한 이론적 고찰

제1절 리더십 개념

1. 일반적 리더십
1) 연구의 배경
리더십의 어원은 '리탄'이라는 말은 앵글로색슨어이며 "가다"라는 뜻을 가진 말이다. 리더십은 민주적, 가치적 지향적, 방향

성이라 한다. 18)

2) 리더십 스타일

리더십 스타일에는 타스크사고 타입은 임무를 수행하는 타입이고, 관계중시타입은 인간관계를 중요시하며 일을 수행하는 리더십이다. 이상적인 리더십은 타스크사고 타입과 관계중시 타입의 2가지를 다 가지고 있는 사람이라고 한다.

제이트게이스트 리더십은 시대마다 달라서, 시대마다 그 시대에 맞는 리더십의 스타일이 있다고 말한다.

원칙중심의 리더십은 스티븐 코비의 리더십 이론 7가지 습관이라 하며, 원칙중심의 리더들의 특징이라 한다. 배우고, 서비스, 긍정적 사고, 신뢰, 균형, 모험, 시너지활용과 자기쇄신이다. 주도성, 비전제시, 선택과 집중이 성공 습관이라 하였다.

5단계 리더십이란19) 유능한 개인, 조직에 기여, 유능한 관리자, 유능한 경영자, 의지가 강한 성격의 소유자이다.

3) 리더십 전통이론

리더십의 본질은 첫째, 성실이다. 둘째, 통찰력이다. 셋째, 직관이다. 넷째, 헌신이다. 다섯째, 대화이다. 여섯째, 경영계획이다. 여섯째, 풍요이다.

성공을 위해서는 규칙도 바꾸고, 기회도 잘 포착한다. 본성 교육이며, 자비, 근검, 겸허이다.

어익의 리더십 이론은 개인의 자질 6가지를 들고 있다.

첫째, 자신, 둘째, 개성, 셋째, 활력, 넷째, 지성, 다섯째, 의사전달 능력, 여섯째, 판단력이다.

2. 종교적 리더십

---

18) 양참삼, 『리더십을 정의하라』, 서울: (경문사 2003).
19) 풀린, 『경영의 극대화』, 미국: (경영학자 동기부여 이론).

교회리더나 다른 종교의 리더는 필요한 조건이나 스타일 행동, 양식 리더십에 그 종교의 교의를 중심한 목적을 더해가지고 리더십을 발휘해야한다.

각 종단마다 교리를 구원의 틀 속에 넣어서 전체를 넣으려 해서는 아니 된다. 각 종단만이 가지고 있는 특성과 소질을 가지고 사회에 봉사해야하고, 하나님께 영광을 돌려야한다. 단체들도 협동하고 참사랑의 공동체를 만들어 가야한다. 모든 종교 지도자들이 하나님의 말씀을 전달하며 하나님의 뜻에 부합하도록 도와준다. 하나님의 말씀을 믿고, 사랑하고, 복종하여야 한다. [20]

3. 참교회의 리더십은 참사랑

참교회의 리더십은 참부모님, 하나님의 참사랑을 중심한 섭리를 경영하시는 지도력이다.

제2절 참교회 경영

1. 초 관리

1) 참교회 중심

(1) 천주 경영이다.

① 남다르게 생각한다.
② 신문명 개벽 후천시대 천지인참부모 경영이다.
③ 식구를 감동시킨다.

---

20) 윤영호, 『설교의 전달을 위한 커뮤니케이션 이론』서울: (침례신학대학교 목회대학원 2000), 7-21.

2. 자아 주관

"천주주관 바라기 전에 자아 주관 완성하라!"라는 좌우명으로 지금까지 살아온 본보기 노정이며 우리가 본받고 자아 주관하여 3대 축복 이상을 이루어야 한다.

제3절 함평, 강진, 장흥, 영광교회 활동 현황의 나의 장단점

1955년 대한예수교 통합측 덕산교회에 4살 때 하늘의 부름을 받고 17세에 학습과 세례를 받고 17년간 교회학교 교사 대동성중학교 성경구락부를 세워서 봉사했다. 목회 35년간의 하나님과 주님의 소명이다. 영성설교와 신유의 인물은 하나님께서 주신 천품과 천성으로 큰 은혜를 주셨다.

고향 참교회에서의 목회 활동이다.
함평교회 시무 발령은 2000년 10월 1일이다. 8일 임지에 도착하여 20여명의 중심식구와 매일 성 초 기도회를 10년간 계속했다.
읍, 면 단위 사)남북통일운동국민연합결성과 함평군 남북통일준비위원 결성으로 계속 활동 중이다. 부설로 훈독대학을 설립하여 10년간 계속 교육하고 있다. 월 평균 80-120명 정도 제1기생으로 출발하여 지역 인사와 외부 강사님을 초청 강의와 훈독회를 실시한 결과 교육생이 1,000명이 넘었다. 2005년 2월 28일 10시 30분에 함평군 문화 체육관에 3,000명을 초청하여 참부모님 세계 활동 보고와 축복 식을 갖게 되었다.
대통령, 통일부 장관 등 축하 화환과 축하전보는 많은 감명을 주었다. 식순 안내장에 참부모님께서 김 공수회장이라고 친필로 싸인 해주셨다. 지금까지 대회와 각종행사에 적극적으로 식구여러분들이 헌신적으로 봉사 활동하여서 세계평화여성연합, 국제축복가정들의 참사랑 봉사활동, 남북통일운동 국민연합의 적극적인 내외 교육 활동, 산수원애국회 활동, 참사랑회 봉사 활동 등은 지역문화 축제 때 통역, 안내방송, 장기자랑, 음식 시식회, 문화 해설 사, 지역정서에 따른 다양한 노력봉사로 유명인사로부터 표창과 물질적 지원도 받았다. 참사랑 영농 경영이다.

 교회학교 어린이들을 위한 영어, 일어 강좌는 09:00 교회학교 시작 전에 교육하고, 여름, 겨울에 따라 특별 교육도, 실시하고 있다. 함평은 한자로 다함(咸)자에 평할 평(平) 함평이며 호남가에 첫머리에 나오는 함평천지이다. 인심 좋고 인물을 많이 배출한 고장이며, 분기 형으로 지형지세가 기운이 꽉 차는 곳이기도 하다. 특히 격암 유록 남사고 선생이 예언한 길지이기도 하다.

2008년 나비축제는 엑스포로 4월 18일부터 6월1일까지 특별 전시장에서 개최되었으며 함평군 개 군 600주년이 되는 해이기도 하다. 천지인 참부모님과 문형진 세계회장님 일행을 모시는 것과 나비엑스포 성공 개최 등 공연이었다. 함평군청 참부모님 특별 하사금과 김공수 회장 사인과 나비 날리기 케이스에 사인 해주셨다. 나비는 무병장수, 청정지역, 부부금실을 상징하며 참사랑, 순결을 뜻한다. 수컷나비 생식기가 암컷나비 생식기를 막고 죽게 되면 알을 낳아서 애벌레, 번데기, 나비가 된다.

강진교회에서 1년 9개월 동안 2009년도 전국 우수교회 문형진 세계회장 표창, 천주청평수련원 전도우수교회 표창과 2010년도 청소년유해감시단 사업 활동, 서남 권 다문화가정 합동체육대회, 일어, 영어 특별 교육과 활동이었고 하트딸기 재배에 따른 기술조언으로 영농법인 발족 활발한 활동이다.

장흥교회 1년 재임기간 현재까지 35인승 대형 버스 구입으로 일요예배와 행사에 적극 활용과 장평중학교 실내체육관에서 2010년 8월 24일 장흥군 통일그룹 한마당 대축제예배이다. 교회학교에서 예배 후 영어 지도와 매, 3개월마다 다문화가정 생일축제이다. 참부모님 리더십 책자 발행으로 1,000여 권 보급과 참부모님 자서전 430권 보급이다. 특별 지도자 127일 교육을 마치고 매일 새벽 2시30분에 210배 경배, 천복함 어인 날인 참부모님 8대 교재교본 전수이다. 2010년도 광주전남 활동 우수교회 2위이다.

영광교회목회 10년은 교회 법인과 강한대한민국범국민운동영광군본부 승공국민새마을운동법인등록활동이다.

교회 앞 도로공사와 옹벽공사, 성전 칼라강판 공사와 화장실 이동 공사와 조경사업등이다. UN참공동체 사업으로 새롭게 출발한 것이다.

제4절 말씀

1. 참교회 리더십은 참사랑
1) 창조 이상

(1) 훈독회를 중심한 UN참공동체 실현

① 좋아서, 곧 기쁘기 때문에 그 기쁨을 얻기 위해서 하나님은 세상을 창조하셨다.

② 사랑의 실현을 통해서 기쁨을 얻으려고

③ 인간과 만물이 하나님의 사랑을 중심으로 하나 되어 화기애
애한 사랑의 세계를 이루는 것을 보고 기뻐하기 위해서

④ 인간이 하나님의 사랑을 중심으로 하나의 참된 부부의 인연
을 맺고, 하나의 참된 사랑의 가정과 종족, 민족, 세계를 이루
는 것을 보시고 기뻐하시기 위해서

⑤ 인간과 사랑으로 하나됨으로 말미암아 사랑의 기쁨을 맞보
기 위해서 피조세계를 창건한 하나님이었다. 그것이 하나님의
창조이상이다.

말씀 중에서 2007. 7. 29 -

2. UN참사랑협동조합대학교(예슈아대학교 아시아 캠퍼스)

(법률관계와 농가의 영농기술 등을 점진적으로 교육, 토론하여
그 수가 늘어남에 따라서 공공건물 사무실을 임대하여 매월 정
기적으로 시작하였다. 군수, 경찰서장, 조합장, 교수, 출향출신
유지나, 학교장 등 예술가도 초청하여 다양한 프로그램으로 진
행하였다.

매월 정기 월례회의를 하기 전에 임원을 선출하여 운영위원들
의 모임을 갖고 회비를 각출하여 기금을 늘여 갔다. 선문대학
교도 방문하여 초청강의를 듣고 학교로부터 배려하여 대학교
모자와 기념을 준비하여 사진촬영과 관계를 맺어서 꾸준한 활
동을 전개했다.

1) 본체론 심화 교육

뜻 있는 지도자를 선별하여 일본, 중국, 미국, 등 외국에서 실

시하는 지도자 세미나에 참석케 하여 종교지도자 리더십, 통일 운동과 참가정운동에 대한 실적을 보고, 축복결혼식 현장과 대회에도 참석하여 원리강론, 본체론, 훈독교육으로 남북통일운동에 동참하게 하였다.

2) 참교회 대학원

참교회 대학원 과정으로 대학원 과정은 석, 박사, 평생 교육을 목표로 하여 매월 교재를 자체에서 만들고 교재를 구입하여 보급 하여 지속적인 활동과 정기 간행물을 보급하여 광고와 지역 사회 뉴스를 내보내어서 훈독대학의 활동과 학생회원들의 애경사를 보도하였고 회원 간의 친목과 다양한 활동과 직업을 소개하여 보도하였다. 더욱 친화적 관계로 유지되면서 그 수가 늘어서 120명 이상 회의 갖고 대형버스로 산업시찰과 견학까지 하게 되자 지역에서 바라보는 눈은 달라졌다. 종교단체, 일반단체들도 앞다투어서 노인대학, 건강대학, 농민대학으로 활동 되다.

3) 성화식 주관

UN참사랑협동조합대학교에 입학하여 일정 기간에 소정의 교육과정을 이수하면 수료증을 수여하고 모범적인 활동과 선행한 학생에게는 표창하였다. 승화하여 독실한 기독교 집안에서도 학생이 유언하여서 참교회 승화식 예배와 원전식 예배드렸다. 참성주의식은 행사 때나 월례회의시 진행하여 교육에 쉽게 받아들였다.

4) 참교회 축복결혼식 주례

참교회 UN참사랑협동조합 대학원 학생들의 자녀분들이 가정연합 축복과 결혼식에서 참교회 목사를 초청하여 결혼식 주례를 부탁하면 참교회 축복결혼 식순에 따라서 성주를 마시고 축복결혼 성혼문답을 하여 하객들의 반응도 아주 좋았다.

5) 참교회 축복결혼 식구

본인의 자녀가 축복 결혼을 하여 일본, 필리핀, 태국, 기타의 나라의 신부들이 다문화가정으로 정착이 되고 국가에서도 많은 관심과 배려, 자녀 이세 교육에도 적극적인 지원이 뒤따르게 되자 스스로 참가정운동에 앞장서야겠다고 결심하여서 원리강론교육을 받고, 본체론 세미나, 훈독회, 축복결혼식에 참여하여 교회 모범적인 식구로 거듭나고 있다.

제5절 참교회 리더십 농법

참교회 농법이란 하나님을 중심으로 만물과 인간·하나님을 중심으로 만물과 인간·하나님이 심정일체를 이루어 상호 수수작용에 창조목적 이상세계 건설의 표준 농사법이다.

1. 농촌 중심으로 연구사례

농림수축산업 목회로 시작한 8년간은 농촌에서 직접 논농사 밭농사 등 특수작물을 재배하면서 같이 연구하고 좋은 농사법을 가르쳐 주는 것이다. 즉 신농법을 소개하고자 한다.
먼저 하나님을 중심한 신농법을 체계화 한 것이다.
영계가 먼저 존재하고 하나님이 농작물을 창조했다. 농작물은 스스로 자라는 것이 아니라 자연의 법칙의 지배를 받는다. 그러면서 창조주의 영향을 받는다.

500여 명 초청 버스 10대로 함평군, 영광군, 광주광역시와 서울시, 부산광역시, 전주시, 성주시, 목포시, 일본에서도 참석하였다.

중국 연변 통일운동 추진위원 연수차

중국 연변감옥 체험 학습

6.UN 참사랑협동조합

1. 종교지도자의 리더십 중심으로
1) 이슬람 마호메트

신앙인이 따르게 되고 하나님의 대변이라는 것을 믿게 되었다.[21]

경제 규칙은 돈을 빌려주고 이자를 받지 않고 가난한 자를 위해서 1년에 부자는 40분지 1을 가난한 자를 돕는 '가난 세'를 낸다. 장자에게만 상속하는 제도를 배우자 자녀상속을 해주어 불공평함을 해소했다.

여자의 위치는 당시엔 딸을 낳으면 재난으로 취급했던 시절에 모하마트는 갱신은 여자의 위치에 거대한 발전을 가져왔다. 남자와 동등한 대우와 상속권도 주었다. 결혼 확립은 위대한 업적이다. 결혼 전에는 춤을 추더라도 남자의 손이 닿지 않는다. 코란경에는 "만일 여러 부인가지고 공평하게 거느리지 못하면 한 여자와 결혼 한다" 그러나 다른 절에 보면 "너는 하나 둘, 셋, 넷까지 결혼할 수 있지만, 그 이상은 안 된다."라고 가르친다.

시대정신에 입각한 이슬람의 출발은 기독교의 혼란을 이끌고 새로운 도전과 하나님 알라의 말씀을 외치고 강력한 참주인 리더십으로 공동체를 리더 했다.

인종관계는 인종적 무차별을 강조한다. 어느 민족이나 코란경으로 교육하고 지도하면 형제자매가 된다고 본다. 신앙심을

---

21) 휴스트 스마트, 같은 책, 181쪽.

최우선으로 한 절대 믿음이다.

힘의 이용은 코란경은 용서함을 가르치며 그러나 악을 저항하지 말라는 말과는 전혀 다른 것이다.[22]

다섯 기둥은 그 첫째 기둥은 이슬람의 신조, 기도하는데 충실 하라, 둘째 기둥은 탄원의 기도, 셋째 기둥은 사랑(charity)이다. 넷째 기둥은 '라마단을 지키는 것' 금식이다. 다섯째 기둥은 순례이다.

무슬림의 전통적인 인사는 축소해보면 "살람 알라쿰"(평화가 당신과 함께하소서)이다.[23]

식생활은 가장 일반적인 것은 돼지고기를 먹지 않는다. 멧돼지(산돼지)도 먹지 않는다. 사육도 하지 않는다. "죽은 고기와 피와 돼지고기를 먹지 말라. 그러나 고의가 아님은 어쩔 수 없이 먹을 경우는 죄악이 아니니" 등 꾸란 2장 173절, 5장 4절, 6장 146절, 16장 116절, 등에 근거를 둔다.

죽은 짐승의 고기, 피, 돼지고기, 추락사한 것, 타산 된 것, 뿔에 찔려 죽은 것, 야수에 물려 죽은 것은 금기로 되어 있다. 또한 종교적으로는 금지가 아니나 관습적으로 안 먹는 해산물 가운데서는 비늘이 없는 것, 뱀장어, 게, 전복, 조개, 오징어 등이다. 그 외에도 술, 마약, 대마초는 금지되어 있다.(꾸란 2장, 216절, 5장 92절)

죄의 분류는 이슬람 법학자들의 4가지로 나누고 있다. 첫째, 신의 권리에 관련된 죄, 둘째, 인간의 권리에 관련된 죄, 셋째, 하나님의 권리와 인간 권리에 같이 관련되어 있으나 인간 권리에 관한 것이 더 많은 죄, 넷째, 하나님의 권리와 인간권리에

---

22) 휴스트 스마트, 같은 책, 201쪽.
23) 휴스톤 스마트, 같은 책, 202쪽.

같이 관련되어 있으나 하나님에 관한 것이 더 많은 죄이다.[24)]

누구든지 초교파적으로 코란경을 교육해서 신앙하면 한 가족으로 받아주었다. 돼지고기는 구약의 돼 새김 하지 않는 고기 발굽이 갈라져 있는 고기는 금했으나 로마의 속국이었기에 먹지는 않았지만 돼지를 기르고 로마인들에게 돼지를 납품하였다. 참부모님은 돼지는 혈기를 부리며 잡을 때 소리를 지르기 때문에 그 고기를 먹으면 혈기를 부리게 되므로 도인의 기도정성 생활에는 절제하라고도 하셨다.

영성 리더십 가운데 정치다(신정정치) 이슬람교는 경제, 종교를 따로 생각하지 않는다. 이슬람국가의 주권은 신의 것이다. (꾸란에 의한 권위) 꾸란과 샤리아(이슬람법)는 최고의 법이며 천민으로부터 국가원수도 지켜야한다. 정부의 권위와 소유물은 신과 무슬림의 것으로 정부는 신을 경외하는 정직한 사람에게 위탁되어야한다. 국가 원수는 무슬림상호간에 협의와 찬동하여 선임되어야 한다. 무슬림은 누구나 이슬람국가에 부당하고, 혐오되는 일을 적발 억압하는 임무와 권리가 있다.[25)]

경제는 무하마드는 아라비아 상인들의 지나친 물욕에 대하여 비판했다.

꾸란 89장 20절에 "너희는 지나치게 제물을 사랑하는 도다."

부자가 자신의 돈과 재산만 믿고 교만해져서 신을 거부하게 되고, 결국 그는 비참한 종말을 맞게 된다는 것이다.

---

24) 옹대수, 『이슬람교와 가정교회의 메시아관 비교와 선교적 제안』, (아산: 선문대학교 신학전문대학원 해외선교학 전정 석사논문, 1999), 33쪽.
25) 서정운, 『회회교권에 대한 기독교 선교』, (서울: 교회와 신학 1978), 130쪽.

기본적으로 이슬람은 사유재산을 인정한다. 부유한자는 알라의 가르침에 따라 희사해야 된다고 강조하고 있다.(꾸란 2장 3절, 14장 31절) 부자들의 고리대금이나 이자 취득은 엄금되어 있다.(꾸란 2장 278절, 3장 130절), 금전적 도박 행위(꾸란 2장 219절, 5장 93절)의 금지와 매점, 매석도 금하고 있다.

2) 참리더십 챔피언 내용

(1) 하나님을 가장 잘 아는 챔피언
(2) 사탄을 가장 잘 아는 챔피언
(3) 인간을 가장 잘 아는 챔피언
(4) 영계를 가장 잘 아는 챔피언
(5) 예수를 가장 잘 아는 챔피언
(6) 성경 및 세계종교경전 핵심을 가장 잘 아는 챔피언
(7) 인류역사를 가장 잘 아는 챔피언
(8) 참가정의 핵심을 가장 잘 아는 챔피언

한국 및 세계사회는 불교, 유교, 기독교, 이슬람, 힌두교, 유대교, 무교와, 민족종교 등 다양한 종교와 공존하고 있다. 이와 같이 다양한 종교 현상과 종교지도자의 리더십 스타일은 각각 다를 수가 있다. 다종교사회는 종교 간의 대화와 소통이 가능할 뿐만 아니라 새로운 종교지도자의 유형을 찾아 낼 수가 있을 것이다.
　신종교의 발생은 반드시 시대적인 소명에 응답하는 창조적인 종교지도자의 사명과 결단 및 종교적 이상의 실천을 기성 종단의 책임과 사명을 상실하게 될때에 새롭게 중광 하거나 통합하

거나 새롭게 창도할 것을 제시함으로 가능할 것이다.

　한국의 다종교사회 속에서 문선명 선생의 참부모 종교 통합적 이론의 제시와 실천에 관한 내용은 먼저 기독교의 교회 성장론에 의거한 카리스마적인 지도력이나 복음화 운동을 통한 다양한 지도자의 리더십을 성서적으로 조명한다는 점이다. 구약성서는 종교창시자인 모세나 다니엘을 비롯한 선지자들의 리더십과 신약성서는 예수와 제자와의 관계성과 바울과 교회와의 관계성을 통한 지도자의 다양한 지도력을 통합할 수가 있다는 점이 주요한 부분이 된다. 비교종교학적 조명하에서 특히 3대 축복 사상을 중심으로 문선명 선생 참부모 리더십 8개 항목을 일반 리더십 및 종교지도자 리더십과 총체적으로 정리하여 세계평화통일가정연합의 섭리사 적인 역사를 창조적으로 제시하려고 한다.

　리더십이란 조직이나 단체가 그 목적을 달성하기 위해 영향력을 미치는 것이라는 뜻을 의미한다. 리더십(Leadership)의 어원의 '리탄'(Lithan)은 앵글로색슨어이며 "가다.(to go)'라는 뜻을 가진 말이다. 리더십은 민주적 가치지향적인 방향성을 의미 한다.

　각각의 단계가 다 온전한 구원으로 완성될 때에 복귀섭리가 종결될 것이다. 사탄이 주관하여 온 전체 모든 것을 뒤집는 혁명적인 작업을 그는 수행하였다. 그러기 위하여 그는 부단한 새로운 창조적 지혜를 발휘하였다.

　선문대학교 대학원 교수 조응태 박사의 원리강론 창조원리 책임분담이 원리의 핵심 키워드라고 한다.

　　"정분합 작용과 삼대상목적, 사위기대란 하나님을

정으로하여 그로부터 분립 되었다가 다시 합성 일체
화하는 작용을 정분합작요이라고 한다. 정분합작용에
의하여 정을 중심삼고 2성의 실체 대상으로 분립된
주체와 대상과 그리고 그의 합성체가 제각기 주체의
입장 취할 때에는 각각 나머지 다른 것들을 대상으로
세워 삼대상 기준을 조성한다. 그리고 그것들이 서로
수수작용을 하게 되면 여기에서 그 주체들을 중심으
로 각각 삼대상 목적을 완성하게 된다. 정분합 작용에
의하여 정을 중심하고 2성의 실체 대상으로 분립 된
주체와 대상과 그리고 합성체가 각각 삼대상 목적을
완성하면 사위기대, 선의 근본, 기대를 조성한다(원리
강론, 34-35쪽). 간접 주관권과 책임분담이란 하나님
은 원리의 주관자로 계시면서 피조물이 원리에 의하
여 성장하는 결과만을 보아서 간접적인 주관을 하시
므로 이 기간을 하나님의 간접 주관권 또는 원리 결
과주관권이다."

만물은 원리 자체의 주관성 또는 자율성뿐만 아니라, 그 자
신의 책임분담을 다하면서 이 기간을 경과하여 완성하도록 창
조되었다. 즉 먹는 날에는 정녕 죽으리라.(창세기 2장 17절)고
하신 하나님의 말씀을 두고 보면, 인간 시조가 하나님의 이 말
씀을 믿어 따먹지 않고 완성되는 것이나 그 말씀을 불신하여
따먹고 타락하는 것은 하나님에게 달려있는 것이 아니라 인간
자신에게 달려던 것이다. 인간 자신의 책임수행 여하에 따라서
결정 되어던 것이다. (원리강론, 57쪽) 이 세상에서 책임 못하
면 죽어서라도 해야 합니다. (말씀선집, 12권 291쪽) 인간의
위치는 첫째, 하나님은 인간을 피조 세계의 주관자로 창조하셨

다. 창세기 27장 28절 둘째, 하나님은 인간을 피조세계의 매개체요 또한 화동의 중심체로 창조하셨다. 셋째, 하나님은 인간을 천주를 총합한 실체상으로 창조하셨다.(원리강론, 63-64쪽)

인간을 소우주라고 하는 이유는 여기에 있는 것이다. 육신과 영인체는 육신은 육심(주체)과 영체(대상)의 이성성상으로 되어 있다. 생심이라는 것은 하나님이 임재하시는 영인체의 중심부분을 말하는 것이다. 영인체는 하나님으로부터 오는 생소(양성)와 육신으로부터 오는 생력 요소(음성)의 두 요소가 수수작용을 하는 가운데 성장한다.

영인체는 육신을 터로 하여서만 성장한다. 소생기 영인체를 영형체라고 하고, 장성급 영인체를 생명체 라하며, 완성기의 영인체를 생령체라고 한다.

영인체가 선화도 또한 육신 생활의 속죄로 인하여서만 이루어진다.(원리강론, 65-68쪽)

마음은 본심과 양심, 그리고 사심에 대한 내용이다. 마음은 생심과 육심으로 구성되어 있다. 생심이 요구하는 것이 무엇인가를 가르쳐주는 것이 진리이다. 생심과 육심이 함께 하나님의 창조목적을 이루기 위한 행위나 그 결과가 선이다. 인간의 마음은 항상 자기가 선이라고 생각하는 것을 지향하는 것이니, 이것을 양심이라고 한다. 선을 지향하는 마음의 성상적인 부분을 본심이라고 하고 그 형상적인 부분을 양심이라고 한다.

그러나 사탄을 중심하고 생심과 육심이 수수작용을 하여 악을 지향하는 것을 사심이라고 한다. (원리강론, 68쪽)

동서고금을 막론하고 리더가 갖는 공통된 자질 중의 하나는 현재를 넘어 앞으로 도래할 미래에 대한 비전을 제시하는 것이다. 비전(Vision)이란 "내다보이는 미래 상황이다."[26] 그러므로

---

26) http://dic.daum.net/search.do?q / (2017.6.22.)

비전리더십이란 미래상황을 예견하고 그것을 향하여 준비하고 전진하여 성공과 승리를 획득하게 하는 능력이다. 개인이나 단체나 국가도 미래에 닥칠 우환이나 재난을 최소화하고 안정되고 행복한 복지생활을 설계하고 꿈꾸고 도전한다. 리더는 미래 불안을 없애주고 안정과 확신을 보장해 주기 위하여 노력하면서 리더십을 발휘한다.

종교에 있어서 비전은 흔히 예언(豫言, prophet)이라는 단어로 대변되어 왔다. 그러나 현대에 들어서 종교가 갖는 의미나 영역이 축소되면서[27] 예언이란 단어 대신에 비전이란 용어가 대중화되었다. 그 동안 국가 차원에서 조사한 종교 인구는 한국 실제 인구를 상회하는 현상이 있었고, 이에 대해 두 가지로 볼 수 있었다.

첫째, 긍정적으로 보자면 한국인이 종교를 복수로 가입하는 열정을 보이고 있다고 보았다. 실제로 개인이나 가정이나 사회적으로 큰 사건이나 위기가 생기면 기존의 신앙 있으면서도 점을 치거나 무당을 찾아서 안도를 구하는 경우가 많았다.

1997년의 외환위기(IMF)때에도 그러하였고, 입시(入試) 기간이나 선거 때가 되면 점집이 성행하고 무당을 찾는 경우가 흔히 발생하였다. 그래서 한국인의 종교 심성을 다종교(多宗敎), 종교누적(宗敎累積), 가종(加宗) 등의 현상으로 설명하였다. 하나의 종교로 만족 못하고, 여러 종교를 다 수용하면서 자기가 찾고 싶은 복을 차지하려는 것이다. 이런 다원주의적 심성이 있기에 한국에는 세계 종교들이 와서 자리를 쉽게 잡을 수 있

---

27) 금년 초 통계청의 발표에 의하면 2016년 한국 인구는 49,052,389명이고, 이들 중에서 종교를 가진 사람은 21,553,674명(44%)이고 종교를 갖지 않은 사람은 27,498,715명(56%)으로 나타났다. 이번 통계청의 조사는 종교에 대하여 국민들이 갖는 종교 지평의 실상을 잘 드러내고 있다. 종교 인구가 종교없이 사는 사람들보다 숫자가 적은 것이다. 종교인에는 불교, 개신교, 천주교, 원불교와 대순진리회 등이 큰 범주를 이루고 있다. 2014년 갤럽조사에 의하면 '비종교인'이 성인 인구의 50%를 차지하였는데, 2년 사이에 종교에 대한 부정적인 인식을 가진 국민이 더 증가하였다는 추론이 나온다.

었고, 그 결과로 지금 한국은 세계에서 유례가 드문 다종교 국가로 소문이 나 있다.

둘째, 부정적으로 보자면, 한국인은 기복주의에 심취한다고 볼 수 있다.

사회 정의 차원보다는 개인의 복을 구하는 나약하고 비합리적이며 감정적인 경향을 갖는다고 비판을 하여 왔다.

비종교인이 과반수를 넘는 이런 통계 현실은 이미 예고된 것이라고 할 수 있다. 세계적인 추세를 보더라도 2001년 9.11테러 사건 이후로 종교가 보여 준 씁쓸한 모습에 일격을 가하면서 샘 해리스가 2004년에 저술한 『종교의 종말』(The End of Faith: Religion, Terror, and the Future of Reason)에서는 새로운 무신론이 제기되었다. 2011년에는 캘리포니아의 피처대학(Pfizer College)에서 신학, 종교학, 신본주의에 맞서는 세속학(Secular Studies)이 과목으로써 공개적으로 제시되었다.

이런 분위기가 고조되고 확산되어서 작년부터 마이애미 대학교에서는 <무신론, 인본주의, 세속윤리 연구>(Study of Atheism, Humanism and Secular Ethics)학과가 개설되었다. 줄여서 표현하면 <무신론 학과>가 생긴 것이다.

문선생은 이런 세태 흐름을 꾸중하면서 하나님을 바로 찾아세우기 위하여 심혈을 기울였다. 그는 무엇보다도 타락 사건으로 밤의 어둠 속으로 갇혀 지내온 불쌍한 하나님을 해방석방시켜 드리고 왕의 자리에 올려드리는 즉위식을 갖기를 소망하여 왔다. 그것이 21세기를 여는 2001년 1월 13일에 '하나님 왕권 즉위식'이었다. 사탄이 권좌에서 추방되고 하나님이 제자리를 찾은 경사(慶事)였다.

문선명 선생은 부단히 비전을 창출하는 천부적인 소질을 타고났다.

그는 늘 새로운 것을 추구하였다. 목회자의 책임과 자세를 통해 비전리더십을 배울 수 있다.

목회자란 택함 받은 자다. 문선명 선생은 평생 모토는 '하나님의 대변'이었습니다. 오늘부터 여러분은 천적인 대변인이 되어 주기를 부탁합니다. 그리고 하나님의 대역자가, 또 하나님의 대신존재가, 나아가서는 하나님의 대신자가 되어 주기를 바랍니다.(9-7)

소명을 대하는 자세는 하늘은 나를 대하여 요구하고 계십니다. 새 세계를 건설하라, 이미 저끄러진 사건들을 해결하라는 책임을 부여하십니다.(9-344)

목회자의 자격요건은 목회자의 자격요건은 자신이 세계적인 기준을 가져야합니다. 이 세계적인 기준이란 절대적 기준에 가까와야 합니다. 세계적이라는 것은 일등이라는 것입니다. 예수님께서 하나님을 대신하여 증거하고, 하나님을 대신하여 사탄과 싸웠으며, 하나님을 대신하여 돌아가신 것과 마찬가지로 그러한 예수님을 위하여 증거 해야 되겠고, 예수님을 위하여 싸워야 되겠으며 예수님을 위하여 죽을 수 있어야합니다. 참다운 말씀의 기준, 참다운 인격의 기준, 참다운 심정의 기준을 세워야한다. 이 범위를 넓히고 세계적인 한때를 마련하여 세계 전체의 탕감기준을 세우기 위한 책임자로 오시는 분이 메시아입니다. 그분은 심각한 역사 배경을 중심삼고 오신다는 것입니다.(14-12)

목회자가 가져야 할 긍지는 메시아는 여러분과 세계를 살려주기 위해서 왔습니다. 하나님이 같이 하십니다. 살아계신 하나님을 찾을 것입니다. 무가치한자리가 얼마든지 있습니다.(62-140) 하나님의 판도를 넓혀 나아가는 것이 무엇보다도 귀

합니다. (44-145)

목회자의 책임은 책임의 동기는 하나님에게 있다. 최종적인 동기가 하나님이 동기가 되어야합니다.

첫째는 영계를 책임져야합니다

둘째로 세계를 책임져야합니다.

셋째는 후손을 책임져야합니다. 우리가 가야 할 운명의 길입니다. (124-200)

원수까지도 사랑해주어야 합니다. 사탄입니다. 내가 책임지겠습니다. 하나님의 근심 고통은 없어집니다. 그것은 비결을 찾아야합니다. 악한 것을 파괴시켜야합니다. 믿을 수 있고, 위할 수 있고, 사랑할 수 있어야합니다. 심판하는 메시아가 되어서는 안 됩니다. (72-318)

책임수행의 마음자세입니다. 책임을 감당하지 못하면 생명과 바꾸겠다는 신념을 가져야합니다. (19-142)

책임지는 승리의 용사입니다. 자신이 책임지지 못하면 다른 사명을 맡길 수 없습니다. 하나님은 만물에 대하여 절대자요, 인간에 대하여서는 부모요, 천지에 대해서는 참주인입니다. 우리는 절대자에 대하여는 생명을, 참부모에 대하여는 사랑을, 참주인에 대하여는 충성을 바쳐야합니다. 책임져야 할 것이 있으면 눈이오나 비가 오나 가야합니다. 당신은 우리의 생명을 구해 주실 분이요, 아버지의 화신이요, 우리 지방의 주인이라고 증거 할 것입니다. 모든 것을 여러분에게 맡기고 바치고 싶은 마음이 움직일 것입니다. 여러분이 창조주로서, 아버지로서, 참주인으로서의 책임을 지고 나가면 어디 가든지 하늘땅이 여러분을 도울 것입니다. 하늘은 그러한 존재자들을 고대하고 계십니다.(11-138)

임명 받은 자의 사명을 대하는 자세입니다. 어느 기간 동안 한정되어 사명이 있습니다. 그 사람보다 빨리하려면 10시간이 상해야 합니다. 가중된 노력과 정성이 필요합니다. 정성의 도수가 커야합니다. (32-60)

목회자가 가져야 할 자세는 맨 밑창에서부터 출발해야합니다. 신념을 갖고 나가야합니다. 이 길을 가기 위해서는 미욱해야합니다. 끝까지 참고 견디어야합니다. 하늘의 위신을 지켜 나가야합니다. 연속적인 싸움을 해 나왔습니다. 반드시 결과를 동기에 연결 시켜야합니다. 뜻은 전체 목적을 지향해 나갑니다. 동기가 하늘이니 결과를 하늘에 연결 시켜야합니다. 동기와 결과가 일치해야합니다. 불평불만 없이 책임을 다해야합니다. (34-135)

특히 인간 시조 타락으로 인하여 사탄이 인간과 만물을 지배하고 있는 것 일체를 부정하고 혁명을 일으켜서 창조본연의 에덴동산으로 복귀하는데 신명을 다 바쳤다. 그가 남긴 새 용어들이나 새 개념들만 언급해도 얼마나 그가 방대하고 거대하고 정의롭고 혁명적인 인물이었던가를 우리가 암시받을 수 있다.

참부모, 참자녀, 참사랑, 참가정, 참하나님, 참만물, 순결, 안시일(安侍日)[28], 아주[29], 성주식과 성수식[30], 혈통복귀, 조상해원과 조상축복, 아벨유엔, 여성유엔, 대학원리연구회, 세계일보, 워싱턴 타임즈, 청년연합, 훈독회, 하나님 왕권즉위식, 기념일과 명절 등 아주 많다.

그는 스스로 자기가 선언하는 이런 내용들이 국어사전에도 없고, 시중에도 없는 전적으로 새로운 것이라고 강조하였다.

기존의 사탄 주관 세상에서 혁명을 통한 에덴동산 복귀를 감행하였고 성공하였다. 새 용어와 개념으로써 사탄의 인지 기능

---

28) 기존의 7일 단위 주기가 8일단위로 바뀌었다.
29) 아멘 대신에 아주가 사용되었다.
30) 축복결혼식에서 사용한다.

에 충격을 주었다.

" 이 말씀은 세상 말씀이 아니에요. 이건 하나님이
말하지 못했던 얘기들이에요. 가르쳐주지 않은 내용들
이에요. 안 그래요?"[31]

" 여기 모든 말씀이 다 그래요, 모든 말씀이. 가정
연합에서 말하는 것은 일반 사람들이 모르는 거예요.
수많은 선생님의 말씀이 수천 권의 책을 낼 수 있는
데, 그 가운데는 모르는 말이 가득 쌓여 있어요."[32]

또한 그가 전한 말씀은 미래에 되어질 것을 미리 선포한 것
으로써 예언(豫言)의 성격을 띤 것도 있었다. 지금 이 시대에는
이해가 잘 안 될 수 있으나 미래에는 제대로 말씀의 진가를 알
게 될 것이라고 그는 전망하기도 하였다.
이는 그만큼 그의 말씀을 믿는 자가 적고, 불신의 분위기가
깊고 고착화되어 있어서 한탄하는 어투로 말한 것이었다. 그는
천년만년 이후를 내다보고, 미래의 세계에서 현재를 보면서 말
씀을 전하였다. 그런 만큼 그의 말씀을 제대로 이해하는 자가
드물었다. 비전은 합리적인 판단을 초월하여 상상력(想像力)이
나 신명(神命)의 도움을 받아야 이해될 수 있는 것도 있었다.

"지금 하는 일이 천 년 후에 우리나라에 세우는 법
과 천 년 전에 하던 거와 마찬가지예요. 공식이 틀릴
수 없다 구요. 그런 의미에서 여러분들이 오늘 처음
만났더라도 정신을 바짝 차려서 '저 양반을 놓쳐버려

---

31) 문선명선생말씀편찬위원회, 같은 책, 제571권, 305쪽.
32) 문선명선생말씀편찬위원회, 같은 책, 제572권, 12쪽.

서는 안되겠다.' 하고 낚싯대가 있으면 낚싯줄에다 쇠
고랑을 채워 가지고 끊어지지 않게끔 해서 따라가 보
라는 거예요. 죽지 말고, 포기하지 않고 따라와 보라
는 거예요. 뭐가 되나 말이에요."

환언하면 이는 몸 마음 일체, 식욕 주관, 성욕 주관, 수면욕
주관의 4가지로 구성된다. 자아주관은 고대로부터 수도자(修道
者)의 공통된 화두였고, 삶의 궁극적 단계였고 목표였다. 그런
데 문선명 선생은 이를 승리하였다. 그는 대중들에게 행하는
말씀에서도 자아주관에 성공했다고 하였다. 즉 셀프 리더십에
승리하였다는 것이다.

다양한 리더십의 출발이 셀프리더십이다. 이로부터 리더십은
각양각색으로 전개된다. 그러나 21세기를 여는 리더는 여러 가
지 유형의 리더십을 잘 조합할 수 있는 능력이 있어야 하고,
자기를 따르는 사람을 진정으로 사랑하는 마음을 가져야 하고,
인간미, 도덕성, 시인의 통찰력, 교섭력, 분석력, 다면적 사고
능력 등 통합적인 지도자 자질을 겸비해야 할 것이 공통점이
될 것이라는 점은 분명하다.

리더는 결국 구성원들을 내재적으로 변화시키고 외부로 성장
을 하도록 안내하는 자이다.
리더는 먼저 자기 자신을 변화시키고 변혁시키는 셀프리더십
(Self Leadership)을 발휘하여 모범을 보이면서 구성원들을 이
끄는 자이다. 리더십은 구성원들이 자기 역량을 가지고 상호
도우면서 스스로 맡은 일을 처리하고 전진하게 한다.

누구든 리더가 되면 자기 스스로 수행과 고통 극복을 통하여
진리를 체득하고 실천하면서 자기구원을 향하여 발전을 하고나
서 동료나 이웃에게 자기를 따라오라고 리더십을 발휘해야 한
다.

리더는 방향정립이 분명하고, 자신감이 있는 자로서 자질을 갖추는 것이 우선적 과제이다.

그리고 그 방향이 하나님을 향하는지 아닌지가 큰 관건(關鍵)이다. 이런 요구에 잘 부합하는 것이 구세주, 메시아이고, 재림 메시아 대망론이다. 하나님은 인류와 만물을 구원할 인물을 선택하실 때에 삶의 모든 분야를 아우르는 능력을 겸비한 자를 주목하신다. 그런 인물은 이미 장구한 세월을 걸쳐서 복귀섭리 진행과 함께준비가 되어 온 사람이다. 이런 사명을 가진 자들이 인류사에 등장한 종교지도자들이었다.

그러한 대표적 인물이 모세, 다윗, 예수, 석가, 공자, 무함마드 등이었다. 이들은 먼저 극도의 극기훈련을 체험하고 승리한 터전 위에서 구원자로서 공동체 구원을 향한 거보(巨步)를 내딛었다.

제1축복인 개성진리체 완성은 자아주관이 가능할 때에 이뤄진다.

문선생은 "우주주관바라기전에 자아주관완성하라"는 슬로건을 일생의 모토로 삼았다.

특히 그가 16세로부터 24세까지 구도의 행각을 하는 동안에 이 슬로건 실현에 집중하였고, 승리하였다.

그는 식욕을 주관하는 데 성공했다.

30세가 될 때까지 1일 2식을 하였고, 금식도 자주하였다. 특히 흥남 감옥에 투옥되었을 때에 수감자들에게 배식량의 절반을 떼어주는 초인적 능력을 발휘하였다. 밥 한 알이 귀한 현장에서 분배받은 음식의 절반을 떼어서 동료 수감자에게 준다는 것은 성인의 경지, 초인의 경지가 아니면 불가능한 것이었다.

성욕 주관을 위한 그의 행각도 대단하였다. 순결 신학을 강조하고 가정에서는 부부 역할 및 자녀에 대한 성교육 순결 사상을 부부의 역할이 중요함을 강조 했다. " 하나님께 잇어서 창조가 필요하엿던 이유는 단 하나 참사랑의 이상이었습니다 ."[33]

구약에도 기쁨을 공유하는 수단이 되는 것으로 나타나 있다. 오경에도 창세기 1장 26-28에는 생육 번성하여 만물을 주관토록 축복한 것이다.

구약의 요셉이 보디발의 유혹을 뿌리치고 감옥 생활하였지만 출감하여 이집트 다음가는 통치자가 되었다. (창세기 39장 1-23절)출애굽기 20장 1-17절 십계중 7계명 ('간음하지 말라') 제10계명 ('이웃의 아내나 여종을 탐내지 말라')레위기 12장 1-5절 남자아이 출산했을 경우는 33일, 여자를 출산할 경우는 66일간 정결한 자세로 지낸다. 성문서 잠언서 5장 1-6절 음행을 경고한다. 잠언서 5장 15에서 18절에는 '네 우물을 마셔라' 일부일처 윤리를 강조한다. 잠언서 9
장 16-17절에 불륜한 사랑을 갖지 말라' 고린도전서 11장 1-16절에 바울의 말 '모든 사람의 머리는 그리스도요, 아내의 머리는 남편이요, 그리스도의 머리는 하나님이라' 성의 평등과 성애의 기쁨이 종교인들에서 나타나야한다. 이와 같이 참부모가 본보기가 되었다. 하나님의 창조의 바램은 아담과 해와가 벗, 사랑, 기쁨, 위로, 힘, 뼈와 살, 몸, 마음, 영인체이다.

사탄은 그를 방해하기 위하여 미인을 접근시켜서 유혹하였으나 문선명 선생은 다 물리치고 승리하였다.

때로는 미국과 일본과 영국이 그의 해외선교를 저지하기 위하여 국가정보국에서 미인계를 사용했으나 추호의 흔들림이 없는 그의 태도에 감동받아서 마침내 여인 스스로가 자기의 신분과 목적을 고백하고 물러간 적이 있었다. 일본 유학 시절에는

33) 황선조, 『축복과 이상천국』, (서울 : 주)성화출판사, 2011), 25쪽.

하숙집 주인이 그를 사위로 삼기 위하여 주인집 딸로 하여금 유혹을 하였으나 역시 문선명 선생은 조금도 동요함이 없었다.

사탄은 다양한 수단을 동원하여 그를 유혹하였으나 그는 승리하였다. 종교지도자에게 있어서 스캔들(scandal)이 발생하면 가장 치명적인 흠집이 되므로 사탄은 간교하고 집요하게 방해를 하였다. 그가 기도하는 중에 사탄은 여성의 모습으로 다가와서 유혹하기도 하였다.[34]

사탄은 늘 우리 주위에 머물면서 할 수 있는 한 우리들이 범법행위를 하도록 부추긴다. 문선명 선생은 수면(睡眠) 욕구를 극복하였고 승리하였다. 인간에게 있어 서 가장 견디기 힘든 것이 잠을 안 자게 하는 것이다. 7일, 21일, 40일 금식을 하는 경우도 있고, 부부 성생활도 장기간 하지 않을 수도 있다. 그러나 잠을 자지 않는 고통은 가장 극심하였다. 그가 북한 공산정권하에서 평양대동보안서에 투옥되었을 때에 공산당은 마지막 고문 수단으로서 1주일간 잠을 재우지 않았다.

자기관리는 <표-1>과 같다.

<표-1>

그러나 그는 눈을 뜨고서 잠을 자는 방법으로써 승리하였다.

그리고 그는 평소에도 잠을 2-3시간 자는 생활을 하였다. 훈독회가 시작되는 새벽 5시 이전에 그는 항상 먼저 기상(起床)하여 훈독자료를 미리 읽고 정성드리고, 훈독회에 참가했다. 그는 기상하면 1시간 정도 특별한 운동으로 전신을 풀었다. 때

---

34) 문선명선생말씀편찬위원회, 같은 책, 제575권, 242쪽.

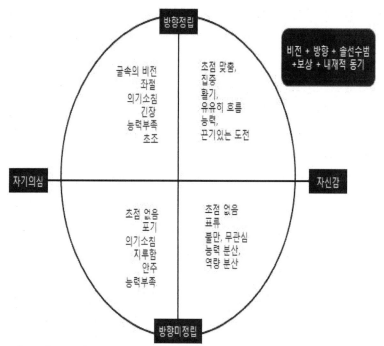

로는 자동차로 이동하는 시간에 차 안에서 운동으로 몸을 풀었
다.

　훈독회(訓讀會)를 하면 새벽 5시부터 시작하여 아침 점심 식
사를 거르고 저녁까지 계속하는 경우가 허다하였다.
1997년 10월 13일부터 훈독회를 제정하여 매일 새벽 5시에 모
여서 기도를 하고 대화를 나누면서 깨달음을 주었다.

　새벽부터 시작된 훈독회는 고정적으로 끝나는 시간이 없었
다. 그의 스케줄에 따라서 일찍 끝날 수도 이었고, 때로는 저
녁까지 계속되기도 하였다. 2010년 7월 1일에는 새벽 5시에
시작하여 그 다음날 새벽 4시 40분까지, 23시간 40분 동안 훈
독회를 주관하였다. 거의 만 하루 동안 식사를 하지 않고 물도
마시지 않고 말씀35)을 하면서 식구들에게 가르침을 주었다. 그

---

35) 문선생이 식구들과 나누는 대화 혹은 선포한 내용을 종합하여서 '말씀'이라고 일컫는다. 이는 그가
　　전하는 말은 공적 사적을 막론하고 '새 진리를 선포하고 가르쳐 준다'는 의미를 담고 있다.

리고 그는 잠시 휴식을 취한 후 곧장 바다로 나가서 낚시를 하면서 미래 계획을 구상하였다. 그에게 낚시는 취미 차원을 넘어서 명상과 묵상을 하고 하나님과 소통하는 시간이 되었고, 제물을 준비하는 시간이 되기도 하였다. 그의 삶은 초인적이었고, 예측불허의 생활이었다. 그는 신인일체의 경지에서 살았다.

유대교의 경우는 다음과 같다.
자아주관 리더십은 창세로부터 하나님이 인간에게 부여하신 선유적(先有的) 프로그램이었다. 이는 인간이 선택할 사항이 아니고 인간이 따라야 하는 계명이고 규정이다. 그 선유적 내용 중에서 인간 시조 아담 하와는 "선악과를 따 먹지 말아야 하였다.(창2:17)" 선악과를 따 먹었다는 것이 무슨 내용인가에 대해 인간이 "창조주 하나님의 계명을 어긴 불순종"[36]으로 보기도 하고, "인간과 천사와의 불륜한 성적 타락 행위"[37]로 보기도 한다.

여기서 하나님이 아담과 하와에게 "선악과를 따먹지 말라"는 책임을 부여한 것은 인간이 자기 스스로에 대한 리더십을 발휘하라는 하나님의 명령이었고 요청이었다는 것이 강조되어야 한다. 자기 극복, 자기 주관, 셀프리더십에 성공할 때에 인간은 하나님의 자녀로서 온전한 모습을 갖추게 된다. 즉 아담과 하와는 자기 자신과의 치열한 투쟁에서 승리해야 하였다. 그리고 그런 모습은 현대의 우리들에게 이르기까지 공통적으로 적용된다.

모세는 자기관리에 철저하였다.

---

36) Mary A. Kassian, Women, *Creation, and the Fall*, 이정선 역,(서울: 도서출판 바울, 1990), 30쪽.
37) 세계기독교통일신령협회, 『원리강론』(서울: 성화출판사, 1966, 2014(53)), 87쪽.

그가 모압 땅, 맞은편 느보산, 비스가산에서 운명을 할 적에 120세였고, 그의 눈은 정기가 초롱초롱하였고, 정력은 감퇴하지 않았다. 출중한 지도자를 잃은 백성들은 모세 사후에 30일간 애곡 하였다. 이스라엘에는 모세와 같은 인물이 다시는 나타나지 않았다. (신34:5-10). 이 기록은 단순히 위대한 지도자에 대한 과장된 표현으로 볼 수 없고, 모세가 지도자로서 자기관리에 철저하였음을 말해 준다. 하나님께 기도하고, 이스라엘 백성을 인도하는 바쁜 중에도 그는 체력관리를 하였던 것이다. 모세의 이런 모습이 이스라엘 역사에서 그를 위대한 지도자로 선정하게 만드는 동기가 되었다.

기독교의 경우는 다음과 같다.

예수는 자기관리를 잘했다. 늘 기도로써 하나님과 일체가 되었고, 신기한 기적사건을 많이 일으키면서도 소문을 내지 말 것을 부탁하는 겸손함을 보였다. 무지와 불신에 쌓인 민심을 함부로 믿지 않는 신중함을 보였다. 세속 권력과 종교 권위 사이에 있는 갭(gap)을 잘 알기에 그는 조심하는 자세를 취하였다. 타락성에 젖은 인간과 무 원죄의 메시아로 강림한 그와의 사이에는 큰 간격이 있었다. 리더는 타인을 함부로 비판하지 않는다. 그 비판의 화살이 자신에게 날아옴을 알기 때문이다.

예수는 이렇게 표현하였다. "비판하지 말라 그리하면 너희가 비판을 받지 않을 것이요 정죄하지 말라 그리하면 너희가 정죄를 받지 않을 것이요 용서하라 그리하면 너희가 용서를 받을 것이요 주라 그리하면 너희에게 줄 것이니 곧 후히 되어 누르고 흔들어 넘치도록 너희에게 안겨 주리라 너희의 헤아리는 그 헤아림으로 너희도 헤아림을 도로 받을 것이니라(눅6:37-38)." 그는 성급하게 다른 사람들을 비판하거나 참소하거나 비난하고 단죄하지 말고 부족한 점을 개선할 수 있도록 지도하고 격려하는 리더의 자세를 보여주었다.

"비난이 아니라 용서는 부하들에게 힘을 줄 뿐만 아니라 리더가 실수했을 때 그를 도와주는 힘이 된다."[38)

부하직원들의 인권을 존중하고 배려하는 리더가 되어야 한다는 본보기를 실천하였다. 그는 기도를 통해서 일상생활에서의 유혹 및 죄와 싸워 이길 수 있음을 보여주었다.

예수는 자신의 기도 생활을 통해서 종교지도자는 기도생활을 철저히 지키는 사람, '기도하는 사람'임을 보여주었다.

> "예수께서 나가사 습관을 좇아 감람산에 가시매 제자들도 좇았더니 그곳에 이르러 저희에게 이르시되 시험에 들지 않기를 기도하라 하시고 저희를 떠나 돌 던질 만큼 가서 무릎을 꿇고 기도하여 가라사대 --- 예수께서 힘쓰고 애써 더욱 간절히 기도하시니 땀이 땅에 떨어지는 핏방울 같이 되더라.(눅 22:39-44)."

리더가 슈퍼 리더십을 발휘하기 위해서는 본인이 먼저 스스로 셀프 리더가 되어야 하고 셀프 리더의 모범을 보여야 한다. 찰스 C. 맨즈(Charles C. Manz)은 그의 책 『예수의 비즈니스 리더십』에서 지도자는 "복음으로써 자신의 거울을 깨끗이 닦아라. 공감을 가지고 다른 사람을 리더 하라. 사람들이 스스로 자신을 리더 하도록 도와라. 황금의 겨자씨를 심어야 한다."[39)고 설명하였다.

예수는"다른 사람에게 모범이 되는 리더가 되기 위해서는 먼저 자신부터 점검하고 다스리라."고[40) 일갈(一喝)하였다. 자신

---

38) 찰스 C. 맨즈(Charles C. Manz), 『예수의 비즈니스 리더십』, 117쪽.
39) 찰스 C. 맨즈(Charles C. Manz), 같은 책, 119쪽.

이 흠이 있으면서 남에게 따라오라고 하는 것은 어불성설이다.

> "어찌하여 형제의 눈 속에 있는 티는 보고 네 눈 속
> 에 있는 들보는 깨닫지 못하느냐 보라 네 눈속에 들
> 보가 있는데 어찌하여 형제에게 말하기를 나로 네 눈
> 속에 있는 티를 빼게 하라 하겠느냐 외식하는 자여
> 먼저 네 눈 속에서 들보를 빼어라 그 후에야 밝히 보
> 고 형제의 눈 속에서 티를 빼리라(마 7:3-5)."

이는 다른 사람의 지도자로 서기에 앞서 자신을 먼저 점검하
고 자신이 타의 모범이 되는지 파악하고 그런 사람이 되라는
것이다. 자신이 모범을 보이면 주변도 그렇게 변한다고 말한
다. 예수는 리더의 솔선수범을 강조하고 있다. 스스로 자신의
거울을 갈고 닦아 환한 빛을 내는 사람이 되라고 가르쳤다.

> "너희는 세상의 빛이라 산위에 있는 동네가 숨기우
> 지 못할 것이요 사람이 등불을 켜서 말 아래 주지 아
> 니하고 등경 위에 두나니 이러므로 집안 모든 사람에
> 게 비춰주라 이같이 너희 빛을 사람 앞에 비취게 하
> 여 저희로 너희 착한 행실을 보고 하늘에 계신 너희
> 아버지께 영광을 돌리게 하라(마 5:14-16)."

예수는 실제로 본($\upsilon\pi o\delta\epsilon\iota\gamma\mu\alpha$)을 보여주었고 제자들로 하여
금 그것을 따라 행하게 했다. 요한복음에서 예수는 '본을 보이
는 리더십'을 증거 한다.

---

40) 찰스 C. 맨즈(Charles C. Manz), 같은 책, 33쪽.

"저희 발을 씻기신 후에 옷을 입으시고 다시 앉아 저희에게 이르시되 내가 너희에게 행한 것을 너희가 아느냐 너희가 나를 선생이라 또는 주라 하니 너희 말이 옳도다. 내가 그러하다 내가 주와 또는 선생이 되어 너희 발을 씻겼으니 너희도 서로 발을 씻기는 것이 옳으니라. 내가 너희에게 행한 것 같이 너희도 행하게 하려하여 본을 보였노라(요13:12-15)."

예수에게 겉모습은 중요하지 않다. 예수의 진정한 관심은 인간 내면의 세계이고 그것의 정화와 순화다.[41] 내면을 성찰하며 내면을 깨끗이 닦아야 한다는 것이다. 자신을 제대로 리더 할 수 있어야 다른 사람도 리더 할 수 있다는 것이다.

"예수께서 이르시되 너희도 이렇게 깨달음이 없느냐 무엇이든지 밖에서 들어가는 것이 능히 사람을 더럽게 하지 못함을 알지 못하느냐 이는 마음에 들어가지 아니하고 배에 들어가 뒤로 나감이니라 하심으로 모든 식물을 깨끗하다 하셨느니라. 사람에게서 나오는 그것이 사람을 더럽게 하느니라 속에서 곧 사람의 마음에서 나오는 것은 악한 생각 곧 음란과 도적 질과 살인과 간음과 탐욕과 악독과 속임과 음탕과 흘기는 눈과 훼방과 교만과 광패니 이 모든 악한 것이 다 속에서 나와서 사람을 더럽게 하느니라(막 7:18-23)."

박정윤은 산상수훈의 팔복에서 성서적 리더의 인격적 특성을 찾는다.[42]

---

41) 찰스 C. 맨즈(Charles C. Manz), 같은 책, 44쪽.
42) 박정윤, 『행복한 기업경영』 (경북 경산: 영남대학교출판부, 2007), 107-109쪽.

"심령이 가난한 자는 복이 있나니 천국이 그들의 것임이요 애통하는 자는 복이 있나니 그들이 위로를 받을 것임이요(마 5:3-4)."이 구절이 드러내고자 하는 것은 리더는 자신이 보잘 것없는 존재임을 깨달아 겸손해야 한다는 것이다.

"온유한 자는 복이 있나니 그들이 땅을 기업으로 받을 것임 이요(마5:5)."진실로 겸손한 자는 온유하게 된다. 하나님의 뜻에 순종하는 것을 말한다. "의에 주리고 목마른 자는 복이 있나니 그들이 배부를 것임이요(마5:6)."종교지도자는 의롭게 살고 정의를 실천하는 열망을 가져야 한다는 것이다. "긍휼히 여기는 자는 복이 있나니 그들이 긍휼히 여김을 받을 것임이요 (마5:7)." 리더는 함께 일하는 사람들을 이해하고 용서하면서 살아야 한다는 뜻이다. "마음이 청결한 자는 복이 있나니 그들이 하나님을 볼 것임이요(마5:8)." 도덕적으로 흠이 없는 삶을 살라는 것이다.

경우에 따라 다소 손해를 보더라도 바른말과 행동을 견지해 나가야 한다는 뜻이다.

"화평하는 자는 복이 있나니 그들이 하나님의 아들이라 일컫음을 받을 것임이요(마5:9)." 종교지도자들은 협동, 팀워크, 화해를 촉진시키며 화평을 창출하는 사람이 되어야 한다는 것이다.

이상에서 보는 것처럼 종교지도자들은 겸손, 온유, 정의, 청결, 화평, 등과 같은 인격적 특성을 개발하도록 부단히 노력하고 이를 견지해 나가는 사람이 되어야 한다.

종교지도자는 자기중심적인 사람이 아니다. 큰 사랑을 품고 이웃 잘되기를 소망하며 겸손하게 봉사하는 리더십을 가진 사람이다. 리더는 부하들의 섬김을 받으려고 하는 것이 아니라 오히려 섬기려고 해야 한다. 섬기려고 할 때 더 많은 사람들이 따르게 된다.

바울은 본래 자신은 자유로운 사람이었으나 더 많은 사람을 얻고자 스스로 모든 사람에게 종이 되었다고(고전9:19) 한다. 교회의 직분을 주어 지도자로 삼는 것도 봉사하는 삶을 살도록 하기 위해서라고 한다.

"그가 혹은 사도로, 혹은 선지자로, 혹은 복음 전하 는 자로, 혹은 목사와 교사로 주셨으니 이는 성도를 온전케 하며 봉사의 일을 하게하며 그리스도의 몸을 세우려 하심이라(엡4:11-12)."

바울은 이러한 리더십으로 무리들에게 셀프 리더십을 갖도록 하기 위해 해산하는 수고를 아끼지 않았다.
"나의 자녀들아 너희 속에 그리스도의 형상이 이 루기까지 다시 너희를 위하여 해산하는 수고를 하노 니(갈4:19)." 그는 각 사람을 온전한자로 세우기 위해 서 힘을 다해 수고한다고 증언한다. "우리가 그를 전 파하여 각 사람을 권하고 모든 지혜로 각 사람을 가 르침은 각 사람을 그리스도 안에서 완전한 자로 세우 려 함이니 이를 위하여 나도 내속에서 능력으로 역사 하시는 이의 역사를 따라 힘을 다하여 수고하노라(골 1:28-29)."

종교지도자는 섬김의 리더십을 가진 사람이다.
이는 더 많은 사람을 얻기 위한 것이다. 이런 해산의 수고를 통해서 부하들은 셀프 리더십을 형성하게 된다.

바울은 종교지도자의 리더십으로 '진실한 삶, 본이 되는 삶'을 말하고 있다. 디모데전서 3장에서 장로가 되는 자는 흠잡을 것이 없고, 나무랄 데 없는 사람이여야 한다고 말한다.[43]

"오직 우리를 인하여 자랑할 기회를 너희에게 주어 마음으로 하지 않고 외모로 자랑하는 자들을 대하게 하려 하는 것이라(고후5:12)." 사도행전 23장 1절에서 바울은 자신이 선한 양심으로 살아왔음을 고백한다.

바울이 공회를 주목하여 가로되 "여러분 형제들아! 오늘까지 내가 범사에 양심을 따라 하나님을 섬겼노라(행23:1)." 자신은 사도행전 24장 16절에서 그런 양심을 지키기 위해 최선을 다했다고 말한다. "이것을 인하여 나도 하나님과 사람을 대하여 항상 양심에 거리낌 없기를 힘쓰노라(행24:16)."

"마음으로 우리를 영접하라 우리가 아무에게도 불의를 하지 않고 아무에게도 해롭게 하지 않고 아무에게도 속여 빼앗은 일이 없노라(고후7:2)."

이런 측면에서 그는 평소 자신을 오해하는 무리들을 향해 자신이 진실된 삶을 살고 있다고 권면했고, 교회에게도 진실된 삶을 살기를 양심으로 권면했다.

"우리가 주의 두려우심을 알므로 사람을 권하노니 우리가 하나님앞에 알리워졌고 또 너희의 양심에도 알리워졌기를 바라노라(고후5:11)." 왜냐하면 결국 모두가 그리스도의 심판대 앞에 서게 되기 때문이다. "이는 우리가 다 반드시 그리스도의 심판대 앞에 드

---

43) 존 맥아더 편집, 『목회자는 리더다』, 이대은 옮김 (서울: 생명의말씀사, 2016), 105쪽.

러나 각각 선악 간에 그 몸으로 행한 것을 따라 받으려 함이라(고후 5:10)."

이처럼 종교지도자는 진실하게 살아야 하는것이다. 바울은 분노를 자제하라고 말했다.

"그런즉 거짓을 버리고 각각 그 이웃으로 더불어 참된 것을 말하라 이는 우리가 서로 지체가 됨이니라. 분을 내어도 죄를 짓지 말며 해가 지도록 분을 품지말고 마귀로 틈을 타지 못하게 하라 도적질 하는 자는 다시 도적질하지 말고 돌이켜 빈궁한 자에게 구제할 것이 있기 위하여 제 손으로 수고하여 선한 일을 하라 무릇 더러운 말은 너희 입 밖에도 내지 말고 오직 덕을 세우는데 소용 되는 대로 선한 말을 하여 듣는 자들에게 은혜를 끼치게 하라(엡4:25-29)."

이어서 골로새서에서도 바울은 지도자는 '새 사람(New Being)'으로서 본이 되는 삶을 살아야 한다고 말한다.

"그러므로 땅에 있는 지체를 죽이라 곧 음란과 부정과 사욕과 악한 정욕과 탐심이니 탐심은 우상숭배니라 이것들을 인하여 하나님의 진노가 임하느니라(골 3:5-6)."

자신의 삶에 자신감이 있었던 바울은 이웃에게 복음을 자신 있게 전하는 토대가 되었다.

"지금까지 내가 항상 너희 가운데서 어떻게 행한 것을 너희도 아는 바니 곧 모든 겸손과 눈물이며 유대인의 간계를 인하여 당한 시험을 참고 주를 섬긴 것과 유익한 것은 무엇이든지 공중 앞에서나 각 집에서나 꺼림이 없이 너희에게 전하여 가르치고(행 20:19-20)."

바울은 스스로의 삶을 이렇게 증거 했다. 바울은 종교지도자로서 주를 섬기며 겸손하며 인내하며 지냈고, 옳고 유익한 것에 대해서는 주저함 없이 때와 장소를 가리지 않고 가르치고 전했다.

바울에 이어서 복음 전파에 기여한 인물이 베드로였다. 시몬 베드로는 두 사람, 즉 시몬과 베드로였다. 베드로는 마치 이중 인격처럼 인간의 모습, 성도의 모습 극과 극을 보여준다. 이는 신앙인의 두 가지 성품을 대변한다. 베드로는 두 성품 사이에서 갈등하는 모습을 보여준다. "다 주를 버릴지라도 나는 그렇지 않겠나이다(막14:27-31; 마26:33-34)."라고 외치고 얼마 후에 시몬 베드로는 증인에 의해 죽음으로 위협을 당하게 되자 예수님을 저주하면서 부인해 버린다.(막14:70-72). 예수의 십자가 죽음이후 그는 고향으로 가서 어부의 삶을 다시 산다. 예수의 부활기간에 감동되어 열 두 사도의 머리로서 리더십을 발휘하여 새로운 예수교회를 만들었다.그는 믿음을 강조하면서(벧전1:9) 깨끗하고 거짓 없는 영혼을 가지고 형제를 사랑하는(벧전1:22) 사람이 되기를 촉구하였다. 이어서 "모든 악독과 모든 궤휼과 외식과 시기와 모든 비방하는 말을 버리고 갓난아이들 같이 순전하고 신령한 젖을 사모하고(벧전2:1)' '육체의 정욕을 제어하는' 자(벧전2:11), 아내를 귀히 여기는 자(벧전3:5-7)가

되라고 설교하였다. 기독교 성도는 자신을 도덕적으로 잘 다듬고 육성해서 열심히 선을 행하라고 한다.(벧전3:13-17). 베드로가 우선적으로 바라는 것은 거룩한 행실과 경건함으로 주 앞에서 점도 없고, 흠도 없이 평강 가운데서 나타날 수 있는 사람이 되는 것이다(벧후3:11-14).

베드로가 바라는 종교지도자는 우선 서로를 사랑하는 자세를 가져야 한다(벧전4:8). 허다한 죄를 덮는 길은 사랑이기 때문이다. 그는 무엇보다도 종교지도자는 사랑의 사람이 되어야 한다고 강조했다. 여기에 더 추가하면 겸손한 자가 되기를 그는 주문하였다.(벧전5:5-7).

이어서 베드로는 목자로서의 길을 제시한다. 목자는 즐거운 마음으로 하나님의 뜻을 실천한다.

> "너희 중 장로들에게 권하노니 나는 함께 장로 된 자요, 그리스도의 고난 의 증인이요 나타날 영광에 참예할 자로다 너희 중에 있는 하나님의 양무리를 치되 부득이함으로 하지 말고 오직 하나님의 뜻을 쫓아 자원함으로 하며 더러운 이를 위하여 하지 말고 오직 즐거운 뜻으로 하며 맡기운자들 에게 주장하는 자세를 하지 말고 오직 양 무리의 본이 되라 그리하면 목자장이 나타나실 때에 신도들이 아니하는 영광의 면류관을 얻으리라 (벧전 5:1-4)."

종교지도자는 목자다. 하나님의 양떼를 치는 사람이다. 양은 보호받지 못하면 잘 살아남지 못하는 동물이다.[44] 위에서 언급

---

44) 존 맥아더편집,같은 책. 147쪽.

한 신약성경 구절은 지도자로서의 엄격한 책임을 묻는다. 우선 장로로서의 책임이다. 장로는 반드시 성숙하고 지혜롭고, 다른 이들을 인도할 수 있는 마음과 능력을 지닌 사람이다.[45] 장로는 목회자, 감독자이기도 하다. 바울은 사도행전 20장 17-28절에서 장로를 지칭할 때, 목회자 감독자 장로를 사용했다. 즉 "지도자는 장로, 목회자, 감독자의 소임을 다하는 리더십을 발휘해야 한다."는 것이다. 그 역할을 하는데 있어서 고난도 감수하는 리더십을 발휘해야 한다.

첫째, 베드로는 예수가 잡힐 때에 한 사람의 귀를 쳤던 사람이고, 예수가 붙들려 있을 때에는 그를 부인했던 사람이고, 십자가에 달린 후에는 살기 위해 도망가고, 그 이후에는 갈릴리 고향에서 다시, 고기잡이를 했던 사람이었다. 그때 부활한 예수가 나타나 물었다. "요한의 아들 시몬아! 네가 이 사람들보다 나를 더 사랑하느냐. (요21:15)."고 묻는다.

> "여러분이 실체 부모를 하나님 이상 모르니까 이런 생활을 해요. 그럴 수 있는 신앙을 해봤어요? 그 눈과 코에서 눈물 콧물을 일생동안 흘렸어요. 겨울, 동삼삭에 솜바지가 젖도록 13시간 이상 기도한 거예요. 싸움이에요. 지옥 밑창에 들어가 가지고 태양 빛도 없는 가운데서…. 하나님이 무자비한 하나님이에요. 그런 얘기를 가르쳐주지 않아요."

영성(靈性)리더십은 천주(天宙)리더십이다. 영성이 무엇인지에 대하여 여러 가지 견해가 많지만 본 고찰에서는 "영성은 하나

---

45) 존 맥아더편집, 같은 책, 149쪽.

님과 인간, 인간과 인간, 인간과 자연의 관계를 통하여 서로 소통하고 하나 됨의 길을 추구하는 것이다.""세상 말씀이 아닌 새 말씀들이 많다."[46] 그 이유는 새 시대를 개척하기 위하여 새 용어나 개념이 필요하였던 것이다. 문선명 선생이 마지막 성화하기까지 숱한 새 진리를 찾아서 선포하셨고, "종족적메시아가 되어라"는 선포가 그가 남긴 마지막 가르침이고 부탁이었다. 그 새로운 것들 중에서 하나가 천주이고, 천주주의이다. 천주주의(天宙主義)는 "늘 육계와 영계를 품고 사는 가치관이다." 창조본연의 인생관의 토대이다. 천주리더십은 천주주의를 실현하면서 구성원들을 이끌고 가는 리더십이다. 인생 3 생을 좀 더 살펴보자.

창조주이신 하나님은 인간을 비롯한 삼라만상의 존재 원칙을 '복중의 태아 세계와 육계와 영계'[47]의 3구분으로 구성하셨다. 천주를 포괄적으로 보면 '복중 삶, 지상의 삶, 영계에서의 영생' 3가지 구분을 통합한 것이다. 인생은 이 세 가지로 구성되고, 이들은 각각 소생, 장성, 완성의 의미 갖는다.

첫째, 복중(腹中) 일생(一生)이 있다. 인간은 누구나 예외가 없이 부모로부터 탄생한 특별한 선남선녀가 신랑신부의 입장에서 축복결혼식을 올리고, 사랑을 나눈다. 신혼부부의 소망은 빨리 자녀를 갖고 싶은 것이다. 그들 사이에서 다시 아이가 탄생한다. "남편의 뼈속에서 정자(精子)가 생기고, 아내도 가장 깊은 속에서 깨끗한 난자(卵子)가 생성된다."[48] 늘 깨끗하고 순결하고 가장 안전하게 잘 간직된 정자와 난자가 함께 랑데부를 하고서 하나님이 허락하신 위대한 창조 과업을 수행한다. 여성이 생리를 하는 것은 늘 최고의 정결과 순수함을 유지한

46) 문선명선생말씀편찬위원회, 같은 책, 제571권, 305쪽.
47) 세계평화통일가정연합, 『평화신경』.
48) 문선명선생말씀편찬위원회, 같은 책, 제556권, 102쪽.

상태에서 하나님이 허락하신 정자를 받아서 훌륭한 아이를 잉태하게 하려는 거룩한 성화(聖化, sanctification) 작업이다.

　인류사에서 여성들이 한 달에 한 번씩 하나님이 선유적으로 정해놓으신 피할 수 없는 생리 현상으로 인하여 가부장제 문화에 의하여 피해자가 되어 왔다. 낡은 난자를 쏟아내는 것이 여성의 생식기를 통하여 피를 흘리는 것으로 표현된다. 이런 신비롭고 거룩한 현상에 대한 무지로 인하여 여성이 하나님 앞에서 먼저 죄를 지었기에 벌을 받아서 피를 쏟아낸다고 여겼다. 그런 그릇된 이해는 여성의 지위를 격하시키게 되었다. 무지로 인하여 부부 사이에서도 차별이 형성되었다.

　구약성경에서도 여성의 생리에 대해 부정적인 묘사를 하였다. "월경(생리)을 하는 경우는 7일간 부정하다.(레15:19)", "여인이 아들을 낳은 경우에는 33일간, 딸을 낳은 경우에는 66일간 집에 있어야 한다. (레12:5-7)" 여성이 동물보다 조금 나은 존재로 업신여김을 받는 상황에서 부정한 여인(엄마)이 딸을 낳았으니 이중으로 부정하다고 판단하여 딸을 낳은 산모는 66일간 집안에서 고통스런 산후조리를 하여야 하였다. 아마도 산모들은 가혹한 하나님의 처사에 원망이 많았거나 자포자기 상태로 사회 관습을 따랐을 것이다.

　중세기에 형성된 수도원에서는 여성혐오증이 더 심하였다. 지나가던 여인이 해가져서 더 이상 가지 못하고 수도원에 하루 묵을 것을 요청하면 수락을 해 주었다. 그러나 다음날, 그 여인이 떠나고 나면 그녀가 앉았던 의자, 사용한 그릇 등을 부정하다고 판단하고, 악마가 들어올 수 있는 통로가 된다고 생각하여 모두 불태웠다.
여인의 자취에 대한 일체의 미련을 다 정화(淨化)시켰다는 조건이었고, 무지가 낳은 그릇된 성문화였다.

어머니 뱃속에서 99.999%를 차지하는 난자와 0.001%의 작은 크기인 정자가 만나서 신비롭고 성스러운 생명 창조의 위대한 작업이 시작된다. 난자는 아기에게 있어서 가장 위대한 집인 궁전이 되어서 자궁(子宮, womb)으로 변한다. 자궁애서 태아는 하나님의 창조원리를 따라서 신기한 생명탄생의 과정을 밟는다.

> "정자는 뼛속에 있는 거예요. 남자의 정자는 뼛속 제일 깊은 곳에서 사는 거예요. 그러니까 여자도 뼛속의 제일 골짜기에 가가지고 피가 연결되는 그 세계에 가서 난자가 깨 가지고 정자를 싸준다는 거예요. 싸줘야 돼요. 그러니까 난자가 정자를 싸줄 수 있기 위하려니 볼록이 되면 큰일이 나요. 오목이 되어야 돼요. 보자기예요, 보자기. 들어가는 구멍이 싹 메어줘야 거기서 집을 삼아가지고 자궁, 아이의 궁에서 자라기 시작하는 거라구요."[49]

둘째, 육계(肉界)는 태아가 자궁을 깨치고 나와서 육신을 갖고 일생을 사는 이 세상(世上)이다. 인간은 누구나 육신을 갖고서 땅을 딛고, 공기를 호흡하고, 물을 마시고, 농작물을 먹고 마시면서 하나님이 주신 생명을 지탱한다. 갓난아이의 모습으로 태어나서 부모와 가족의 보살핌을 받으면서 성장을 한다. 그리고 직장을 구하고 자립할 단계가 되어서 결혼을 한다. 문선명 선생께서는 "28세까지는 결혼을 하고 첫아기를 갖는 것이 좋다."[50]고 하셨다. 그러나 현실적으로 점차 결혼 연령이 30세 이후로 늦어지고 있으며, 아기의 첫 출산 연령도 높아진

---

49) 문선명선생말씀편찬위원회. 같은 책. 제556권. 103쪽.
50) 문선명선생말씀편찬위원회. 같은 책. 제569권. 338쪽.

다. 결혼 기피 현상도 심각하여 자녀출산 정책이 사회의 중요한 이슈가되고 있다. 남편에게도 육아 휴직을 주려는 움직임이 세계적으로 확산되고 있다.[51]

문선명 선생께서는 결혼을 한 가정에서는 최소한 3명 이상의 자녀를 낳으라고 강조하였다.[52] 부모의 대를 이으려면 두 자녀로서는 인구 증식이 안 된다. 두 자녀만 있으면 미래 지구촌은 인구 증가 동결 및 감소화가 되어 암울한 현실이 올 수도 있다. 그래서 문선명 선생께는 3명 이상의 자녀를 낳을 것을 독려하였다. 가정에서 부모의 심정, 부부의 심정, 자녀의 심정, 형제자매의 심정을 체득하면서 온전한 인격체로서 성장한다.

인간이 육계에서 사는 동안 성취해야 할 의무가 있다. 그것은 영인체(靈人體)를 완성하는 것이다. 육신을 갖고서 하나님과 참부모님의 말씀, 기도, 명상, 참사랑 봉사와 실천, 정기적인 예배 참석, 전도와 축복활동으로 믿음의 자녀 찾아 세우기 등의 실적을 이루어야 한다.

그런 과정에서 하나님의 부모의 심정을 체득하게 되고, 영인체가 영형체, 생명체, 그리고 생령체에 이른다.

또 하나 특이한 점은 생령체로 성숙하려면 사탄혈통을 단절

---

51) 김준영, '남성 근로자 육아 휴직 의무화 추진', <세계일보>. 2017.3.28. 11면. 2007년부터 여성 뿐 아니라 남성도 최대 1년의 육아휴직을 쓸 수 있게 제도가 개선되었지만 직장 내에서 따가운 시선 등으로 확산 속도는 더딘 상황이다. 지난해 육아휴직 사용자 중 남성은 8.5%에 그쳤다. 독일은 32%, 노르웨이는 21% 등에 비하여 크게 뒤진다. 여성변화 전주혜 부회장은 "육아 부담이 여성에게 전가되면서 출산률이 떨어지고 경력단절 여성도 늘고 있다. 남성도 육아휴직을 자유롭게 사용할 수 있도록 강력한 제도 마련이 필요하다."고 강조했다. 남성의 육아 휴직 사용률이 낮은 것은 사회적 분이기 탓도 있겠으나 남녀 임금(賃金) 격차 등 경제적 요인이 크게 작용하고 있다. 한국보건사회연구원의 '일-가정 양립 지원 정책 평가와 정책과제' 보고서에 의하면 경제협력개발기구(OECD) 통계 기준으로 2015년 한국 육아 휴직 급여의 소득 대체율은 29%로 나타났다. 즉 육아휴직의 경우에 기존 임금의 29%를 받는다는 의미이다. 이는 OECD 23개 국가 중 19위로서 밑바닥 수준이다. 육아휴직 급여 소득 대체율이 가장 높은 나라는 칠레 100%였고, 슬로베니아 90%, 오스트리아 80%, 독일 65%, 아이슬란드 63.8%, 일본 59.9%로 나타났다. 한국보다 낮은 나라는 슬로바키아 23.4%, 벨기에 20.3%, 핀란드 20.1%, 프랑스14.6% 등 4개국이었다. 출산휴가 급여 소득 대체율도 낮다. 2015년 기점으로 79.7%로 나타났다. OECD 33개국가 중 16번째였다. 박종서 연구원은 "임금은 지속적으로 증가하였으나 출산휴가 급여 상한액은 2001년 이후, 육아휴직 급여 상한액은 2011년 이후 변화하지 않았다. 출산 휴가 급여 대체율은 100%, 육아휴직은 60%을 높이는 방안을 검토해야 한다."고 했다.
52) 문선명선생말씀편찬위원회, 같은 책, 제556권, 252쪽.

하고 하나님의 선한 혈통을 계승해야 한다. 그 방법이 참부모로부터 성주식을 마시고 성수식을 받아서 축복 결혼을 승낙받고 참 가정을 이루어야 한다. 하나님과 참부모님을 모시는 참 가정 생활에서 사탄혈통은 소멸되고, 창조 본연의 하나님 혈통을 잇게 된다. 문선명 선생은 아담, 해와 타락 직전의 16세의 순결한 참인간의 모습에서 재림메시아 사명 받았고, 그 사명을 다하기 위하여 "수백 번이나 죽음의 고비를 넘기면서 승리해 왔다."[53] 그의 가르침이 21세기 인류에게 희망이 되고 비전이 될 것이다.

셋째, 죽음과 영계가 있고, 영계에서 생령체급 영인체가 영생한다. 문선명 선생의 가르침에는 늘 영계에 대한 언급이 많았고, '영계에서 온 메시지'[54]도 훈독회 시간에 많이 강조하였다. 그는 육신의 죽음을 축제로 여기면서 육신 소멸과 함께 생령체급 영인체가 영계에 새로 탄생하므로 축하하고 기념을 해야 한다고 강조하였다. '영계에서 온 메시지'를 세계일보, 워싱턴 타임즈 등의 신문에 광고하면서 세계인류가 실존하는 영계에 대해 관심을 증가시킬 것을 지시하였다. 그는 16세에 기도 중에 예수그리스도와 영인체와 대화를 나누고 메시아 소명을 받은 경험이 있고, 구도의 행각 기간에 "43일간 영계에 들어가서 최종적으로 진리 승리 판결을 받았다."[55] 그런 경력이 있기에 그에게 있어서는 늘 육계와 영계가 하나로서 말씀에 포함되었다.

"영계메시지를 세계에 발표하라고 그래요. 영계의
실상을 전부 다 알려줘야 돼요. 그것이 우리 것이 아

---

53) 문선명선생말씀편찬위원회, 같은 책, 제574권, 265쪽.
54) 세계평화통일가정연합, 『평화신경』.
55) 문선명선생말씀편찬위원회, 같은 책, 제571권, 325쪽.

니에요. 너희들 것이 아니에요. 하늘땅의 것이에요. 하늘땅에 있는 인류 조상으로부터 역대의 모든 인류가 알아야 할책임이 있는 거예요."[56)

육신을 갖고 사는 기간에 영인체가 생령체급으로 성숙하지 않게 되면, 지옥으로 가게 된다. 지옥은 관념의 세계가 아니라 실존한다. 영계는 천국, 낙원, 중간계, 지옥으로 구분 된다.
대개 종교들은 다양한 교리(敎理)

"그렇기 때문에 개인 주의니 무슨 주의가 아니에요. 천주주의의 왕자 왕녀가 돼야 돼요. 천주주의의 하나밖에 없는 하늘나라의 황족권이 이제부터 시작하는 거라구요. 최고의 문을 열고나서야 돼요."[57)

하나님에 의하여 창조된 피조물인 인간은 하나님이 창조원리 규칙으로 정해 놓으신 육계와 영계의 생애를 피할 수 없고 반드시 거쳐야 한다. 이를 함께 아우르는 것이 천주(天宙)이다." 문선명 선생의 가르침에는 늘 천주가 등장하였고, 천주주의가 강조되었다. 그는 천주 리더십을 발휘하여 식구들에게 죽음에 대한 공포를 없애주었다. 성화 축제를 통하여 죽음마저 축제로 승화시키는 지혜를 발현하였다. 한국 장례식장에 가면 예전과 달리 결혼식에 가야 할 것과 같은 화려한 화환이 전시된다. 이것은 문선명 선생의 카리스마리더십, 영성 리더십이 만든 사회문화 변화의 한 성공이다. 앞으로 더욱 성화 문화, 천일국 죽음 축제 문화가 확산되어야 할 것이다.
유대교의 경우는 다음과 같다.

56) 문선명선생말씀편찬위원회, 같은 책, 제557권, 212쪽.
57) 문선명선생말씀편찬위원회, 같은 책, 제574권, 61쪽.

구약성경에 육계와 영계를 합한 천주(天宙) 개념은 많지 않다. 사무엘상 28장에 한번 언급이 되었다. 사울 왕이 블레셋 족속과 전쟁을 앞두고서 무당을 찾아가서 이미 사망한 예언자 사무엘의 영혼을 불렀다. 무당을 시켜 초혼(招魂)하는 행위는 불법이었고 처형을 당하게 되었다. 그러나 사울은 자기가 왕이므로 그런 범법행위를 강제로 시켰다. 그러나 결과는 사무엘이 나타나서 사울 왕에게 전사할 것을 통보하였고, 그것이 실현되는 비극적 결말이었다.

사울 왕이 미처 천주 범위에 준하는 리더십을 발휘하지 못하였다. 사무엘 예언자는 영인체로 나타나서 사울 왕을 꾸짖었다. 종교지도자로서 육신 사후에도 이스라엘을 염려하며 하나님의 나라 건설에 심혈을 기울였던 사무엘 예언자의 리더십이 기억될 만하다.

기독교의 경우는 다음과 같다.

그는 천국에 대해 가르쳤으며(요14:2-4), 지옥에 대해서도 가르쳤다(눅16:20-31). 예수는 이상에서 보는 것처럼 비전을 수립하고 그 비전, 미래상을 제자들이나 사람들에게 명확하게 제시했다. 이어서 실체적으로 자신이 먼저 가치체계, 신념에 따라 사람들에게 바라는 행동을 보여주었다. 또한 제자들에게 권한을 위임하기 위한 환경을 만들고 제자들이 리더십을 발휘할 수 있도록 지도하고 지원했다.[58] 예수는 현재 제자들이 어떤 사람인가가 아니라 그들 안에 있는 잠재력을 보고 믿어주었던[59] 것이다. 예수는 영성과 리더십이 조화로운 삶을 살았고[60]

58) 켄 블랜차드 · 필 하지스.(Ken Blanchard and Phil Hodges) 『예수는 어떻게 12제자를 위대한 리더로 키웠는가』, 142-43쪽.
59) 세자르 카스텔라노스(Cesar Castellanos), 『G12 리더 모임을 위한 52가지 가르침』, 최정식옮김 (경기 안산: 비전G12출판사, 2009), 18쪽
60) 존 맥스웰(John C. Maxwell), 『열매 맺는 지도자』, 오연희 역 (서울: 두란노, 2007), 8.

이를 제자들에게 제시한 것이다.

　서정하는 이런 점에서 예수는 '변혁적 리더십'을 발휘한 사람이라고 한다.[61] 예수는 제자들에게 '사람 낚는 어부'를 제시하고(마4:18-22; 막1:16-20; 눅5:1-11) 제자들을 변화시켜 따르게 했고 또 동등한 자리에 세웠다. 그에게는 특별한 리더십이 있었다. 하늘로부터 온 카리스마, 영적 지도력을 발휘한 것이다. 예수는 사람의 귀천을 떠나 차별대우하지 않고 그들의 필요에 관심을 가지고 헌신적으로 배려하는 삶, 이타적인 삶을 살았다. 가난하고 소외되고 병든 사람, 부자, 이방인, 죄인 등등 다 만나주었고, 그들이 필요로 하는 치유와 사랑과 용서를 베풀었다(눅5:17-32). 예수는 과거 답습적이며 무사안일적인 삶에 대해 도전하며 제자들에게 새로운 시각과 새로운 삶을 제시했다. 안식일에 제자들에게 밀 이삭을 먹이고(마12:1-8; 요5:10; 7:23; 9:16), 환자를 치료하기도 했다(마12:9-13). 이에 안식일 규정을 어겼다면서 심판하려는 바리새인들에게 '안식일은 사람을 위해 있는 것이다'(막2:23-28; 눅5:33-39), '안식일에 착한 일을 하는 것은 법에 어긋나지 않는다.'(마12:9-13)고 말했다. 예수는 '사랑하기 위해서'

　창조원리에 의하면 하나님을 중심하고 몸 마음이 하나가 되면 "하나님이 운행하시고 하나님의 힘이 나타난다. 그것은 하나님의 영원한 창조목적을 이룬 것이다."

---

61) 서정하, 『기독교 목회자의 리더십에 대한 경영학적 연구』(경기 파주: 한국학술정보, 2006), 42-44쪽. "변혁적 리더는 '추종자들의 흥미를 진작시키거나 확대시키고, 집단 내 목표나 사명감을 받아들이고 지각하게 하여 이기주의를 초월한 집단이익을 추구하게 하는 자. 추종자들에게 영감을 심어주거나, 추종자 개개인의 성취욕구를 고취시켜 주며 과정을 변화시키고, 행동을 고취시키며, 문제해결의 방법을 제시하고 감정을 자극하는 자. 문제해결에 대한 새로운 방법을 제시하고, 개인적 노력을 고양시키는 자.' 등이다."(서정하, 『기독교 목회자의 리더십에 대한 경영학적 연구』(경기 파주: 한국학술정보, 2006), 60-61쪽.

"카리스마는 사람들을 휘어잡거나 심복하게 하는 능력이나 자질이다"[62] "본래는 기독교적 용어로 '하나님이 주시는 은혜', '무상의 선물'이라는 뜻이다."[63] 헬라어 카리스(은혜, grace)에서 카리스마(은사(恩赦))가 유래하였다. 은사는 인간이 만들 수 없고 외부로부터, 신적 존재로부터 주어진다는 고백이 함의되어 있다. 하나님의 은사를 받은 자가 인간들에게 하나님의 대신자로서 위엄을 보여 줄 수 있다.

종합하면 카리스마는 "신이 주신 권능으로 범인이 거부할 수 없는 능력 등을 말한다."[64] 카리스마는 하나님이 보시기에 의로운 이에게 주어진다. 하나님을 대신하여 복귀섭리에 기여할 수 있는 잠재력이 있는 자에게 하나님이 은혜를 베푸신다. 기도하는 자에게 하나님은 권능을 주시고, 그는 모여드는 사람들에게 특별한 신적 사랑을 실현해 준다. 기도하는 사람의 육신은 하나님의 사랑과 전지전능이 이 세상에 발현할 수 있는 매개체가 된다. 예수그리스도도 "나를 본 자는 곧 아버지를 보았느니라. 아버지가 내 안에 있고 나는 아버지 안에 있다"(요 12:48)고 하였다.

"제1아담과 제2아담이 실패한 모든 것을 탕감복귀하고 완성해야만 하는 제3아담 된 참부모의 사명은 구세주, 메시아, 재림주의 사명은 물론 모든 종주들의 사명까지도 총체적으로 완수해야만 하는 삶인 것입니다.) 문 총재가 참부모 됐으면 참부모 하나면 됐지, 구세주의 말이 필요 없는 것이요, 메시아라는 말이 필요 없는 것이요, 재림주라는 말이 필요 없는 거라구

---

62) http://search.daum.net/search? (검색일 2017.6.23.)
63) http://search.daum.net/search? (검색일 2017.6.23.)
64) http://blog.naver.com/ (검색일 2017.6.23.)

요. 왜 이렇게 됐어요? 타락했기 때문이에요."[65]

　　"이름을 붙이기 위해서 참부모도 좋고, 재림주도
좋고, 그 다음에 메시아도 좋고, 그 다음에 뭐 구세주
도 좋지만 여러 말이 필요 없어요. 인류의 조상 한 사
람이 결혼식을 잘못했기 때문에 뒤집어 박았으니 참
부모가 나와서 결혼식만 바로 한다면, 천하가 다 찾아
집니다." 참부모라는 단어는 하나님의 소망이요 인류
의 소망이요 만물의 소망이다. 왜냐하면 하나님이 제1
참부모이시고, 문선명 선생은 제2의 참부모이고, 그를
따르고 신봉하는 축복가정들은 제3의 참부모이기 때
문이다. 모든 인간은 성장하면서 궁극적으로는 참부모
가 되어야 한다. 그래서 참부모는 구원을 향하여 진입
하는 큰 문이다. 누구든지 이 관문을 통과하지 않으면
천국으로 갈 수 없고 구원의 은총을 받을 수 없다. 그
반대로 지옥으로 들어서게 된다.

　참부모는 하나님을 해방시켜 드리는 사명을 성취한 분이다.
하나님은 인간 시조의 타락 이후로 사탄 세력에 의하여 포위당
하여 원한에 맺힌 모습으로 영어(囹圄) 신세를 가지셨다.
참부부는 창조본연의 선남선녀가 부부의 인연을 맺는 것을 말
한다.
그리고 참부부는 참가정, 참부모, 천일국 창건을 위한 제물된
의의를 갖는다.

　축복가정 부부는 사탄이 주관해 오던 선천 시대에 얽힌 온갖
원한의 감정을 푸는 역할을 맡게 된다. 그것에는 상당한 인내
와 포용력이 요구된다. 배우자가 싫더라도 새 역사를 위한 제

---

65) 문선명선생말씀편찬위원회, 같은 책, 제556, 322쪽.

물된 자세로 부정적인 감정을 극복해야 한다.

해와가 사탄의 흉계로 인하여 때가 아닌 때에 천사장과 해와 및 아담이 불법적인 행음관계를 맺어서 타락하게 되었고

> "전부 다 원수같이 대할 수 있는데, 원수 되기 전
> 에 이러한 일을 해서 평화의 무드를 만들려니까 교체
> 결혼을 하는 거예요. 다 이루게 되면 그들도 살 수 있
> 기 때문에, 평화문제를 문제시할 수 없기 때문에 교체
> 결혼까지 해놓게 되면 살 수 있기만 하겠어요? 빨리
> 서두르라는 거예요. 알겠어요?「예.」"

천지인 관계의 존재로 인간이 만물을 정복하고 사후 세계까지 영생한다. 거룩한 전쟁 용사이다. 악의 세력을 무찌르고 선의 세계로 확장한다. 원리는 심정적 존재, 혈통복귀 천일국 말씀 공동체 구성원 천지인 관계적 존재, 사후세계영생 존재, 천일국창건 용사이다. 하늘부모님과 참부모님의 심정을 상속 받아서 행음관계로 타락한 영적, 육적 존재를 축복결혼으로 다시 혈통복귀 한다. 즉 신성과 심정을 상속 받아 실과를 혹은 불순종을 영육 행음 관계를 청산한다. 훈독회실시 영성공동체 구성, 인간과 만물과의 영성관계 회복, 하나님과 인간의 책임분담으로 거룩한 전쟁 동원된 용사이다.

유대교의 경우는 다음과 같다.

아담과 하와는 타락의 늪에 전락함으로써 가정리더십을 아예 발휘할 기회를 갖지 못하였다. 그로부터 1600년이 지나서 노아는 방주를 지었고, 홍수심판을 초래하였다. 노아는 자아 주관 리더십에 성공하였기에 성경은 그를 의인 중의 의인으로 칭송하였다. "하나님이 인간을 지으신 것을 후회하시면서 땅 위에 모든 것들을 없애버리셨다. 그러나 노아만은 하나님의 마음에

들었다."(창6:7) 노아가 방주를 만들 때까지 그가 보여준 가정 리더십은 대체로 무난했기에 마침내 방주(方舟, Ark)가 제조되었다. 그러나 홍수 심판 이후에 그의 차남 함(Ham)이 자아주관을 하지 못하였고, 아버지 노아와 심정적 일체를 하지 못하여 다시금 범죄 행위를 하였다. 노아 가정의 가정리더십은 훼손되고 말았다. 인간이 구원을 받는 것을 방해하고 싫어하는 사탄은 함을 통하여 방주를 중심한 복귀섭리를 지연시켰다. 인간을 계속 자기 지배하에 두려는 사탄의 음모에 차자함이 말려든 것이었다.

아브라함-이삭-야곱-요셉의 족장설화는 가정을 갖기 위한 아브라함의 가정리더십과 만물축복을 향유하는 주인리더십을 보여준다. 특히 구약성경에서 아름답고 스릴이 넘치는 감동적인 사건의 하나로 꼽히는 이삭(Isaac)의 헌제 사건(창22:1-19)은 아브라함과 이삭이 함께 만들어내는 가정리더십의 전형을 보여준다. 아버지 아브라함과 아들이삭은 훌륭한 신앙을 가진 아버지와 절대복종하는 미덕을 발휘한 아들의 이미지를 강하게 부각시켰다. 이 부자(父子)의 화합과 단합이 후대 앞에서 가정리더십의 본보기가 되었다.

요셉(Joseph)은 특이하게도 다문화가정 리더십을 보여주었다. 그는 형들의 시기를 받아서 쫓겨났으나 이집트 태양신 사제의 딸 아세낫과 결혼하였다(창41:45). 그의 열성적인 신앙의 힘으로 하나님의 도움을 받아서 이집트 파라오 왕 다음의 서열에 올라서 훌륭한 통치를 하였고(창41-50장), 그런 실적으로 인하여 그는 메시아의 예표(豫表)로 존경 받았다[66].

기독교의 경우는 다음과 같다.

_____

바울은 지도자는 가정에서 모범된 삶을 살아야 한다고 말한다. 그는 지도자는 결혼의 신성함을 지키고 가정을 잘 다스리는 사람이 되어야 한다고 가르쳤다. 그가 장로의 자격 기준으로 삼은 것 중 하나는 한 아내의 남편으로서 자기 집을 잘 다스리는 것이었다.[67]

> "감독은 책망할 것이 없으며 한 아내의 남편이 되며 절제하며 근신하며 아담하며 나그네를 대접하며 가르치기를 잘하며 술을 즐기지 아니하며 구타하지 아니하며 오직 관용하며 다투지 아니하며 돈을 사랑치 아니하며 자기 집을 잘 다스려 자녀들로 모든 단정함으로 복종케 자라야 할찌니, 사람이 자기 집을 다스릴 줄 알지 못하면 어찌 하나님의 교회를 돌아 보리요. (딤전3:2-5)."

고린도전서에서는 배우자에게 충실하지 않은 자는 하나님의 백성 가운데 거할 곳 자녀에게 있어서 첫째 스승은 부모이다. 부모는 자녀에게 있어서 첫째 스승으로서의 권위와 책임 가져야 한다. 그리고 가정연합 식구들은 세상 앞에서 참스승의 본을 보여주어야 한다. 사탄이 주관하는 세상 앞에 하늘편 참인간으로서 스승의 역할을 해야 한다. 그것은 단순한 직업으로서의 스승의 자세가 아니라 생명을 놓고서 사탄과 영적인 치열한 투쟁에서 승리해야 하는 참스승이 되어야 한다는 것을 뜻한다.

하나님주위와 참가정 완성시대 도래 선포이다. 수신제가치국평천하 공자의 덕목이다. 몸 마음 교양과 인격 도덕윤리를 바로 세우고 가정을 바르게 세우면 천하 통일의 기반이 된다. 절

---

67) 존 맥아더편집, 같은 책, 51쪽.

대가치관 제시로비전리더십으로 동기부여 한다. 남북통일과 평화통일 구현이다. 내적인 몸 마음통일과 외적인 가인아벨 통일 무신론과 유신론 합일이다. 가정연합은 하늘 부모님 중심한 종적인 참사랑과 참부모중심한 횡적인 참사랑으로 하늘 땅 인간 천지인 합덕 천주평화통일국 통치이다 천일국이다. 잃어버린 참하나님의 날, 참부모의날, 참자녀의 날, 참만물의 날 등이다.

인간은 건강하고 행복한 삶을 살기 위하여 탄생부터 죽기까지 부단히 배워야 하는 특별한 존재이다. 배움을 그치면 그 순간 내리막길로 들어선다. 하나님은 부단히 수수작용을 하면서 앞을 향하여 성장하고 승리하는 것을 좋아하신다.[68] 가정연합 식구라고 할지라도 지상에서 충분한 공부를 안 하면 영계에 가서 배움을 계속하여야 한다.

가르침에는 가르치는 스승과 배우는 학생의 관계가 성립된다. 메시아는 인류를 가르치는 큰 스승이다. 그는 하나님으로부터 계시를 받아서 인류를 가르친다. 문선명 선생은 "무지에는 완성 없다"[69]는 말씀을 자주 강조하면서 열심히 진리를 배울 것을 촉구하셨다. 아담 해와가 에덴동산에서 타락을 한것도 선악과가 무엇인지를 가르쳐 주는 자가 없었기 때문이었다. 즉 진리의 스승이 없었다는 것이다. 진리의 스승이 있어서 아담과 해와를 가르쳐 주었다면 그들은 결코 타락하지 않았을 것이다.

"에덴동산에서 아담과 해와의 타락은 보안장치가 없어서 그렇게 되었다." 그는 북한 공산정권으로부터 죽음의 경지에 이르도록 고문을 받았다가 다시 살아나는 부활의 사건을 일으켰

---

68) 문선명선생말씀편찬위원회, 같은 책, 제566권, 50쪽. 평화대사의 2세 아들딸을 자기 아들딸로 만드는 거예요. 평화대사의 2세 아들딸은 완전히 우리가 찾아와서 결혼시킬 수 있는 거예요. 요즘에도 평화대사의 아들딸을 데려오라는데 왜 안 해요? 몰라서 그래요. 복 받을 수 있는 길을 잃어버렸다는 거예요. 처음에 해야지 둘째 번에 해 가지고 어때요? 두 번째를 하나님이 좋아하지 않아요. 1등을 제일 좋아해요.

69) 문선명선생말씀편찬위원회, 같은 책, 제566권, 257쪽. 깜깜천지로 막혀 있는 것을 가지고 천국에 가겠다는 그건 어리석은 사람이에요. 무지는 맹목적이에요. 무지에는 완성이 없어요. 이상이 없다구요. 파괴와 혼돈과 암흑밖에 없다는 거예요.

다. 미국과 남미에서는 공산세력과의 치열한 대결이 있었으나 역시 성공하였다. 그런 다양한 경험을 헤치면서 마침내 그는 죽음을 성화축제(聖和祝祭)로 승화시켰다. 죽음과 성화에 대한 가르침은 최고의 가르침에 해당하는 것이었다.

인간은 참 부모되시는 하늘 부모님과 참부모님을 모시고 부자지 관계를 맺고 참자녀로 잘 살아야 한다. 천일국 건강 웃음은 인체 건강과 심리 건강, 인간관계 증진, 학습 집중력 향상 등 천일국 참사랑 백성 훈련 프로그램이다.

유대교의 경우는 다음과 같다.

스승으로서 제자에게 올바른 가르침을 전수해 준 사례가 엘리야 예언자와 엘리사 예언자이다. 이 내용은 열왕기하 2장에 상세히 기록되어 있다. 엘리야는 그의 사명을 엘리사에게 인계해 주었다.

임종할 때가 되자 엘리야는 길을 갔다. 길갈에서 걷기 시작하여 벧엘, 예리코로 갔다. 엘리사는 스승의 길을 한사코 따라갔다. 엘리사는 엘리야와 하나가 되기를 갈망하면서 엘리야가 떠나지 말 것을 권유하였다. 그러나 때가 되어서 엘리야는 불수레를 타고서 하늘로 승천하였다. (왕 하 2:11). 인근에는 제자 50명이 그 광경을 바라보고 있었다(왕 하 2:7).

엘리사가 외쳤다. "내 아버지여 내 아버지여 이스라엘의 병거와 그 마병이여!"(왕 하 2:12) 마침 엘리야는 그의 겉옷을 엘리사에게 던져 주었다. 그로부터 엘리야의 권능이 엘리사에게 더해졌다. 이 드라마틱한 스승과 제자 사이의 사명 인수인계식은 지금도 기독교에서 목사임직식에서 의식(儀式)으로 활용되고 있다. 2800년 이전의 유대교 풍습이 지금도 계승되고 있다.

기독교의 경우는 다음과 같다.

그런 가운데 제자들을 교육해서 지도자로서의 자질을 함양하게 했다. "예수는 제자들에게 기도를 가르쳐 주었고 (마 26:36-46), 그는 자신의 제자들에게 여러 가지 화제로 교육시켰으며 자신의 목적이나 선행, 인간관계도 가르쳤다." 진리의 문을 열었다.

> "인간은 누구나 불행을 물리치고 행복을 찾아 이루려고 몸부림치고 있다. 개인의 사소한 일로부터 역사를 좌우하는 큰일에 이르기까지 그것들은 결국 하나같이 보다 행복해지려는 삶의 표현이다. 그러면 행복은 어떻게 해서 오는 것인가? 인간은 누구나 자기의 욕망이 이루어질 때 행복을 느끼게 된다. 욕망이라고 하면 우리는 흔히 그 본의(本意)를 흐려서 생각하기 쉽다. 그것은 그 욕망이 선(善)보다도 악(惡)으로 나아가기 쉬운 생활환경 가운데 우리가 살고 있기 때문이다. 그러나 불의(不意)를 맺는 욕망은 어디까지나 인간의 본심(本心)에서 나오는 것은 아니다. 인간의 본심은 이러한 욕망이 자신을 불행으로 이끌어간다는 것을 잘 알고 있기 때문에, 악을 지향하는 욕망을 물리치고 선을 추구하는 욕망을 따라 본심이 기뻐하는 행복을 찾으려고 필사적인 노력을 하고 있는 것이다."[70]

결국 문선생의 가르침의 핵심은 행복 찾기에 있었다. 종교인이건 아니건 인간은 누구나 행복을 찾아다닌다. 그러면서도 정작 행복이 무엇이며, 어디서 행복을 찾을 수 있고

---

70) 세계기독교통일신령협회, 『원리강론』, 1쪽.

구할 수 있는지에 대해서는 무지하다. 중국에서는 새해가 되어서 복(福)이란 글자를 거꾸로 붙여 놓는 풍습이 있다. 그 이유는 복이 하늘에서 내려왔다가 도망을 가지 않게 하기 위해서이다. 고대로부터 지금까지 인간은 모두 부귀영화(富貴榮華)와 장수(長壽)를 행복의 기준으로 삼아 왔다. 그럼에도 불구하고 여전히 불행의 늪에서 완전히 벗어나지 못하고 있다. 그것은 행복의 정체를 분명히 알지 못하기 때문이다.

새벽 기도회를 철저히 지키셨다. 그래서 늘 잠이 부족하였다. "바빠서 잠을 잘 시간이 부족했다."[71] 잠을 참거나 극복하는 것은 큰 고통이다. 고문 중에서 가장 최악의 고문이 잠을 안 재우는 것이다. 북한 대동보안서에 투옥 될때에 1주간 잠을 안 재우는 극심한 고문을 당하였다. 그렇지만 문선명 선생께서는 그런 과정을 다 통과하고 승리하셨다.

사랑을 영어로 LOVE라고 부른다. 이를 리더십과 결합하여 철자(綴字)를 해보면 다음과 같다. L은 Listen이다. 편견 없이 상대방 말을 경청해 준다. O는 Overlook이다. 단점만 보지 않고 장점을 보면서 단점도 감싸주는 것이다. V는 Voice이다. 따뜻한 말로 표현하고 격려하고 칭찬하는 것이다. E는 Effort이다. 관심이 있음을 표현하는 것이다. 시간을 갖고 투자하고 노력하는 것이다. 나폴레옹이 임종을 앞두고서 일생을 반성하면서 남긴 마지막 말은 사랑이 차지하는 리더십의 비중을 암시한다.

"오대양 육대주에 부는 바람은 나의 한숨이요, 오대양 육대주에 가득 찬 바닷물은 나의 눈물이다. 나는 총칼

---

71) 문선명선생말씀편찬위원회, 같은 책, 제556권, 75쪽. 잠잘 시간이 없어요. 그렇게 살아요. 내가 청중 가운데 가서 앉으면, 조는 데 제일 첫째가 될 거예요.

로 세상을 정복하려 했으나 실패하였고, 목수의 아들인
예수는 사랑으로 세상을 정복했다."72)

리더십(指導力)은 진정한 사랑을 제공해줌으로서 사람을 즐
겁게 해주고 행복하게 만들어 주는 것이다. 유익하고 즐겁게
해주면 사람이 따른다. 앞으로의 리더는 여러 가지 유형의 리
더십을 잘 조합할 수 있는 능력이 있어야 하고, 자기를 따르는
사람을 진정으로 사랑하는 마음을 가져야 하고, 인간미, 도덕
성, 시인의 통찰력, 교섭력, 분석력, 다면적 사고 능력 등을 겸
비해야 한다. 과학기술 발전에 힘입어서 고도화된 인터넷과
SNS 활용으로 이제는 리더가 다양한 능력을 동시다발적으로
발휘할 수 있게 되었다.

인간은 어머니 자궁 속에서의 복중 생애와 지상생활에서의
생애와 육신 죽음 이후에 영계에서 영인체(靈人體)의 영생(永
生)이라는 "소생 장성 완성의 3단계 생애"73)를 거치게 되었다.
그런 깨달음의 토대에서 살 때에 인간은 행복의 주인공으로 살
수 있게 된다. 고대로부터 인간은 누구나 행복을 추구해 왔지
만 지금까지 행복의 의미와 행복한 삶을 알지 못한 것은 이런
진리의 근본을 인지하지 못하였기 때문이다. 영생에 대한 확신
이 있는 사람은 이 세상의 부귀영화에 미련을 두지 않으며, 하
나님과 참부모님을 모시는 행복공동체를 추구한다.

장구한 인류사에서 진행되어 온 행복 추구 역사를 간략해
보자.
헤시오도스(Hesiodos, 주전 700년경 그리스 시인)가 처음

72) 정원범 엮음, 『21세기 리더십과 목회』 (서울: 한들출판사, 2005), 38쪽.
73) 문선명선생말씀편찬위원회, 같은 책, 제574권, 21쪽.

으로 행복이란 단어를 사용하였다. 행복은 eudaimon이다. 그리스어로 '좋다'라는 의미를 가진 유(eu)와 '신(神), 영(靈), 혼(魂), 악마'를 뜻하는 다이몬(daimon)의 합성어이다. 좋은 신이나 안내해 주는 영혼을 옆에 가지는 것이 행복이다. 그래서 '행복한 행운아'(eudaimon te kai olbios)는 '축제일을 잘 지키고 전조(前兆)를 잘 이해하며, 죄를 범하지 않고 신들을 노엽게 하지 않으면서 일을 적절하게 하는 사람'이다. 다이몬은 인간을 밀어붙이는 불가사의한 힘이다. 좋은 다이몬을 가지면 신성을 향하여 나가게 되고, 나쁜 다이몬 즉 불행(dysdaimon, kakadaimon)을 만나면 옆길로 빠져서 타락하는 형국에 빠진다.

헤겔(Hegel)은 이렇게 말했다. "행복이라는 관점에서 인류 역사를 살펴 볼 수도 있다. 그러나 역사는 행복이 자랄 수 있는 토양이 아니었다. 그래서 역사 속에서 행복한 기간이란 백지로 남는 것뿐이다." 칸트(Kant)는 이렇게 견해를 피력하였다. "행복이라는 개념은 불명확하다. 누구나 행복을 원하면서 일관되게 말할 수 없다." 철학사에서 우뚝 솟은 칸트도 행복이 무엇인지 정확히 설명을 못하고 각자의 주관적인 판단에 맡기고 있다.

프로이트(Freud)는 타인의 행복을 아는 것이 힘들다는 전제 하에서 이렇게 말했다. "행복이란 본질적으로 주관적인 그 무엇이다. 그래서 행복에 대해 연구하는 것은 쓸모가 없어 보인다." 윌리엄 제임스(William James)는 프로이트와 동시대의 미국 철학자로서 이렇게 말했다. "행복을 어떻게 얻고 보존하고 회복하느냐 하는 것은 실로 모든 시대를 막론하고 모든 이들의 내면에 숨은

동기가 되어왔다." 하워드 멈포드 존스 (Howard Mumford Jones)는 하버드 대학교 역사학자로서 이렇게 견해를 밝혔다. "행복 역사는 단지 인류의 역사만이 아니라 윤리학, 철학, 종교 사상의 역사였다."

행복은 일상 곳곳에 흩어져 있다. 향수, 쥬스, 자동차 홍보, 등에 행복이 숨겨져 있다. 그리고 행복은 나라마다 개인마다 다르다. 행복이라는 주제는 인류사에서 중추적인 전통이고 유산이 되어왔다. 행복에 대한 탐구는 역사만큼이나 오래되었다. 국어사전에는 "복된 좋은 운수를 만나거나 생활 속에서 충분한 만족과 기쁨을 느끼는 흐뭇한 상태이다."[74)라고 행복을 정의한다.

> "행복이란 어떤 일이나 사건에 대하여 하나님의 창조목적을 중심하고 즐거움, 미래를 위한 의미, 집중, 웃음이 조화롭게 결합된 상태에서 얻어지는 정서적 반응이며, 무엇보다 참자녀의 입장에서 하늘부모님과 참부모님을 기쁘고 평안하게 해 드리려는 노력을 할 때 얻어지는 감정이다."[75)

즉 이 정의는 참부모님의 가르침을 따라서 신본주의와 인본주의를 합한 신인본주의 입장에서 천일국 행복의 개념을 압축한 것이다. 하늘 부모님의 창조목적을 실현해드리는 것을 목표로 하여 전력투구 실천궁행하시는 참부모님의 삶이 곧 참행복의 표준이고, 그 뒤를 따르는 축복가정들의 삶이 표준이 되어야 한다. 미래에는 이 참천일국 행복학이 미래학의 중심이 될 것이다.

74) 신기철 · 신용하, 『새 우리말 큰 사전』 (서울: 삼성출판사, 1989. 1992(9)), 3680쪽.
75) 조응태, 『행복하고 즐기는 원리 훈독』 (평택: 우리출판, 2015), 5쪽.

문선생께서는 하나님 왕권즉위식을 통하여 하나님을 행복하게 해 드렸고, 인류에게는 참부모의 날, 참자녀의 날, 참만물의 날, 참하나님의 날 등의 명절을 주시어 행복한 축제문화를 느끼게 해 주었고, 만물에게도 참만물의 날의 의의를 통하여 만물도 이제야 참인간, 참부모, 참자녀를 만나서 존재 기쁨을 누릴 수 있게 되었다. 삶과 죽음, 고난의 의미와 극복, 육계와 영계 등의 질문에 대한 답변을 위해 일생을 사셨던 문선명 선생의 생애와 사상을 토대로 인류는 행복의 길로 들어섰다. 특히 기원절 이후로는 신인일체, 인인일체, 물인일체의 경지가 가능하게 되었기에 하나님을 부모로 섬기는 인류대가족공동체를 형성하면서 행복을 공유하게 되었다.

기독교의 경우는 다음과 같다.

리더십은 근본적으로 사람을 섬기는 것이다. 리더를 '서번트'와 같은 존재로 보는 것이다. 서번트 리더(servant leader)란 섬기고자 하는 자연스런 욕구가 우선인, 즉 서번트 우선(servant-first) 리더이다. 스피어스(Spears, 1998)는 서번트 리더의 10가지 특징을 정했다. 경청, 공감, 치유, 자각(awareness), 예견(foresight), 설득, 개념화(conceptualization), 청지기 정신(stewardship), 사람을 성숙시키기 위한 헌신(commitment), 공동체 구축(building community)이다.[76] 리더가 자신의 욕심을 위해 인간을 조작하고 수단화하는 도구로 사용할 수 없다. "누가 철학과 헛된 속임수로 너희를 노략할까 주의하라 이것이 사람의 유전과 세상의 초등학문을 좇음이요 그리스도를 좇음이 아니니라(골

---

76) 기독경영연구원편저, 『기독경영 로드맵11』 (서울: 예영커뮤니케이션, 2004), 135쪽.

2:8)."

"서번트 리더십은 부하들의 업무관련 성장욕구를 찾아 이를 먼저 해결해 주기 위하여 노력하며 필요한 지원을 강화하는 가운데 이들을 전체 조직의 목적을 향해 이끌어 가는 리더십 행위로 정의할 수 있다."77) 성서에서는 서번트 리더를 다음과 같이 표현하고 있다.

> "예수께서 제자들을 불러다가 이르시되 이방인의 집권자들이 그들을 임의로 주관하고 그 고관들이 그들에게 권세를 부리는 줄을 너희가 알거니와 너희 중에는 그렇지 않아야 하나니 너희 중에 누구든지 크고자 하는 자는 너희를 섬기는 자가 되고 너희 중에 누구든지 으뜸이 되고자 하는 자는 너희의 종이 되어야 하리라 인자가 온 것은 섬김을 받으려 함이 아니라 도리어 섬기려 하고 자기 목숨을 많은 사람의 대속물로 주려 함이니라(마20:25-28)."

예수의 리더십은 서번트 리더십(Servant Leadership)이다.78) "무엇이든지 남에게 대접을 받고자하는 대로 너희도 남을 대접하라 이것이 율법이요 선지자니라(마7:12; 눅6:31)." 예수는 다른 사람을 섬기는 리더가 되라고 가르친다. "예수께서 제자들을 불러다가 가라사대 이방인의 집권자들이 저희를 임의로 주관하고 그 대인들이 저희에게 권세를 부리는 줄을 너희가 알거니와 너희 중에는 그렇지 아니하니 너희 중에 누구든지 크고자 하는 자는 너희를 섬기는 자가 되고 너희 중에 누구든지

---

77) 박정윤, 『행복한 기업경영』 (경북 경산: 영남대학교출판부, 2007), 110쪽.
78) 로버트 그린리프(Robert K. Greenleaf), *On Becoming a Servant-Leader*(San Francisco: Jossey-Bass, 1997)

으뜸이 되고자 하는 자는 너희 종이 되어야 하리라(마 20:25-27)." 왜냐하면 내가 이 땅에 온 것은 자신을 희생 제물로 하여 사람을 섬기기(διακονηθῆν) 위해서 왔기 때문이라는 것이다. "인자가 온 것은 섬김을 받으려 함이 아니라 도리어 섬기려 하고 자기 목숨을 많은 사람의 대속물로 주려함이니라 (마20:28, ὥσπερ ὁ υἱὸς τοῦ ἀνθρώπου οὐκ ἦλθεν διακον ηθῆναι ἀλλὰ διακονηθῆσαι καὶ δοῦναι τὴν ψυχὴν αὐτοῦ λύτρον ἀντὶ πολλῶν)."

> "예수께서 불러다가 이르시되 이방인의 소위 집권자들이 저희를 임의로 주관하고 그 대인들이 저희에게 권세를 부리는 줄을 너희가 알거니와 너희 중에는 그렇지 아니하니 너희 중에 누구든지 크고자 하는 자는 너희를 섬기는 자가 되고 너희 중에 누구든지 으뜸이 되고자 하는 자는 모든 사람의 종이 되어야 하리라(막 10:42-44)."

예수는 위대한 지도자가 되기 위해서는 명령자나 영감을 불어넣는 카리스마적 존재가 아닌 섬기는 '종(δοῦλος)'이 되어야 한다고 가르친다.[79] 이러한 가르침은 예수를 따르고자 하는 사람에게는 선택이 아닌 필수이다.[80] 종교지도자는 시간, 장소, 상황에 상관없이 명쾌하고 분명한 예수의 가르침인 섬기는 리더십을 따라야 한다. "내가 진실로 진실로 너희에게 이르노니 한 알의 밀이 땅에 떨어져 죽지 아니하면 한 알 그대로 있고 죽으면 많은 열매를 맺느니라(요12:12)."

---

79) 찰스 C. 맨즈(Charles C. Manz), 『예수의 비즈니스 리더십』, 이종인 옮김 (해냄출판사: 서울, 2000), 149-150쪽.
80) 켄 블랜차드 · 필 하지스.(Ken Blanchard and Phil Hodges) 『예수는 어떻게 12제자를 위대한 리더로 키웠는가』, 30쪽.

신약의 리더십에서 독특성은 하나님이 리더와 백성을 동등하게 관계하신다는 것이다. 리더와 구성원은 수평적 관계에 놓여 있다. 예수는 "너희는 랍비라 칭함을 받지 말라 너희 선생은 하나이요 너희는 다 형제니라(마23:8)." "이제부터는 너희를 종이라 하지 아니하리니 내가 내 아버지께 들은 것을 다 너희에게 알게 하였음이니라(요15:15)." 하나님 나라에서는 리더와 구성원 간에 위계적인 상하관계는 존재하지 않는다. 각자에게 하나님이 주신 독특하고 다양한 은사(롬12:3-8; 고전12:8-10)를 발휘할 수 있는 각 영역에서 리더가 될 수 있다는 것이며 또한 누구나 추종자의 역할을 할 수 있다는 점에서 리더와 구성원간의 수직적 관계는 존재하지 않는다.

신약에서 이야기하는 인간관계의 황금률은 "무엇이든지 남에게 대접을 받고자 하는 대로 너희도 남을 대접하라(마7:12)." 이다. "비판치 말라 그리하면 너희가 비판을 받지 않을 것이요 정죄하지 말라 그리하면 너희가 정죄를 받지 않을 것이요 용서하라 그리하면 너희가 용서를 받을 것이요 주라 그리하면 너희에게 줄 것이니 곧 후히 되어 누르고 흔들어 넘치도록 하여 너희에게 안겨 주리라 너희의 헤아리는 그 헤아림으로 너희도 헤아림을 도로 받을 것이니라(눅6:37-38)." "인간관계에 대해 예수는 리더와 구성원 사이의 권력관계가 'zero-sum'이 아닌 'positive-sum'임을 시사한다. 개인이나 기업이나 자신이 속한 관계의 한 부분을 약하게 함으로써 자신의 파워를 증가시킬 수는 없다. 'positive-sum'은 리더가 지닌 권력을 적극적으로 구성원에게 이양할 수 있는 근거가 된다."[81]

리더와 구성원간의 상호적, 수평적, 'positive-sum'적인 권력관계를 가장 잘 드러내고 있는 것이 섬김의 리더십이다. 큰

---

81) 기독경영연구원편저, 『기독경영 로드맵11』(서울: 예영커뮤니케이션, 2004), 133쪽.

권력을 요구한 야고보와 요한, 이로 인해 다투는 제자들을 보고 예수는 "이방인의 소위 집권자들이 저희를 임의로 주관하고 그 대인들이 저희에게 권세를 부리는 줄을 너희가 알거니와 너의 중에는 그렇지 아니하니 너희 중에 누구든지 크고자 하는 자는 너희를 섬기는 자가 되고 너희 중에 누구든지 으뜸이 되고자 하는 자는 모든 사람의 종이 되어야 하리라.(막 10:42-44)"고 전한다. 지도자가 되고자 한다면 먼저 낮은 자리로 가서 타인을 섬기는 자리에 가야 최고 지도자가 된다고 말한다.

자신을 낮추면 높은 자리로 가게 될 것이다. 지도자가 먼저 낮은 자리를 찾아가야 함을 강조한다. 낮은 데서부터 민심에 의하여 차츰 위로 올라가서 상좌에 앉아야 참소가 없다. 그런 리더가 되면 구성원들과 동질감을 체험하였고, 지지를 받기에 동료들로부터 불평불만이 없다.

> "청함을 받은 사람들의 상좌 택함을 보시고 저희에게 비유로 말씀하여 가라사대 네가 누구에게나 혼인 잔치에 앉지 말라 그렇지 않으면 너보다 더 높은 사람이 청함을 받은 경우에 너와 저를 청한 자가 와서 너더러 이 사람에게 자리를 내어주라 하리니 그 때에 네가 부끄러워 말석으로 가게 되리라 청함을 받았을 때에 차라리 가서 말석에 앉으라 그러면 너를 청한 자가 와서 너더러 벗이여 올라 앉으라 하리니 그 때에야 함께 앉은 모든 사람 앞에 영광이 있으리라 무릇 자기를 높이는 자는 낮아지고 자기를 낮추는 자는 높아지리라(눅14:7-11)."

예수는 겸손이라는 단단한 바탕 위에서 높은 자리에 서는 사람이 되어야 함을[82] 강조하고 있는 것이다. 영예를 추구하지 말고 영예가 찾아오도록[83]

유대교의 경우는 다음과 같다.

이스라엘역사에서 군사지도자는 무엇보다도 하나님께 대한 믿음과 하나님의 명령에 대한 복종을 가장 우선적인 전략으로 삼았다. 인간의 지혜나 지식이나 경험이나 전략보다는 하나님의 지혜와 안내를 중시하였다. 전지전능하시고 무소부재하시는 하나님을 총사령관으로 모시는 것은 탁월한 선택이 아닐 수 없었다. 하나님께서 말씀하시는 "원수를 너희 손에 붙이셨다."는 계시는 전승(戰勝)을 의미하였기에 그 지시가 내릴 때까지 기도하고 인내하고 인간적인 교만함을 억눌렀다. 그런 믿음의 결과는 승리였다. 전쟁의 승리는 세상사의 승리요 행복의 승리였다.

모세는 출애굽 이후로 광야생활을 하는 동안에 수차례 군사전쟁을 하였다. 그러나 그는 모든 종류의 전쟁에서 항상 하나님을 모시는 신앙으로 아카시아로 만든 법궤(法櫃)를 앞세웠고, 그것이 승리를 가져다주었다. 법궤는 하나님의 현존을 암시하는 것으로써 그 안에는 아론의 싹난 지팡이, 두 개의 석판, 만나를 담은 항아리 등이 보존되었다. 법궤 위에는 하나님의 임재를 상징하는 것으로써 양쪽에 두 천사가 날개를 펴고 하나님을 찬양하는 포즈를 취하였다(출25:10-22). 그 법궤를 군대 앞에 모시고 가는 것은 전쟁의 주인이 하나님이심을 고백하는 성숙한 신앙의 표현이었다.

모세는 "적군이 가하는 고통에 힘겨워 울부짖는 이스라엘 백성들이 하나님의 도우심으로 적군을 물리치는 거룩한 전쟁인

---

82) 찰스 C. 맨즈(Charles C. Manz), 같은 책, 37쪽.
83) 찰스 C. 맨즈(Charles C. Manz), 같은 책, 41쪽.

성전(聖戰, Holy War)"[84] 사례를 많이 남겼다. 인간이 인간의 수단에 의존하지 않고 오직 믿음만으로 승리하는 무용담(武勇談)이 그의 일생에 자주 등장하였다. 이 세상에서 일어나는 각종 유형의 전쟁들은 그 배후에 하나님과 사탄의 영적 투쟁이 먼저 일어나는 배경을 가졌다. 최고로 막강한 이집트 특수 병거 600대를 홍해바다에 수장시키고 위기를 극복한 홍해바다 사건(출14:1-31), 이방신 숭배를 단호히 거부한 금송아지 숭배자 3,000명 처단 사건(출32:1-29) 등은 모세의 강력한 군사리더십을 드러내었다. 그는 군사적 리더십으로써 대내 혹은 대외로 다가오는 악의 세력을 물리쳤다.

모세의 후계자 여호수아는 이스라엘 역사에서 대표적으로 담대한 군사지도자로서 기록이 되고 기억되어 왔다. 그는 170세에 운명하기까지(판2:8) 늘 모세가 한 마지막 말을 새겼다. "힘을 내고 용기를 가져라. 무서워 떨지 말라. 네가 어디로 가든지 네 하나님 여호와께서 너를 떠나지 아니하리라."(수1:9) 그는 가나안 정복의 비전을 달성하는 지도자가 되었다. 특히 그가 믿음의 힘으로 요단강을 건넜고(수4장), 예리고성을 함락한 사건(수6장)은 역사적 기록으로 전해져 왔다. 일곱 명의 제사장들이 법궤를 메고 수양 뿔 나팔을 불면서 앞선 것은 전쟁의 승패 전체를 하나님께 맡기는 절대믿음(Absolute Faith)의 자세였다. 하나님이 전쟁에서 앞장서시고 그분의 개입과 힘과 전략으로 승리하신다는 거룩한 전쟁(聖戰, Holy War)의 전형적 사례였다. 그는 가나안 중앙, 남쪽, 북쪽을 공격하여 31왕을 물리쳤고(수12:24), 드디어 비록 변두리 지역이지만 이집트 노예생활 이후로 처음으로 가나안 땅을 차지하는 기쁨을 이스라엘 백성들과 같이 누렸다.

---

84) 김이곤, 『구약성서의 고난신학』 (서울: 한국신학연구소, 1989), 249쪽.

그는 전승 후에 추첨을 통하여 가나안 영토를 12지파에게 분배하였다(수21:8). 추첨을 하는 것은 두 가지 면에서 의미가 컸다. 운명 전체를 하나님께 맡긴다는 절대믿음의 자세와 인간들 사이의 갈등 유발을 근절하는 지혜로운 방법을 보여 준 것이었다. 인간은 본능적으로 자기중심적인 이익 추구 성향을 갖는다. 이를 효과적으로 조절하는 지혜를 얻는 것이 리더에게 아주 중요하며, 이는 사회, 정치, 경제 등에서 주된 이수로 전해져 왔다. 여호수아가 채택한 추천을 하는 것은 갈등 최소화 및 효과 최대의 결과를 도출하는데 유익한 방법이었다. 그는 마침내 하나님의 눈에 드는 여호와공동체를 실현하였다. 하나님이 함께 하실 때에 평화와 통일이 이뤄졌고, 이웃 국가들도 침범을 하지 못하여 국내외적으로 평화세계가 실현되었다.

"하나님께서 이스라엘백성의 조상들에게 주겠다고 맹세한 모든 땅을 주셨다. 그리고 사방애 평화를 주셨다. 주위의 원수 국가들도 감히 그들을 대해 거역하지 않았다. 하나님께서 이스라엘 가문에 약속해 주신 온갖 좋은 일은 안 된 것이 하나도 없었다(수21:43-45)."

여호수아의 뒤를 이어서 판관들이 군사지도자가 되었다. 판관기는 <이스라엘의 하나님 배신 --> 하나님의 징계 --> 백성들이 고통에 못 이겨 하나님께 부르짖음(체아카, צעק) -->하나님께서 구원자를 보내 주심>[85]의 문학 도식구조로 되어 있다. 불신과 심판과 구원자 요청과 구원자 파송이라는 도식을 통하여 판관기는 전쟁을 비롯한 세상사의 결정에는 여호와 하나님의 개입이 전적으로 필요함을 강조하였다.

---

85) 조웅태. 『성약과 구약』. 168쪽.

가나안 땅 변두리에서 평야로 정착을 확대하는 과정에서 피할 수 없이 발생한 전쟁은 이스라엘 백성들의 생사를 판가름하는 중요한 것이었고, 그 결정에 있어서 그들은 전적으로 하나님의 응답에 따랐다. 그들은 혼란스런 전란 속에서도 믿음의 국가, 믿음의 전통을 수립하는 토대를 마련하였다. 여러 판관 중에서 특히 기드온(Gideon)의 전승(戰勝) 내용(판6-8장)은 하나님이 인간세계에 보여주신 드라마틱한 성전(聖戰)이었다. 성공과 행복한 인생을 사는 비법을 보여주었다. 므나쎄 지파 중에서도 가장 연약하고 소심한 성장배경을 가진 기드온이 용감한 자로 변신하여 300명 군대로 막강한 군사력을 가진 미디안 족속을 물리치고 대승을 거두었다(판7:6). 대승을 거두자 백성들이 그를 왕으로 삼으려고 하였으나 그는 한사코 양보하였다. 그는 세속적 권력욕을 절제하고서 하나님만이 왕이 되신다는 신정정치체제의 이념을 실현하였다(판8장).

기드온의 군사지도자 리더십을 네 가지로 요약할 수 있다. '여호와의 성령을 받을 것, 철저히 하나님 명령에 따를 것, 최소 군대로 최대 적을 물리치는 효과극대화 전략 사용, 신정통치체제로서 하나님나라 실현의 본보기를 보인 것'이다. 그는 군인으로서 사명에 투철하였다. 흔히 군사지도자가 빠져들기 쉬운 정치권력의 매력에 결코 빠지지 않았다. 사무엘(Samuel) 예언자는 종교 정치 군사지도자로서 덕목을 발휘하였다. 사울왕과 다윗왕을 임명하였고, 전쟁에서는 먼저 하나님께 제물을 드려서 승패를 미리 알아보는 대제사장으로서의 겸손한 자세를 보였다. 기드온 판관이 본보기를 남긴 것처럼, 사무엘이 하나님을 왕으로 세우자고 했으나 백성들은 굳이 세속적 왕을 요구하였다. 사무엘이 만약 이스라엘 국가가 왕을 세우면 각종 세금부과 및 군대 동원, 남종여종으로 노역시키기 등의 폐단이 있을 것이라고 강조하였으나 백성들은 이웃 국가와 대항하기 위하여 왕을 요구하였다. (삼상8:1-22). 이로써 하나님이 최고 리더로서 왕이 되고 군사총사령관이 되어야 한다는 전통적 믿음과 이념이 사라졌다.

그 후로 사무엘의 예언대로 이스라엘에는 전쟁이 끊이지 않고 발생하였다. 다윗(David) 왕 역시 탁월한 군사지도자로서 칭송을 받아왔다. 그는 소년 시절에 돌팔매를 갖고서 적군 블레셋족의 대장군 골리앗을 넘어뜨렸다. 여호와 하나님을 모독하면서, 큰 칼을 갖고, 전신 갑주로 무장한 골리앗이지만 급소인 이마는 노출되었다. 다윗은 돌팔매로써 그의 이마를 명중시켰다. 소년 다윗이 하나님께 대한 믿음을 갖고서, 하나님을 모독하는 골리앗을 향하여 분기탱천(憤氣撑天)하여 한번 만에 그를 제압하였다. 다윗은 이렇게 고백하였다.

"네가 칼을 차고 창과 표창을 잡고 나왔지만, 나는 만군의 여호와 이름을 믿고 나왔다. 오늘 여호와께서 너른 내 손에 붙여 주셨다. 여호와께서는 칼이나 창 따위를 사용 구원을 하시는 것이 아니라는 사실을 알게 될 것이다. 여호와께서 몸소 싸우시어 네놈을 우리 손에 넘겨주실 것이다."(삼상 17:45-47)

이 말은 거룩한 전쟁(聖戰, Holy War)의 의미를 드러내는 대표적인 명언이 되었다. 평화와 행복의 근원이신 하나님은 애초부터 무력 투쟁을 거부하신다. 무력은 결코 하나님 앞에서

적수가 되지 못하며, 궁극적인 승리를 갖지 못하며, 영원하지 못하다. 하나님은 당신을 믿고 따르는 자들에게 당신이 앞장서시어 온갖 장애와 위협적 요소를 걷어내시고 큰 은혜를 베푸신다.

다윗과 대비하여서 사울(Saul)왕은 하나님께 대한 믿음보다는 인간의 의지를 중시하였다. 블레셋과의 전쟁을 앞두고서 사무엘 대사제 겸 예언자를 기다리지 못하고 그 자신이 번제물을 잡아서 하나님께 바쳤다. 이를 알게 된 사무엘은 카리스마적 권위를 갖고서 하나님이 그에게 왕위를 임명한 것을 취소하였다(삼상13:8-14). 순종이 제사보다 낫다는 명언을 사무엘은 남겼고, 사울왕의 운세는 하향길로 들어섰다. 왕은 하나님을 총사령관으로 모시고 살아야 하는데, 사울은 이를 어겼고, 그래서 심판을 받았다.

느헤미야(Nehemiah) 예언자는 민간인으로서 자청하여 성전을 보호하기 위한 군사지도자가 되었다. 그는 페르시아(Persia)의 아르닥사싸 황제에게 주안상을 올리는 신하였다. 그런데 그가 예루살렘으로 귀환한 이스라엘 백성이 믿음을 잃고 성 수축사업도 지지부진하다는 소식을 듣고서 황제의 허락을 받고서 예루살렘으로 귀환하였다. 그 당시 사제계층인 에즈라(Ezra)는 구약 율법 중심한 종교개혁을 담당하였고, 느헤미야는 성(城)을 재건축하면서 개혁을 추진하였다. 이를 반대하는 자들과 싸우기 위하여 그는 청년 중에서 반은 일을 시키고, 반은 창, 방패, 활을 들고서 적의 침입에 대응하였다. 그는 일하는 대가로 받는 보수를 사양하면서 오직 열정적으로 성전 재건축에 나섰다(느5:14). 그런 모습이 귀감이 되어서 이스라엘백성들의 결집에 큰 힘이 되었다. 일하면서 싸우는 힘든 과정을 거쳐서 마침내 솔로몬 왕 때에 지었던 첫 예루살렘 성에 최대한 근접하게 공사를 마친 후에 성전봉헌식을 거행하였다. (느 12:27-43).

기독교의 경우는 다음과 같다.

리더는 위임의 리더십(empowering leadership)을 발휘해야 한다. 조직의 구성원을 임파워먼트하는 리더십을 임파워링 리더십(empowering leadership)이라 한다. "임파워먼트란 '조직의 공식적 비공식적 방법을 통하여 구성원이 파워를 지니도록 함으로써 구성원이 조직의 목적을 달성하는 데 가장 적합한 행동을 능동적으로 취하도록 하는 과정'을 말한다."[86] 이 리더십은 직원을 부하로 인식하기보다는 동등한 파트너로 인식하고, 직원이 역량을 마음껏 발휘하도록 방해가 되는 방해물(예, 규정, 절차)을 제거해 주고, 필요한 자원을 지원하고, 직원을 상담해 주고, 지도해 주는 리더십이다."[87]

예수는 제자들에게 위임의 리더십을 발휘했다. 그는 먼저 제자들을 비전을 공유하는 자들로 채웠다. 예수는 모든 일을 혼자 하지 않았다. 다른 사람에게 자신의 일을 위임할 때가 있었다.[88] 예수는 따르는 제자들에게 신뢰를 얻고 나서 위임을 했다. 예수는 게네사렛 호숫가에서 고기잡이를 마치고 거물을 씻는 시몬의 배에 올라 말하였다

> "시몬에게 이르시되 깊은 데로 가서 그물을 내려 고기를 잡으라 시몬이 대답하여 가로되 선생이여 우리들이 밤이 맞도록 수고를 하였으되 얻은 것이 없지마는 말씀에 의지하여 내가 그물을 내리리이다. 하고, 그리한즉 고기를 에운 것이 심히 많아 그물이 찢어지는

---

86) 기독경영연구원편저, 같은 책, 142쪽.
87) 기독경영연구원편저, 『기독경영 로드맵11』, 137쪽.
88) 마이크 머독(Mike Murdock), 『예수의 리더십 57가지 비밀』, 172쪽.

지라 … 시몬 베드로가 이를 보고 예수의 무릎 아래 엎드려 가로되 주여 나를 떠나소서 나는 죄인이로소이다 하니 이는 자기와 및 함께 있는 모든 사람이 고기 잡힌 것을 인하여 놀라고 … 예수께서 시몬에게 일러 가라사대 무서워 말라 이제 후로는 네가 사람을 취하리라 하시니 저희가 배들을 육지에 대고 모든 것을 버려두고 예수를 좇으니라. (눅5:1-11)."

이는 고기잡이로 생업을 하는 고기잡이 전문가인 베드로의 의심과 두려움을 잠재우고[89] 믿음을 얻어 사람을 낚는 제자로 세우는 유명한 장면이다.

예수그리스도는 일부러 제자를 찾아오셔서 그에게 당신의 직분과 권위를 상속하여 주었다. 위임의 리더십을 발휘한 대표적 사례였다.

예수는 사람을 낚아 살리는 리더십을 홀로 하지 않으려고 했다.

제자들을 '사람 낚는 어부로 삼으려(ποιήσω ὑμᾶς ἁλιεῖς ἀνθρώπων)'했다. 제자들에게 '사람 낚는 어부'로의 비전을 제시하고 그 리더십을 가질 수 있도록 위임의 리더십을 발휘한 것이다. "너희는 가서 모든 족속으로 제자 삼아 아버지와 아들과 성령의 이름으로 세례를 주고 내가 너희에게 분부한 모든 것을 가르쳐 지키게 하라. 볼 찌어다. 내가 세상 끝날까지 너희와 항상 함께 있으리라 하시니라(마 28:19-20)."

그 다음 예수는 리더십이 뿌려질 때 제자들이 잘 받아들여 자기 것으로 만들 수 있도록 토양을 닦게 했다.

그는 비유적 표현으로 다음과 같이 말한다.

---

89) 켄 블랜차드 · 필 하지스.(Ken Blanchard and Phil Hodges) 『예수는 어떻게 12제자를 위대한 리더로 키웠는가』, 34쪽.

"예수께서 비유로 여러 가지를 저희에게 말씀하여 가라사대 씨를 뿌리는 자가 뿌리러 나가서 뿌릴 때, 더러는 길 가에 떨어지매 새들이 와서 먹어버렸고 더러는 흙이 얇은 돌밭에 떨어지매 흙이 깊지 아니하므로 곧 싹이 나오나 해가 돋은 후에 타져서 뿌리가 없으므로 말랐고 더러는 가시떨기 위에 떨어지매 가시가 자라서 기운을 막았고 더러는 좋은 땅에 떨어지매 혹 백배, 혹 육십 배, 혹 삼십 배의 결실을 하였느니라(마 13:3-8)."

예수는 리더십의 씨앗을 뿌릴 땅을 우선 준비해야 한다고 가르친다.

변화를 두려워하지 말고 변화를 받아들일 수 있도록 리더는 변해야 하기 때문이다.

왜 사람들이 변화를 받아들이지 못하는지 그 이유에 대해 예수는 이렇게 설명한다.

"씨 뿌리는 비유를 들으라 아무나 천국 말씀을 듣고 깨닫지 못할 때는 악한 자가 와서 그 마음에 뿌리운 것을 빼앗나니 이는 곧 길가에 뿌리운 자요, 돌밭에 뿌리웠다는 것은 말씀을 듣고 즉시 기쁨으로 받되 그 속에 뿌리가 없어 잠시 견디다가 말씀을 인하여 환난이나 핍박이 일어나는 때에는 곧 넘어지는 자요 가시떨기에 뿌리웠다는 것은 말씀을 들으나 세상의 염려와 재리의 유혹에 말씀이 막혀 결실치 못하는 자요 좋은 땅에 뿌리웠다는 것은 말씀을 듣고 깨닫는 자니 결실하여 혹 백배, 혹 육십 배, 혹 삼십 배가 되느니라. (마 13:18-23)."

변화에 적극적으로 반응하지 못하는 이유는 첫째, 변화해야 이유를 모르는 무지이다. 둘째는 노력과 희생에 대한 '비현실적 이해'이다.[90] 셋째는 '걱정과 유혹'이다. 이러한 것에 흔들리지 않도록 명쾌한 비전속에 변화해 나가야 한다. 이러한 준비된 부하에게 참된, 리더는 권한의 위임을 한다. 권한을 위임받은 부하들은 소속된 집단에서 주인의식을 갖고 더욱 더 그 집단의 모든, 일들에 관심을 갖고 참여하게 되는 것이다.

위임의 리더십은 리더의 리더십을 추종자들에게 그대로 본받게 하는 것이다. 예수는 제자들에게 자신의 리더십을 그대로 본받게 했다. 예수는 소경이 소경을 인도하면 둘 다 구덩이에 빠진다는 것을 명확히 인지하고 있었다.

> "저희는 소경이 되어 소경을 인도하는 자로다. 만일 소경이 소경을 인도하면 둘이 다 구덩이에 빠지리라. (마 15:14)."

> "예수께서 또 가라사대 너희에게 평강이 있을 찌어다 아버지께서 나를 보내신 것 같이 나도 너희를 보내노라. 이 말씀을 하시고 저희를 향하사 숨을 내쉬며 가라사대 성령을 받으라 너희가 뉘 죄든지 사하면 사하여질 것이요 뉘 죄든지 그대로 두면 그대로 있으리라 하시니라. (요 20:21-23)."

제자들을 격려하고 그들에게 용기를 심어주고 자신을 본보기로 하여 지도했다. 이어서 예수는 제자들에게 그 비전을 함께 이루는 방법을 전반적으로 상세히 제시했다.

---

90) 찰스 C. 맨즈(Charles C. Manz), 같은 책, 136쪽.

"예수께서 이 열둘을 내어 보내시며 명하여 가라사대 이방인의 길로도 가지 말고 사마리아인의 고을에도 들어가지 말고 차라리 이스라엘 집의 잃어버린 양에게로 가라 가면서 전파하여 말하되 천국이 가까웠다. 하고 병든 자를 고치며 죽은 자를 살리며 문둥이를 깨끗하게 하며 귀신을 쫓아내되 너희가 거저 받았으니 거저 주어라. 너희 전대에 금이나 은이나 동이나 가지지 말고 여행을 위하여 주머니나 두 벌 옷이나 신이나 지팡이를 가지지 말라 이는 일군이 저 먹을 것 받는 것이 마땅함이니라. ... 보라 내가 너희를 보냄이 양을 이리 가운데 보냄과 같도다. 그러므로 뱀, 같이 지혜롭고 비둘기같이 순결하라. (마 10:5-10,16)."

제자들이 리더십을 발휘하다가 좌절할 때에도 예수는 나무라지 않고 '믿음' 갖기를 말하며 격려했다. "주여, 내 아들을 불쌍히 여기소서. 저가 간질로 심히 고생하여 자주 불에도 넘어지며 물에도 넘어지는지라 내가 주의 제자들에게 데리고 왔으나 능히 고치지 못하더이다. 이에 예수께서 꾸짖으시니 귀신이 나가고 아이가 그때부터 나으니라. 이때에 제자들이 종용히 예수께 나아와 가로되 우리는 어찌하여 쫓아내지 못 하였나이까, 가라사대 너희 믿음이 적은 연고니라 진실로 너희에게 이르노니 너희가 만일 믿음이 한 겨자씨만큼만 있으면 이 산을 명하여 여기서 저기로 옮기라 하여도 옮길 것이요 또 너희가 못할 것이 없으리라. (마 17:15-16, 18-20)." 예수는 제자들에게 마귀를 쫓아내는 방법으로 강한 믿음을 제시했다. 예수는 제자들을 사랑하여 따뜻한 말로 지도했고 제자들이 맡은 리더십을 잘 발휘하길 원했다. "아버지께서 나를 세상에 보내신 것같이 나도 저희를 세상에 보내었고 또 저희를 위하여 내가 나를 거룩하게 하오니 이는 저희도 진리로 거룩함을 얻게 하려 함이니다. (요 17:18-19)."

제자들에게 무리를 앉히라고 지시하고 무리를 먹이기 위해 제자들에게 떡과 물고기를 주셨다(마14:19). 제자들을 보내 나귀를 끌고 오게 하였고. (마 21:2), 제자들을 성내로 보내어 음식을 준비하도록 하였다. (막 14:12-15). 소경에게 눈을 뜰 수 있는 방법을 알려주기도 했다. (요 9:6-7). 이는 마치 열두 사도가 초대교회의 조직체계를 갖추는 효시와 같다.91)

이상에서처럼 예수는 제자들에게 자신에 대한 리더십, 일대일 리더십, 팀 리더십을 훈련시키며92) 위임의 리더십을 발휘했다. 우선 자기 자신이 누구에게 속해 있는지, 자신이 누구인지 파악하는 것이 중요하다. 자신의 정체성에 대한 것이다. 성서를 보면 예수는 자신이 누구에게 속한 사람이고, 자신이 누구인지를 결정해야 했다. 세례 요한에게서 세례를 받고 광야에서 사탄의 시험을 받으면서 확실하게 예수는 하나님을 기쁘시게 하기 위해서 삶의 모든 것은 아버지께 맡긴다는 정체성을 세웠다(마3:13-4:11). 이를 통해 자신에 대한 리더십을 개발한 것이다.

이후 예수는 제자들을 모아 3년간 제자들과 신뢰 관계를 쌓았다. 이렇게 신뢰관계를 구축하면서 믿을만한 사람이라는 평판을 얻은 리더는 권한 위임을 통해 조직을 발전시킬 준비를 해야 한다. 예수는 팀 리더십의 본보기를 보여주었다. 자신이

---

91) "그 때에 제자가 더 많아졌는데 헬라파 유대인들이 자기의 과부들이 그 매일 구제에 빠지므로 히브리파 사람을 원망한대 열 두 사도가 모든 제자를 불러 이르되 우리가 하나님의 말씀을 제쳐 놓고 공궤를 일삼는 것이 마땅치 아니하니 형제들아 너희 가운데서 성령과 지혜가 충만하여 칭찬 듣는 사람 일곱을 택하라 우리가 이 일을 저희에게 맡기고 우리는 기도하는 것과 말씀 전하는 것을 전무하리라 하니"(행6:1-4)
92) 켄 블랜차드 · 필 하지스,(Ken Blanchard and Phil Hodges), 같은 책, 39-48쪽.

본보기를 보이며 제자들에게 직접 가르치고 나서 제자들을 두 명씩 짝지어 선교를 내어 보냈다(막6장).[93] 자신의 권한, 리더십을 제자들에게 위임한 것이다. 그러면서 예수는 제자들을 '종(δοῦλος)'이 아닌 '친구(φίλος)'로 세운다. "이제부터는 너희를 종이라 하지 아니하리니 종은 주인의 하는 것을 알지 못함이라 너희를 친구라 하였노니 내가 내 아버지께 들은 것을 다 너희에게 알게 하였음이니라(요15:15)."

그리고 믿는 제자들은 예수 자신이 행하는 모든 권한과 권능을 제자들도 할 수 있게 될 것이라고 축복하며 리더십을 위임한다. "내가 진실로 진실로 너희에게 이르노니 나를 믿는 자는 나의 하는 일을, 저도 할 것이요 또한 이보다 큰 것도 하리니 이는 내가 아버지께로 감이니라. (요 14:12)." 그 위임의 성취를 예수는 증거 한다. "지금 저희는 아버지께서 내게 주신 것이 다 아버지께로서 온 것인 줄 알았나이다. 나는 아버지께서 내게 주신 말씀들을 저희에게 주었사오며 저희는 이것을 받고 내가 아버지께로부터 나온 줄을 참으로 아오며 아버지께서 나를 보내신 줄도 믿었 사옵나이다.(요17:7-8)." 제자들에게 위임된 리더십이 제자들을 통해 잘 드러나고 있음을 확인한 것이다. 예수는 제자들에게 리더십을 위임하고 제자들이 그 능력 발휘와 책임 수행을 잘, 하리라는 믿음을 보여주었다. 이에 그 제자들은 그 스승의 신뢰 앞에 오롯이 서고자 노력했고 그 리더십의 결실을 보여주었다.

실제로 베드로는 예수의 위임의 리더십에 힘입어 초대교회를 개척하는 리더가 되어 대가(大家)를 이루었다. 베드로는 스승 예수에 이어 '사람 낚는 어부'로서의 대가를 이룬 것이다.

---

93) 켄 블랜차드 · 필 하지스,(Ken Blanchard and Phil Hodges), 같은 책, 46-47쪽.

"그런즉 이스라엘 온 집이 정녕 알찌니 너희가 십자가에 못 박은 이 예수를 하나님이 주와 그리스도가 되게 하셨느니라 하니라 저희가 이 말을 듣고 마음에 찔려 베드로와 다른 사도들에게 물어 가로되 형제들아, 우리가 어찌할꼬, 하거늘 베드로가 가로되 너희가 회개하여 각각 예수그리스도의 이름으로 세례를 받고 죄 사함을 얻으라 그리하면 성령을 선물로 받으리니 이 약속은 너희와 너희 자녀와 모든 먼데 사람 곧 주 우리 하나님이 얼마든지 부르시는 자들에게 하신 것이라 하고 또 여러 말로 확증하며 권하여 가로되 너희가 이 패역한 세대에서 구원을 받으라 하니 그 말을 받는 사람들은 세례를 받으매 이, 날에 제자의 수가 삼천이나 더하더라. (행 2:36-41)."

정진우는 예수를 탁월한 코치였다고 평가하고 소개한다.94) 예수는 제자들이 해야 할 일의 모델이 되어 스스로 제자들이 나아갈 방향을 보여주었고, 성장을 도와주었다. 그 과정 속에서 제자들의 오해를 교정하여 주었고 참다운 격려로 용기를 심어주었다. 예수는 좋은 코치로서 제자들의 행동에 대한 피드백과 평가를 묻기도 했다. 제자들에게 질문한 것, 가르친 것, 듣고 반응을 보인 것 모두가 코칭이었다고 한다.

문선명 선생이 보여준 파워 리더십(군사리더십)에는 군사무기개발을 통한 실질적인 공산세력 저지, 승공 사상 확대 및 승공 집회를 통한 정신력 강화, 세계적 차원에서 공산 세력 확대 저지, 평화 경찰과 평화군 조직 강화, 등이 있었다.

---

94) 정진우, 『21세기 리더십은 코칭이다』 (경기 성남: 도서출판 NCD, 2004), 37쪽.

첫째, 문선명 선생은 평화군과 평화경찰을 조직하고 한국 정부와 국방부보다도 앞서서 군사무기 발칸포를 개발하는 실적을 남겼다. 그 이유는 사탄이 배후에서 조종하는 공산세력을 물리치기 위한 방안이었다. 북한 공산 정권은 사탄의 최 일선이고, 남한의 민주 정권은 하나님의 최 일선이다. 하나님과 사탄의 영적 투쟁이 일어나서 긴장이 최고에 달하게 된다.

> "재림메시아가 강림할 나라는 하나님이 가장 사랑하시는 일선인 동시에 사탄이 가장 미워하는 일선이 되어서 민주와 공산의 두 세력이 서로 부딪치게 된다. 그 선이 바로 38선이다. 즉 한국의 38선은 이런 복귀 섭리에 의하여 형성된 것이다."[95]

사탄은 두 가지 입장에서 악의 권세를 발동하면서 하나님과 영적 투쟁에서 이기려고 한다. 첫째, 하나님이 보내시는 메시아의 출현을 최대한 방해한다. 왜냐하면 사탄의 정체가 밝혀지기를 두려워하고, 그 동안 인류를 지배해 온 권세를 놓치기 싫기 때문이다. 둘째, 하나님 편 권세가 확장되는 토대가 될 하나님 편 국가를 침공하여 궤멸시키려 한다. 이런 이유로 사탄을 대표하는 북한 공산 정권은 호시탐탐 남한을 침략할 기회를 엿보고 있었다.

만약 다시금 북한 정권 주도로 한반도에 전쟁이 발생하면 1950년 625전쟁 피해보다 훨씬 클 것이다. 1950년 6월 25일에서 1953년 7월 27일 오전 10시 제159차 판문점 정전협정 조인식이 있기까지 1,129일간의 동란 발발로 인하여 한국군인 사망자 138,000여명, 행방불명 25,000여명, 부상자 45만여 명,

---

95) 세계기독교통일신령협회, 『원리강론』, 554쪽.

포로 8천여 명, 전란으로 인한 총 피해자 천만 명 이상이 발생하였고, 공업시설 43%, 발전시설 41%, 탄광시설 50%, 주택 33%가 파괴되었다. 1954년 1월 28일 잔여포로 347명이 공산군에 인도되었고, 중립국을 선택한 88명의 포로들은 인도로 떠나면서 포로송환도 마무리되어 전란 전체에 종지부를 찍었다.96)

문선생께서는 어떤 일이 있더라도 북한의 재차 남침을 막으려고 사상 개혁 및 실질적닌 군사무기 개발을 하게 되었다. 그 과정에서 발칸포를 개발하여 시연(示演) 후에 국방부로 기증하였다. 참사랑으로 사탄 편 세력을 포용해야 하지만, 하나님편 국가인 남한이 상대적으로 빈곤하고 군사 무기도 빈약하기에 북한 김일성이 다시금 오판하여 제2의 6.25를 일으킬 가능성이 있었다. 1970년대에는 남한이 상황이 열악하기에 결국 문선명 선생께서 군사무기를 만들었고, 그런 우수한 무기를 대외에 선포하여 북한의 남침 야욕을 분쇄하였다.

둘째, 승공 사상 확대 및 승공 집회를 통한 정신력 강화가 있었다. 먼저 공산주의 허구성을 폭로하기 위하여 공산주의 비판 책을 저술하였고, 각종 승공대회 및 통반 격파를 통하여 우선 사상적인 차원에서 공산 세력을 저지하였다. 1975년 6월 7일, 여의도에서 열린 구국 세계대회에서는 세계 도처에서 약 120만 명이 참가하였다. 그리고 집회 후에 외국인 식구(신도)들은 한국의 안전을 위하여 문선명 선생의 지시에 절대복종할 것을 다짐하였다.

문생께서는 대회 이후 청와대 박정희 대통령에게 장문의 서한을 보냈다. 만약 정부가 허락한다면 가정연합 식구들이 비무장지대에 들어가서 살면서 북한 세력의 남침을 순교자의 자세

---

96) 이중근, 『6.25전쟁 1129일』(서울: 우정문고, 2013, 2014(6쇄)), 1002-1003쪽.

로 저지하겠다는 것이었다. 만약 전쟁이 나게 되고, 외국인 식구들의 사상자(死傷者)가 발생하면 그 전쟁을 세계적 전쟁으로 확대되기 때문에 북한이 남침을 망설이지 않을 수 없게 된다. 이 방안은 위대한 무혈 통일 전략전술이 아닐 수 없었다. 그러므로 군사비 줄여서 전 국민 교육비에 충원하거나, 경제와 의료 전산 반도체 등의 분야에서 다른 나라보다 앞서갈 수 있게 될 것이라는 전망을 하였다. 그리하여 경제적으로 북한보다 우월하면 통일은 그만큼 쉬워지게 되고, 나아가서 남북한 통일을 이루고 세계 앞에 오뚝 선 한반도가 될 것을 문선명 선생은 예측하였다. 박정희 전 대통령은 21일간 응답을 하지 않았고, 문선명 선생은 6월 28일에 미국으로 출국하였다.

셋째, 세계적 차원에서 공산 세력 확대 저지 및 척결을 위하여 세계 도처에서 승공단체를 조직하고 활동하였다. 한국에서는 통.반 격파라는 이름으로 전 국민에 대한 승공 사상 교육을 강화하였다. 그리고 미국을 비롯하여 중남미로 확산되는 공산 세력 저지를 위하여 카우사(CAUSA)와 아울라(AULA)를 조직하였다. 이는 군대를 제대한 장교들을 중심하고 결성되었으며, 이들이 미국 및 중남미권의 다른 나라들을 순방하면서 전쟁의 참상과 공산주의의 허구성을 폭로하고 그런 헛된 이론이나 정책에 시민들이 현혹되지 말 것을 촉구하였다.

유대교의 경우는 다음과 같다.

이스라엘 역사에서 군사지도자는 무엇보다도 하나님께 대한 믿음과 하나님의 명령에 대한 복종을 가장 우선적인 전략으로 삼았다. 인간의 지혜나 지식이나 경험이나 전략보다는 하나님의 지혜와 안내를 중시하였다. 전지전능하시고 무소부재하시는 하나님을 총사령관으로 모시는 것은 탁월한 선택이 아닐 수 없었다. 하나님께서 말씀하시는 "원수를 너희 손에 붙이셨다."는 계시는 전승(戰勝)을 의미하였기에 그 지시가 내릴 때까지 기도하고 인내하고 인간적인 교만함을 억눌렀다. 그런 믿음의 결과는 승리였다. 전쟁의 승리는 세상사의 승리요 행복의 승리였다.

모세는 출애굽 이후로 광야 생활을 하는 동안에 수차례 군사 전쟁을 하였다. 그러나 그는 모든 종류의 전쟁에서 항상 하나님을 모시는 신앙으로 아카시아로 만든 법궤(法櫃)를 앞세웠고, 그것이 승리를 가져다주었다. 법궤는 하나님의 현존을 암시하는 것으로써 그, 안에는 아론의 싹난 지팡이, 두 개의 석판, 만나를 담은 항아리 등이 보존되었다. 법궤 위에는 하나님의 임재를 상징하는 것으로써 양쪽에 두 천사가 날개를 펴고 하나님을 찬양하는 포즈를 취하였다(출25:10-22). 그 법궤를 군대 앞에 모시고 가는 것은 전쟁의 주인이 하나님이심을 고백하는 성숙한 신앙의 표현이었다.

모세는 "적군이 가하는 고통에 힘겨워 울부짖는 이스라엘 백성들이 하나님의 도우심으로 적군을 물리치는 거룩한 전쟁인 성전(聖戰, Holy War)"[97) 사례를 많이 남겼다. 인간이 인간의 수단에 의존하지 않고 오직 믿음만으로 승리하는 무용담(武勇談)이 그의 일생에 자주 등장하였다. 이 세상에서 일어나는 각종 유형의 전쟁들은 그 배후에 하나님과 사탄의 영적 투쟁이 먼저 일어나는 배경을 가졌다. 최고로 막강한 이집트 특수 병거 600대를 홍해바다에 수장시키고 위기를 극복한 홍해바다 사건(출14:1-31), 이방신 숭배를 단호히 거부한 금송아지 숭배자 3,000명 처단 사건(출32:1-29) 등은 모세의 강력한 군사 리더십을 드러내었다. 그는 군사적 리더십으로써 대내 혹은 대외

97) 김이곤, 『구약성서의 고난신학』(서울: 한국신학연구소, 1989), 249쪽.

로 다가오는 악의 세력을 물리쳤다.

　모세의 후계자 여호수아는 이스라엘 역사에서 대표적으로 담대한 군사 지도자로서 기록이 되고 기억되어 왔다. 그는 170세에 운명하기까지 (판 2:8) 늘 모세가 한 마지막 말을 새겼다. "힘을 내고 용기를 가져라. 무서워 떨지 말라. 네가 어디로 가든지 네 하나님 여호와께서 너를 떠나지 아니하리라."(수1:9) 그는 가나안 정복의 비전을 달성하는 지도자가 되었다. 특히 그가 믿음의 힘으로 요단강을 건넜고(수4장), 예리고성을 함락한 사건(수6장)은 역사적 기록으로 전해져 왔다. 일곱 명의 제사장들이 법궤를 메고 수양뿔 나팔을 불면서 앞선 것은 전쟁의 승패 전체를 하나님께 맡기는 절대 믿음(Absolute Faith)의 자세였다. 하나님이 전쟁에서 앞장서시고 그분의 개입과 힘과 전략으로 승리하신다는 거룩한 전쟁(聖戰, Holy War)의 전형적 사례였다. 그는 가나안 중앙, 남쪽, 북쪽을 공격하여 31왕을 물리쳤고(수12:24), 드디어 비록 변두리 지역이지만 이집트 노예 생활 이후로 처음으로 가나안 땅을 차지하는 기쁨을 이스라엘백성들과 같이 누렸다.

　그는 전승 후에 추첨을 통하여 가나안 영토를 12지파에게 분배하였다(수21:8). 추첨을 하는 것은 두 가지 면에서 의미가 컸다. 운명 전체를 하나님께 맡긴다는 절대 믿음의 자세와 인간들 사이의 갈등 유발을 근절하는 지혜로운 방법을 보여 준 것이었다. 인간은 본능적으로 자기중심적인 이익 추구 성향을 갖는다. 이를 효과적으로 조절하는 지혜를 얻는 것이 리더에게 아주 중요하며, 이는 사회, 정치, 경제 등에서 주된 이수로 전해져 왔다. 여호수아가 채택한 추천을 하는 것은 갈등 최소화 및 효과 최대의 결과를 도출하는데 유익한 방법이었다. 그는 마침내 하나님의 눈에 드는 여호와공동체를 실현하였다. 하나님이 함께 하실 때에 평화와 통일이 이뤄졌고, 이웃 국가들도 침범을 하지 못하여 국내외적으로 평화세계가 실현되었다.

> "하나님께서 이스라엘백성의 조상들에게 주겠다고 맹세한 모든 땅을 주셨다. 그리고 사방에 평화를 주셨다. 주위의 원수 국가들도 감히 그들을 대해 거역하지 않았다. 하나님께서 이스라엘 가문에 약속해 주신 온갖 좋은 일은 안 된 것이 하나도 없었다(수21:43-45)."

여호수아의 뒤를 이어서 판관들이 군사 지도자가 되었다. 판관기는 <이스라엘의 하나님 배신 --> 하나님의 징계 --> 백성들이 고통에 못 이겨 하나님께 부르짖음(체아카, צעק) -->하나님께서 구원자를 보내 주심>98)의 문학 도식구조로 되어 있다. 불신과 심판과 구원자 요청과 구원자 파송이라는 도식을 통하여 판관기는 전쟁을 비롯한 세상사의 결정에는 여호와 하나님의 개입이 전적으로 필요함을 강조하였다. 가나안 땅 변두리에서 평야로 정착을 확대하는 과정에서 피할 수 없이 발생한 전쟁은 이스라엘 백성들의 생사를 판가름하는 중요한 것이었고, 그 결정에 있어서 그들은 전적으로 하나님의 응답에 따랐다. 그들은 혼란스런 전란 속에서도 믿음의 국가, 믿음의 전통을 수립하는 토대를 마련하였다. 여러 판관 중에서 특히 기드온(Gideon)의 전승(戰勝) 내용(판6-8장)은 하나님이 인간세계에 보여주신 드라마틱한 성전(聖戰)이었다. 성공과 행복한 인생을 사는 비법을 보여주었다. 므나쎄 지파 중에서도 가장 연약하고 소심한 성장 배경을 가진 기드온이 용감한 자로 변신하여 300명 군대로 막강한 군사력을 가진 미디안 족속을 물리치고 대승

---

98) 조응태, 『성약과 구약』, 168쪽.

을 거두었다(판7:6). 대승을 거두자 백성들이 그를 왕으로 삼으려고 하였으나 그는 한사코 양보하였다. 그는 세속적 권력욕을 절제하고서 하나님만이 왕이 되신다는 신정정치체제의 이념을 실현하였다. (판 8장).

기드온의 군사지도자 리더십을 네 가지로 요약할 수 있다. '여호와의 성령을 받을 것, 철저히 하나님 명령에 따를 것, 최소 군대로 최대 적을 물리치는 효과극대화 전략 사용, 신정 통치체제로서 하나님 나라 실현의 본보기를 보인 것'이다. 그는 군인으로서 사명에 투철하였다. 흔히 군사 지도자가 빠져들기 쉬운 정치권력의 매력에 결코 빠지지 않았다.

사무엘(Samuel) 예언자는 종교 정치 군사지도자로서 덕목을 발휘하였다. 사울왕과 다윗왕을 임명하였고, 전쟁에서는 먼저 하나님께 제물을 드려서 승패를 미리 알아보는 대제사장으로서의 겸손한 자세를 보였다. 기드온 판관이 본보기를 남긴 것처럼, 사무엘이 하나님을 왕으로 세우자고 했으나 백성들은 굳이 세속적 왕을 요구하였다. 사무엘이 만약 이스라엘 국가가 왕을 세우면 각종 세금부과 및 군대 동원, 남종여종으로 노역시키기 등의 폐단이 있을 것이라고 강조하였으나 백성들은 이웃 국가와 대항하기 위하여 왕을 요구하였다(삼상8:1-22). 이로써 하나님이 최고 리더로서 왕이 되고 군사 총사령관이 되어야 한다는 전통적 믿음과 이념이 사라졌다. 그 후로 사무엘의 예언대로 이스라엘에는 전쟁이 끊이지 않고 발생하였다.

다윗(David) 왕 역시 탁월한 군사 지도자로서 칭송을 받아왔다. 그는 소년 시절에 돌팔매를 갖고서 적군 블레셋족의 대장군 골리앗을 넘어뜨렸다. 여호와 하나님을 모독하면서, 큰 칼을 갖고, 전신 갑주로 무장한 골리앗이지만 급소인 이마는 노출되었다. 다윗은 돌팔매로써 그의 이마를 명중시켰다. 소년 다윗이 하나님께 대한 믿음을 갖고서, 하나님을 모독하는 골리앗을 향하여 분기탱천(憤氣撑天)하여 한번 만에 그를 제압하였다. 다윗은 이렇게 고백하였다.

"네가 칼을 차고 창과 표창을 잡고 나왔지만, 나는 만군의 여호와 이름을 믿고 나왔다. 오늘 여호와께서 너른 내 손에 붙여 주셨다. 여호와께서는 칼이나 창 따위를 사용하여, 구원을 하시는 것이 아니라는 사실을 알게 될 것이다. 여호와께서 몸소 싸우시어 네놈을 우리 손에 넘겨주실 것이다."(삼상 17:45-47)

이 말은 거룩한 전쟁(聖戰, Holy War)의 의미를 드러내는 대표적인 명언이 되었다. 평화와 행복의 근원이신 하나님은 애초부터 무력 투쟁을 거부하신다.

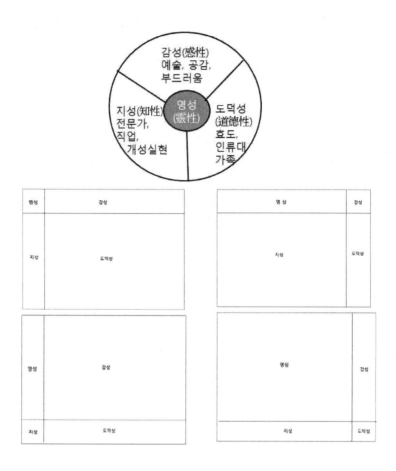

하나님을 중심한 참사랑, 참생명, 참혈통, 참개인, 참가정 이상
을 완성하여 하나님의 나라와 의의 UN참공동체 완성입니다.

순	대주제	소주제	주요 세부 내용	비고
1	1)비전리더십(하나님을 가장 잘 아는 챔피언)	사명감, 하나님아래 한 가족, 위기 극복, 새 용어 새 개념	참부모, 참부부, 참자녀, 참만물, 참하나님, 해방, 안시일, 아주, 축복결혼 등	새 용어로써 새 시대 비전 제시
2	제1축복	2)셀프리더십(사탄을 가장 잘 아는 챔피언)	식욕, 성욕, 수면욕 주관	애천 (신인일체)
		3)기도리더십(인간을 가장 잘 아는 챔피언)	기도 응답, 계시, 신인일체	
		4)영성리더십(영계를 가장 잘 아는 챔피언)	영. 육계 통합 천주, 영적교류, 조상해원 축복	
		5)카리스마리더십(예수님을 가장 잘 아는 챔피언)	재림메시아 말씀과 권위, 사탄 굴복	
3	제2축복	6)참스승 리더십(성서 및 종교경전을 가장 잘 아는 챔피언)	축복가정에서 참부모되기, 역할, 과제 참스승 참자녀지도	애인(인 인일체)
		7)참사랑 리더십(인류역사를 가장 잘 아는 챔피언)	축복결혼, 교체결혼, 원수 사이를 맺어주심	
4	제3축복	8)참주관 리더십(참가정 가치를 가장 잘 아는 챔피언)	참사랑으로 만물 주관	애국(물 인일체, 복지환경 창조)

8. 리더십

1. 책 나침판 리더십(True Narth)

빌 조지 Bill George, 피터 심스 Pier Sims 지음/ 김중근 옮김

리더는 잃어버린 길을 찾아가는 길을 찾아가는 나침판 같아야 한다. 성공하는 리더들을 위한 멋진 로드맵 위런 베니스, 켄 블랜차드, 제프 이멜트 (GE회장) 강력 추천 청림출판

프롤로그 나는 진정한 리더인가? '진북'이란, 일생동안 우리를 성공의 길로 이끌어갈 우리 내부의 나침판을 말한다.

차례

1부 리더십은 여행이다.

진정한 리더가 된다는 것은 자기, 개발과 성장에 전력을 기울려야 한다는 것을 뜻한다.

스스로에게 먼저 물어보라, 당신의 인생 역정은 과연 어떤 것인가? 자신의 인생 경험을 통해 열정을 얻었으며, 또한 이 같은 인생 역정에서 성취동기를 가다듬고 이해하는 데서 진정한 리더로서의 소명을 발견 할 것이고 그렇게 하여 '진북'으로 충실하게 하게 될 것이다.

(1) 진정한 리더십을 향해 가는 여행

리더십이란 여행이지 목적지가 아닙니다. 그것은 마라톤이지 단거리 달리기가 아닙니다. 그리고 그것은 과정이지 결코 결과물이 아닙니다.

-존 도너휴 이베이 사장

의료보험 혜택을 받지 못한 아버지의 경험이 있었으므로 미국의 기업으로는 최초로 스타벅스에서 1주일에 20시간 이상 일하는 종업원은 누구나 의료보험 혜택을 받을 수 있게 했다.

1만 1,000개에서 일하는 14만 명의 종업원을 책임지게 되었다. 배경이 다양한 사람들과의 관계 유지이다. 매일 5시 30분에 일어나 전 세계 종업원들과 통화하며 순회한다. 신뢰감을 가지고 전 세계의 사업장에서의 생활 전부였다. 인생이 리더십의 성격을 결정한다.

마크의 전임 CEO였던 로이 베이글로스Roy Vagelosc처럼 뛰어난 다른 사람과 차이가 나도록 노력하는 사람, 그리고 공통의 목표를 위해 다른 사람들을 참여하게끔 이끄는 사람이라고 한다.

(2) 왜 리더들이 길을 잃어버리는가?

"무엇 때문에 리더가 되고 싶은가?" 그리고, "나의 리더십 목표는 무언인가?" 돈이냐, 봉사냐,

현실 감각을 잃어버린다. 차라리 마주치지 않는 편이 낫다고 생각하게 된다.

실패를 두려워한다.

완벽을 추구하게 되고 자기의 약점을 인정하지 않으려한다. 전체조직은 점점 현실과는 동떨어지고 만다. 결과적으로 피해를 보는 것은 조직이다.

여전히 성공을 갈망한다. 자신에게 부여된 한계를 넘어서기 쉽고, 자신이야말로 그렇게 할 수 있다고 믿는다.

실패를 부정한다.

"우리가 완벽해야 할 필요는 없습니다." 성공보다는 실패에서 더 많이 배워야 한다. "부지런하게 움직였으며 결국 성공 했습니다."

실패를 통해서 무엇을 배울 수 있는지 생각해 보아야 한다.

외로움

"일이 바로 나의 생활이다."

방향을 상실해 버리는 리더들

협잡꾼 정작 협잡꾼들이 권력을 잡으면 어떻게 써야 하는지 잘 모른다.

변명 꾼

이들은 도무지 자신들이 직접 나서서 책임을 지려고 하지 않는다. 워런베니스가 말했듯이 "부인과 예측은 진실의 적"이다.

허영 꾼

어부세계의 찬사가 어떤가를 일보다는 오히려 돈, 명예, 영광, 권력 같은 것들이 목표이다.

고독 꾼

자신을 지원해주는 인맥을 거부한다. 점점 와해 되어버린다.

별똥별

조직의 정상에 이르렀을 때 이들은 도저히 해결 할 수 없는 여러 난제들에 부딪힐 수밖에 없다.

리더십 여행의 승리자들

'무적의 영웅'을 모델로 하고 있다.

리더가 영웅이 된다는 것은 결국 자신이 이끄는 부하직원이나 팀원들에게는 전혀 권한을 부여하지 않는다는 것을 의미하기 때문이다.

리더의 역할이란 다른 사람으로 하여금 자신을 다르도록 만드는 것이 아니라 다른 사람에게 권한을 부여하여 스스로 이끌어 가도록 만드는 것이다.

(3) '나'에서 '우리'로 전환하기

리더가 되었을 때 우리의 임무는 다른 사람들에게 권한을 위임하고, 그들을 발전시키고 그들을 통해 변화를 모색하는 것입니다. 따라서 리더가 원한다면 우리는 그 일을 당장 시작해야 합니다. 아울러 리더십이란 우리의 팀원들을 위해 봉사하는 일이라는 것을 깨달아야 합니다.

-제이미 아이릭(Jaime Irick) 제너럴 일렉트릭-

전환: 리더십 여행에서 가장 중요한 단계

'리더가 권력의 정점을 향해 달려 갈 때 수많은 무리가 그 뒤를 따르는 것'을 의미하는 오래된 리더십의 신화부터 잊어버려야한다. 진정한 리더란 다른 사람에게 권한을 위임하여 힘을 보태는 사람이라는 사실을 깨달을 수 있다.

이것이 바로 '나'에서 '우리'로 전환하기이다.

2부 당신의 진정한 리더십을 찾아라.

댄 바셀라는 생명을 위협하는 질병에 시달리고 있는 사람들을 돕는 일에 자신의 리더십을 활용하고 있다.

(4) 자신의 참모습을 알라.

넬슨 만델라의 말 우리를 둘러싼 세상을 바꿀 수 있는 사람은 바로 우리 모두라는 사실을 기억 해야 할 것이다.

(5) 가치관과 원칙을 확립하라

원칙이 있는 리더는 다른 사람들에게 괴롭힘을 당하거나 처벌 대우를 당하지 않습니다. 왜냐하면 그들은 모래 위에도 뚜렷한 선을 그을 수 있기 때문이다. 깨끗한 양심이야말로 잠을 잘 들게 하는 부드러운 베게 입니다.

-나라이야나 무르티, 인포시스의 창업자이자 전임 CEO

가치관: 각자의 인생에서 모든 일의 상대적인 중요도

리더십 원칙: 다른 사람을 이끌 때 사용되는 기준, 리더의 가치관에서 생긴다.

리더십 원칙은 가치관을 실천한 것이다.

윤리적 경계선: 각자의 행동에 부여되는 한계, 각자의 윤리 기준에 따라 정해진다.

가치 지향적 리더십

오늘은 많은 기업들이 목표 지향적 경영MBO 기법을 버리고 가치 지향적 리더십 Leading By Values으로 전환하고 있다. IBM의 CEO인 샘 팔미사노 Sam Palmisano도 이러한 기법을 사용하여 IBM 직원들을 하나로 모아 정보통신 시스템 분야에서 세계적으로 막강한 조직을 만들어 냈다. 그가 평소에 존경하던 루 거스너Lou Gerstner의 뒤를 이어 CEO자리에 오른 팔미사노는 새로운 가치관을 설정하지 않았다. 그는 단지 회사의 창립자인 토마스 왓슨Thomas Watson이 제창한 가치관을 강조했을 뿐이다. 아울러 그는 자신이 가치관을 만드는 대신에 사흘에 걸처 IBM의 전 세계 모든, 직원들이 참여하여 IBM의 진정한 가치관은 무엇이 되어야 하는지를 결정하는 온라인 회의를 열었다. 팔미사노는 여기서 결정된 가치관을 바탕으로 전세계 35만 명의 IBM 직원들을 하나의 통합된 네트워크로 묶었다.

(6) 리더가 되려면 성취동기는 무엇인가.

만일 우리가 마치 경주로를 이리저리 날뛰는 토끼마냥 뒤 쫓는 것처럼 방향 감각도 없이 따라다니기만 한다면, 그래서는 의미 있는 목표를 향해 달려간다고 말할 수 없습니다.

앨리스 우드워크 Alice Woodwark, 맥킨지

외적 성취동기와 내적 성취동기

외적 성취동기란 재산축적, 권력, 지위, 사회적 위치, 특권 등

내적 성취동기란 인생의 의미, 진북, 개인적인 성장, 도우미, 사회적 문제를 감당, 이 세상을 바꾸는 일

자신의 내적 성취동기를 발견하라

피서는 강가에서 낚시하다가 광산 기계를 발견하고 재활용과

환경보호협회 가입으로 회사에서 저변 확대하였다.

함정을 피하라

"젊은 시절에 고소득의 생활을 지나치게 추구하는 것은 대단히 위험합니다."

성취동기의 균형을 잡아라.

외부의 찬사를 받고 싶은 자신의 욕망과 자신의 일에 만족감을 주는 내적 성취동기 사이의 균형을 잘 맞추는 일이 될 것이다.

자신의 성취동기 능력을 발견하라

'성취동기 능력'이라는 용어는 리더십의 '스위트 스폿'sweet spot

"누구도 자신의 약점을 줄이는 것만으로는 매우 빛나는 업적을 이룰 수는 없습니다."

자신의 능력과 성취동기가 잘 어울리는 역할을 찾을 수 있다면, 그것이 리더로서 효율성을 극대화할 수 있는 능력의 '스위트 스폿'이다.

(7) 후원자를 만들어라

여러분에게 언제나 진실을 말해주고, 여러분은 그들에게 진실만을 말 할 수 있는 사람들을 주위에 만드십시오. 만일 그런 사람들이 주위에 있다면, 그보다 더 소중한 것은 없습니다.
-워런 베니스

멘토

멘토는 리더가 좀 더 나은 리더 되고 사람들을 제대로 이끄는 리더십 기술을 발전시키는데, 도움을 주어 리더들의 인생을 바꾼 사람들이다.

멘토를 채용하라

"맨토들은 재가 모든 것을 잘 받아들이고, 정열에 넘치고 조언을 잘 따르고, 원칙에 충실하다는 점을 높이 평가 했습니다."

진정한 멘토

좋은 멘토라면 오히려 혹독한 비난을 퍼붓는 것으로 참된 사랑을 전 할 수 있다.

단순히 자신에게 도움만 주는 데 그치지 않고 다그치기도 하는 멘토가 매우 소중하다.

친한 친구

진정한 우정은 서로를 존중하는 가운데 서로 같은 경험을 나누는 동안 오랜 시간에 걸쳐서 만들어진다.

개인적인 후원자들

가장 효율적인 후원자 그룹이라면 서로 간에 어려운 일에 대해 경험담을 대화 나누게 될 것이다.

하나님에 대해 이야기를 나눈다면 얼마나 좋을까요? 그런 그룹을 만들어 회원 가입해서 정기적으로 만나야 한다. 인생의 소중한 모임이며 항상 그 모임에 가고 싶습니다. 그들은 내가 인간으로 성장하는데 큰, 도움을 줍니다.

전문가들로 후원 네트워크를 구축하라

조직안에서 동년배들로 구성된 후원 그룹을 만드는 일은 정말 가치 있는 일이다. 회사가 어려울때에도 부하들 자신의 자문 네트워크로 활용하기도 한다.

당신만의 이사회를 구성하라

자신만을 위한 이사회를 구성하여 개인 자문, 전문적인 식견, 통찰력 존경하는 분, 잘되도록 애써주시는 분, 친구나 멘토, 변호사, 금융, 전문가의 자문을 구하라. 미리 후원자들을 만들어 두면, 정말 필요 할 때 그들이 곧바로 달려와 당신을 도와줄 수 있을 것이다.

(8) 인생을 하나로 통합하라

당신이 그렇게 하도록 내버려 둔다면 세상이 당신의 모습을 만들어 갈 것입니다. 따라서 인생에서 당신이 당신이기위해서는 의식적으로 그렇게 되도록 선택해야만 합니다.

-존 도너휴, 이베이 사장

도너휴는 "해탈의 경지란 없는 것이다."

진정한 리더란 자기 일에 충실하라.

선택과 희생

선이지 균형이 아니다.

제록스에서는 가족을 최우선 합니다.

저희 근로 환경에는 용납할 수 없는 희생이란 존재하지 않습니다.

내 인생의 양동이

비데스러닝의 창업자 CEO였던 필 매크리어 Phil McCrea 4가지 양동이

1) 직장경력

2) 가족

3) 모임과 친구 우정

4) 거의 비어 있다. (개인적인 활동)

인생을 통합해 자신에게 충실하라.

100개 공중 단 2개 집어도 만족합니다.

가족

"양들과 마음을 통하게 할 수 있는 무척이나 좋은 방법입니다.

뿌리에 충실하라

 자라난 곳으로 돌아보는 것이다.

자신만의 시간을 만들어라.

6시에 일어나 운동을 하거나 조깅 및 기도 명상 등이다.

종교 활동

종교가 있는 진정한 리더들은 기도의 능력이나 교회에 대한 소속감, 그리고 교회에서 받는 위안에 대해 즐겨 말한다.

"아이들과 명상은 철저하게 자신을 돌아볼 수 있습니다."

안식 기간을 얻어라.

와풀하우스의 CEO 조 로저스 주니어 Joe Rogers Jr

"우리는 성장을 중단합니다." 새로운 전략 덕분에 회사가 발전했습니다.

사회활동과 친구들

"친구 관계를 통해서 자신에게 충실했고 겸손했다."

성공을 평가하라

성공적인 삶은 3가지이다. 사랑, 존경, 명예를 침대에서 일어나 거울에서 본다.

완전한 삶

어떤 상황에서나 똑같은 삶을 살아갈 수 있다면 완전한 삶을 사는 것이다.

3. 부

다른 사람들을 리더로 키워라.

"진정한 리더십의 효율성을 높이면 선순환의 사이클이 완성되고, 다른 사람들도 스스로 진정한 리더가 되기를 원하며 공통된 목표를 이루는 일에 참여한다."

(9) 목적과 열정이 있는 리더십

당신의 단 하나밖에 없는 소중한 미개척 인생을 어떻게 할 작정이었지, 저에게 이야기 해주 주십시오.

-메리 올리버Mary Oliver

이 세상을 변화시키고 무언가 남겨놓으려는 것, 이것이 바로 리더십의 목적이다.

열정을 파악하다.

리더들의 살아온 경험 재구성, 열정에서 잉태된다. 그 열정은 우리를 리더십의 목적으로 인도할 것이다.

'꾸준히 이끌어 갈 수 있고, 돈을 벌 수 있습니다. 리더십이란 오래 지속되는 무언가를 남기는 일입니다.'

공통된 목적을 향하게 하라!

리더십의 목적은 무엇인가?

열정을 따른다면 리더십의 목적을 발견할 수 있다. 그리고 그렇게 할 때 우리는 세상을 바꿀 수 있다.

기업의 목적은 무엇인가?

주주가치는 결코 경제적인 가치와 동일치 않다.

상호 존경은 힘을 실어 주기 위한 토대

진정한 리더는 팀원들이 최상의 결과를 만들어 낼 수 있도록 서로 존경하는 마음을 바탕으로 하여 신뢰 관계를 구축해야 한다.

사람들을 공평하게 대한다.

다른 사람의 이야기를 경청한다. 다른 사람들에게서 배운다.

자신의 개인적인 이야기를 다른 사람들과 나눈다.

다른 사람들이 리더 되도록 권한을 위임한다.

사람들 앞에 나타나다.

사람들과 살을 맞댄다.

직접 돕는다.

도전하게 한다.

그들을 긴장하게 한다.

공통된 사명감으로 뭉치게 한다.

(10) 권한을 위임하라
저는 회사 직원 중에서 책임자를 찾아서 그들에게 믿고 맡기는
것으로 제 일을 끝냅니다. 저는 회사를 이끌어 나가기 위하여
무엇보다도 좋은 팀워크를 쌓아가는 힘을 가장 중시합니다.
앤 멀케이, 제록스 CEO 겸 이사회 의장

(11) 리더십의 효율성을 높여라!
우수한 결과를 얻으려면 효율성을 극대화하라!
리더십을 완성한다는 것은
공동목표 추진
봉사와 사회 정화
성과 달성
토론 논쟁
실패 재구성
리더 성장
직장 가정 통합 세상 변화

2. Dalai Lama & Laurens van den Muyzenberg, *The Leaders Way*, 2008, 김승욱 역,
『리더스 웨이』 (서울: 문학동네, 2009)

키 워드 : 자기 리더(셀프리더/ 바른 눈, 바른 일, 마음 수련),
기업(행복 창조), 세계화(도전과 용기로 세상 변화, 책임감)

1. 자신을 이끌기 / 먼저 자신의 리더 되라!

들어가는 말
7/ 사람들이 궁극적으로 얻고자 하는 것은 얼마간의 행복이다.
13/ 나는 16살에 자유를 잃었고, 24살에 난민이 되었다. 그렇지만 나는 불교 수행 덕분에 마음의 평화를 얻었다.

1. 자신을 이끌기 / 먼저 자신의 리더 되어라!

1장 바른 눈을 갖는다. 21 / 바른 눈이 성공을 부른다.

22/ 불교는 바른 눈(正見), 바른 일(正業) 두 개념으로 요약할 수 있다.

리더십이란 결단을 내리는 것이다.

리더는 바른 눈을 가져야 한다. 침착하고 평온하며 마음의 중심을 놓치지 않는 사람이다.

23/ 바른 결정을 내리기 위하여 리더는 마음을 닦아야 한다.

28/리더는 조직의 정점에 있는 사람이 아니다. 리더는 지위에 상관없이 어디에나 있다. 단 맨 위에 있는 리더가 바른길을 택하지 않으면 그 아래에 있는 리더들도 바른길을 갈 수 없고, 가지도 않을 것이다.

29/ 1) 결정을 하기 전에 리더는 그 결정에 좌우되는 사람들, 조직, 회사의 눈으로 보라

2) 리더의 마음 상태를 살펴라.

39/ 시장은 기업가에게 진보와 자신감을 요구한다. 비관적인 사람은 비즈니스에서 성공하기 어렵다.

2장 바른 일을 한다. 43 / 선을 환영한다.

49/ 붓다는 "사람이 가질 수 있는 최고 보물은 자신감이다."라고 했다.

50/ 달라이 라마는 항상 대화할 때 상대방 말에 100% 귀를 기울인다. 사람을 소중히 대하는 리더는 신뢰를 얻는다. 그러면 불가능한 일이 사라진다.

53/ 리더의 6가지 수행(육바라밀)

나눔, 도덕적 원칙 지키기, 인내, 열정 다하기, 집중, 참 지혜 깨닫기

54/ 성공한 리더들은 대부분 좋은 성과를 만들었을 때에 그 공을 부하직원들에게 돌린다.

어느 통치를 잘한다고 칭찬을 받는 왕이 비법을 말했다. "나라를 다스리는 최선의 길은 먼저 스스로를 다스리는 것입니다." 이는 곧 유혹을 이겨낸다는 의미이다. 왕일수록 도덕적 절제를 해야 한다. 이는 '마음 길들이기'이다.

55/ 통제되지 않은 마음은 미친 코끼리와 같다.

인내는 단련이 필요하다. 적의, 비판, 실망 등 도발적인 상황에 대비할 수 있는, 방법은 인내(분별 있는 인내)뿐이다. 때로는 바로 행동해야 할 때도 있다.

56/ 열정 다하기 : 우리에게는 엄청난 에너지가 잠재해 있다. 열정은 그 에너지를 끌어내는 동력이다. 사람들이 열정을 다하도록 자극을 하라.

집중 : 한 가지 일에 정신적 에너지를 모두 쏟아부을 수 있는 능력이 바로 집중이다.

참지혜는 바른 눈을 가질 때에 얻어진다. 사물을 있는 그대로 볼 줄 아는 능력이다. 세상에 영원한 것은 없음을 깨닫는 눈이다.

57/ 경제위기를 극복한 기업가에게 질문하였다. "서구 기업가들의 취약점은 순이익에 지나치게 예민하다는 것입니다. 나는 제품 판매 때에 우리 회사와 구매자 모두에게 유리한 거래가 되게 신경 씁니다. 이윤은 그 결과입니다." 그는 불교 이치를 실천하였다.

62/ 선(善)을 환영하라.

겸손은 힘이다.

타인의 행복에 대한 적극적인 관심과 배려는 리더의 기본적 자질이다.

63/ 평정은 리더십의 본질이다.

평정은 권력, 재산, 명성에 대한 집착을 몰아낸다.

64/ 평정은 실패했을 때 생기는 걱정이나 실의를 몰아낸다.

65/ 평정은 증오, 분노, 화, 앙심, 시기, 질투를 몰아낸다.

수치심은 파렴치함을 몰아낸다.

66/ 자비는 무관심, 적의, 성마름, 불편한 심사, 혐오감을 몰아낸다.

활기는 침울한 마음과 게으름을 몰아낸다.

67/ 개방적인 태도와 열린 마음은 광신과 맹목을 몰아낸다.

3장 마음을 수련한다. (Training Your Mind) 69 /

69/ 마음 수련의 목적은 바른 눈과 바른 일의 이치를 실천하는 데 있다. 마음수련 없이 이 이치를 온전히 실행할 수 있는 사람은 천부적으로 뛰어난 리더일 것이다.

마음 수련도 밥을 먹는 것처럼 습관이 되게 하라.

71/ 명상은 행복한 뇌를 만든다.

하루 5분 정도 마음 수련하라.

73/ 스승이 아니라 스승의 가르침을 따라라. 스승의 말을 따르지 말고 그 말의 참뜻을 따라라.

자격을 갖춘 스승을 찾는 것은 영적인 삶에서 중요한 단계이다.

머리로만 아는 것이 아니라, 실천하는 사람이 올바른 스승이다.

영적인 스승을 영접하는 것은 우리 마음을 다스리는 법을 배우기 위해서이다.

76/ 명상이 뇌에 미치는 영향

1990년대까지 뇌 신경세포가 일정하다고 여겼다.

우울한 사람과 행복한 사람의 뇌 활동 패턴이 달라졌다.

명상을 30년 이상 해 온 티베트 스님과 175명의 일반인의 뇌 지도를 비교, 스님의 전두엽 활동성 수치는 175명 중에서 가장 높은 점수를 받은 이보다도 높았다.

77/ 메사추세츠 대학에서 실험, 생명공학연구소 직원이 시판 가능한 의약품 개발로 인해 압박감에 시달렸다. 그들 중 명상을 베우기 원하는 사람을 접수받다. 일부러 그룹으로 구분하였다. 명상 프로그램은 10주 동안 진행, 주 1회, 2~3시간 강의, 수업이 없을 때도 매일 45분씩 하라고 지시하였다. 10주 후, 뇌파검사를 해 보니, 명상을 한 팀의 왼쪽 전두엽 활동성이 확실하게 증가하였다. 이들은 부정적인 감정이나 불안감이 줄었다고 하였다. 이들은 독감 백신에도 강하게 반응하였다.

78/ 하버드대학교 새라 로자의 실험, 하루 40분씩 명상을 한 20명과 일반인 비교

명상그룹 뇌에서 전전 두피 질, 즉 감정조절, 주의집중, 작동기억 등 스트레스 조절과 관련된 기능을 담당하는 부위 조직이 5% 두터웠다.

80/ 비즈니스를 위한 7가지 마음 수련법

  1) 걷기 명상하면서 몸에 주목, 마음에 주목하기

 82/ 2) 숨쉬기 숫자세기(4, 6), 호흡패턴 따라가기

 84/ 3) 앉아 있기

85/ 4) 집중 명상 : 한 가지 대상에 정신을 집중해서 마음의 중심을 찾는 것이다.

87/ 5) 분석 명상 : 분노가 자기 육체와 감정을 파괴시킨다는 사실을 생각하는 것에서부터 출발한다.

90/ 6) 마음으로 그리기 (심상(心想)연습) ; 3개의 길이 앞에 있다.

92/ 7) 만트라(mantra) 외우기 : 마음(manna) + 보호(tra) 붓다의 깨달음이 담긴 심오한 문장이다. 이를 외우면 번뇌와 부정적인 감정으로부터 마음을 보호할 수 있다. 영적인 성장에도 도움이 된다.

93/ 만트라는 목적에 따라서 여러 가지가 있다. 선한 마음을 갖기를 원하면 '옴 마니 파드메 훔'을 암송한다. 사람 사망시에 고인을 위해서도 자주 사용된다. 모친 사망시 십만번 이상 암송

옴(몸, 말, 마음) / 순수한 몸, 말, 마음을 수련하고 싶다.
마니(보석) / 바른 일, 이타적 목적으로 행동한다는 것을 상징
파드메 (연꽃) / 하얀 연꽃처럼 순수해질 것이다.
훔(나눌 수 없다.) 바른 눈, 바른 일이 하나로 조화되어야 한다.

2. 조직 이끌기
    4장 리더는 무엇을 하는가? 97 / 7가지 고민
101/ 사람들에게 행복해질 기회를 주어라.
바나드는 믿음을 강조하였다.

"리더는 믿음을 만들어 냄으로써 사람들이 서로 협조하여 결정을 내리게 해야 한다. 서로를 이해할 수 있다는 믿음, 결국은 성공할 거라는 믿음, 각자 저마다의 꿈을 이룰 것이라는 믿음, 리더의 인격에 대한 믿음, 공동의 목표를 자신의 목표로 삼는 것이 훌륭한 일이라는 믿음을 만들어 내어야 한다. 사람들이

부단히 만족감과 의욕을 주고받으며 활기차게 노력을 할 수 있으려면 이런 믿음이 필요하다. 이런 믿음을 만들어내지 못하는 기업은 생기를 잃고 결국 망하게 될 것이다. 리더십이 아니라 협동이야말로 창조적인 일이다. 하지만 성공하려면 반드시 리더십이 필요하다."

102/ 훌륭한 리더는 조직의 목표 분명하고, 명확하게 제시할 수 있어야 한다. 어려운 일이다.

103. 잭 웰치는 자신의 세미나에 참석한 CEO들의 60%가 기업이 미션을 설정하지 못한 상태이다. 가치관이 애매하다. 때로는 무의미하다. "우리 목표는 업계의 최고가 되는 것이다." 그러나 구글은 목표가 분명하였다.

"전 세계의 정보를 체계화해서 누구나 편리하게 이용할 수 있게 하는 것이다."

104/ 리더가 분명한 목표를 효과적으로 제시한다면 사람들은 그 회사의 일원이 되었다는 사실에 행복해 질 것이다.

리더는 원칙을 만든다.

 목표와 함께 가치관이나 원칙을 정하는 것도 중요하다. 리더는 솔선수범해야 한다.

수시로 원칙을 바꾸면 나중에는 안 따른다.

105/ 헤르크스트뢰터는 원칙 제정 특징을 4가지로 요약하였다

  (1) 반드시 명확하고 이해하기 쉬워야 한다.

  (2) 직원들의 마음을 움직일 수 있어야 한다.

  (3) 직원들이 책임감 있는 결정을 내리는 데 도움이 되어야 한다.

  (4) 다른 문화권에도 의미가 있어야 한다.

기업 시민정신, 기업의 사회적 책임, 3대 축 등
106/ 기업 원칙 사례
(1) 바른 행동 : 전 직원은 정직하고, 성실하고, 공정하게 행동해야 한다.
(2) 타인 행복에 관심갖기 : 우리가 제공하는 서비스와 세상에 미치는 영향을 통해 세계 사람들이 더욱 충만한 삶을 살 수 있게 해준다.
(3)책임 있는 행동 : 지역사회에 참여할 책임이 있고, 기부 등을 통하여 우리 자원을 효과적으로 사용함으로써 사회에 참여할 수 있다.
(4) 환경에 대한 관심 : 우리는 지속 가능한 기업 활동과 환경보호에 최선을 다한다.
(5) 타인행복에 관심 : 고객은 우리를 믿는다. 그래서 우리는 고객 욕구를 먼저 파악하여 기쁨으로 보답하기 위해 최선을 다한다.

107/ 리더의 주요 임무
 (1)목표 설정하기
 (2)가치관 확립하기
 (3)믿음 창조하기
 (4)바른 결정하기

체스터 바나드는 리더로서 맞는 사람의 조건을 제시하였다.
"리더는 기술, 직관, 지식, 기억, 상상력의 측면에서 남들보다 뛰어난 재능이 있어야 한다. 그리고 평균적인 수준을 뛰어넘는 결단력, 끈기, 용기가 있어야 한다."
108/위험을 무릅쓴 결정을 할 때 용기가 필요하다.

네델란드 어느 성공한 기업인은 중요한 결정을 할 때에 찬성과 반대 의견을 모두 듣고 나서, 그, 다음날에 결정하였다. 감정이 가라앉은 후에 결정하였다.

타이완 콘티넨탈 엔지니어링 고속철도회사의 CEO 여자 사장 잉 니타는 예전에는 빠른 결정을 신속하게 하였지만 지금은 바른 결정이 더 중요하다는 것을 알고 실천한다. 이를 위해 먼저 바른 눈과 바른 일의 원칙을 실천하였다.

109/불교에서의 이상적인 인간의 7가지 특성은 비즈니스 리더에게도 공통적으로 적용된다.

(1) 원칙과 원인을 안다. 리더는 자기에게 주어진 의무와 책임이 무엇인지, 지금 어떤 문제와 직면하고 있는지를 파악한다. 원인을 찾고, 그 문제 해결을 위해 어떤 원칙을 적용할지를 판단한다.

(2) 목표와 결과를 안다. 리더는 원칙의 의미와 목표를 알아야 한다. 자기 행동이 어떤 결과를 낳을지를 알아야 한다. 특히 리더에게는 선견지명이 필요할 경우가 있다. 그것은 오랜 기간 지나서 결과를 알 수 있는 경우 혹은 사람들이 반기지 않는 결정을 하려고 할 때이다.

110/ (3) 자기 자신을 안다. 리더는 자기감정, 지식, 적성, 능력, 미덕을 알고, 자기 잘못된 점을 고쳐서 스스로를 향상시킬 수 있어야 한다. 늘 배우는데 열성이 있어야 한다.

(4) 중용을 안다. 리더는 말하거나 일하거나 행동할 때에 중용의 도를 알아야 한다. 자기만족이나 자기 이익을 위하여 행동하지 않는다. 조직의 이익을 위하여 행동한다.

111/(5)적절한 때를 알고 시간을 효율적으로 쓰는 법을 안다. 제 때에 적당한 시간을 들여서 일하라. 계획을 세워라. 가장 중요한 문제가 무엇이지를 파악하고 거기에 집중한다. 사소

한 것에 시간 낭비하지 말라.

(6) 조직을 안다. 사람마다 나름대로 규칙과 규정이 있고, 그들 나름대로 문화와 전통이 있다. 적절한 방법으로 각자 욕구를 최대한 충족시켜 준다. 기업의 성격이 리더가 만든 것을 명심하고, 수정할 부분이 있는지를 안다.

(7) 사람을 안다. 개인 차이를 이해한다. 사람들과 효과적으로 관계를 맺는 법, 사람들에게서 배울 수 있는 교훈, 칭찬하고 비판하고 조언하고 가르치는 법을 안다.

120/ 흥분 때 결정을 미루라.

113/ 리더의 8가지 고민
(1) 모욕이나 무시를 당하면 괴롭다.
(2)칭찬을 받으면 마음이 들뜬다.
(3) 실패를 경험하면 우울해진다.
(4) 성공을 경험하면 행복해진다.
(5 가난해지면 낙심을 한다.
(6)부를 얻으면 기뻐한다.
(7) 인정받지 못하면 화가 난다.
(8) 명성을 얻으면 즐겁다.

122/ 바른 결정을 내리기 위한 4단계
(1) 사실은 무엇이고, 무엇이 문제인가?
(2) 문제의 원인은 무엇인가?
(3) 내가 이루고자 하는 것은 무엇인가?
(4) 어떻게 하면 그것을 이룰 수 있는가?

123/ 마음 수련(마음 챙기기)을 한 사람은 화를 내지 않는다. 그것이 문제 해결에 도움이 되지 않는다는 것을 알고 있기 때

문이다.

감정, 인식, 의식을 구분한다. 그래서 더 나은 결정을 할 수 있다.

5장 행복을 창조하는 이윤 129

130/ 리더의 역할은 조직의 목표와 가치관을 분명히 설정하고, 그것에 대한 믿음을 창조하는 것이다.

131/ 미래를 내다보는 리더는 기업이 이윤 추구보다 더 훌륭한 목표를 달성할 수 있다.

1977년 피터 드러커는 기업 목표를 다음과 같이 말했다.

"이윤이라는 측면으로 기업을 규정하거나 설명할 수 없다. 전형적인 기업가에게 기업이 무엇이냐고 물으면 거의가 '이윤을 창출하는 조직'이라고 답할 것이다. 경제학자도 그렇게 답할 것이다. 하지만 이는 틀렸다. 이윤극대화는 실질적으로 무의미하다. 수익성은 기업 경영의 목적이 아니라 제한 요소이다. 비즈니스에서 이윤은 어떤 결정을 내리는 이유나 근거를 설명해주지 못한다. 다만 그 결정의 타당성을 시험하는 잣대일 뿐이다. 기업 목적은 반드시 비즈니스 자체가 아닌 다른 것에서 찾아야 한다. 기어브이 목적은 사회 속에서 찾아야 한다. 기업도 사회의 일부이기 때문이다."

132/ 태국 AIG 지사장 달돌 부 막은 기업 역할을 이렇게 말했다.

"내게 기업의 목적은 의욕적이고 바른 생각과 믿음을 가진 유능한 사람들로 팀을 조직하는 것이다. 그리고 그들에게 보험

상품을 판매하게 함으로써 남에게 혜택을 전하는 법을 가르친다. 수익은 기업의 목적이 아니라 최종적인 결과일 뿐이다."

불교학자 P.A. 파유토는 이렇게 말했다.
"불교 관점에서 경제활동이란 훌륭하고 고결한 삶을 누리기 위한 수단이다. 생산과 소비 등의 경제활동은 그 자체로 목적이 아니라 수단이며, 개인과 사회와 주변 환경 속에서 행복을 키워내는데 반드시 도움을 주어야 한다."

133/ 기업의 역할 : (1)고객을 만들어내고 만족시키는 것 (2)책임 있는 행동, 건강한 방법으로 수익을 올려서 이해당사자들의 재산을 충분히 늘려준다.
수익성만을 제일 목표로 삼으면 틀림없이 법을 어기게 된다. 많은 이들에게 고통을 줄 것이다.
회사는 사람들에게 의욕을 고취 시키고 긍정적인 영향을 미치는 역할을 해야 한다.
135/ 붓다는 바른 방법으로 부자가 되는 것이 재산을 바르게 사용하는 것만큼이나 중요하다고 가르쳤다.
"착하고 훌륭한 사람이나 바른 방식으로 부를 추구하고, 그것을 자신과 다른 사람들이 기쁘고 행복해지는데 사용하는 사람이다."

136/ 붓다가 우화로써 가르쳤다. 비즈니스 리더에게 좋은 우화이다.
"세상에는 장님, 애꾸눈, 두 눈을 가진 사람이 있다. -- 장님은 좋은 행동과 좋지 않은 행동을 구분하지 못한다. 반대해야 할 것, 천박한 것, 세련된 것, 좋은 것과 나쁜 것을 알아보는 눈이 없다. 장님은 두 가지로 고통을 당한다. 돈도 없고 좋은 일도 하지 않는다. 애꾸눈은 오로지 돈 버는 것 밖에 모른다. 그는 도둑질이나 속임수도 돈만 벌수 있다면 거리낌 없이 사용한다. 두 눈을 가진 사람은 성실하게 일하고 번 돈의 일부를 이웃과 나눈다. 그는 고결한 생각과 굳건한 마음의 소유자로, 그 무엇에도 고통받지 않는다. 너희들은 장님과 애구를 피하고 두 눈을 가진 사람과 사귀어라."

139/ 돈을 잘 쓰는 8가지 방법 목록

순	내 용	예	중간	아니오
1	나는 합법적으로 재산을 모았다.			
2	나의 재산은 나만을 행복하게 해주었다.			
3	나의 재산으로 다른 사람도 행복하게 해 주었다.			
4	나의 재산을 다른 사람들과 나누어 가졌다.			
5	나의 재산으로 좋은 일을 한 적이 있다.			
6	나는 재산에 푹 빠져서 제 정신이 아니다.			
7	나는 부(富)의 위험을 알고 있다.			
8	나는 마음의 자유를 이끌어 줄 통찰력이 있다.			

141/ 기업은 기계가 아니다. 조직개발전문가 피터 센지는 기업을 돈 버는 기계로 보는 관점이 잘못이라고 지적한다. 기계는 시간이 지나면 낡아져 사용이 불가하지만 기업은 일신(日新)이 가능하다. 기계는 의욕을 불어넣는 것이 불가능하다. 기업은 가능하다. 기업은 살아있는 실체이다.

142/ 학습조직 컨설턴트 아리 드 제우스는 다음과 같이 기업이론을 설명한다.

"기업은 살아있는 실체의 행동과 특징을 몇 가지 보여준다. 기업은 학습가능하다. 기업은 명시적이든 아니든, 일관성을 유지해 주는 정체성이 있다. 기업은 다른 존재들과 관계를 갖는다. 기업은 죽을 때까지 성장과 발전을 계속한다. 모든 유기체와 같이 살아있는 기업은 우선 자신의 생존과 발전을 위해 존재한다. 자기 잠재력을 발휘하여 가능한 훌륭해지고자 한다."

143/ 기업을 행복 생산자로 보는 사람은 별로 없다.
144/ 유엔의 인권선언문을 다음과 같다. "모든 인간은 자유롭게 태어나며, 동일하게 존중받고, 동일하게 권리를 누린다. 모든 인간은 이성과 양심을 갖고 있으며, 형제애로 서로를 대해야 한다."[99]
145/ 조직 목표 달성을 위하여 조직원 각자가 일할 수행에 대해 인정받고, 칭찬까지 받는다면, 직원은 자기의 일에서 큰 의미를 발견할 것이고, 삶에서 더 큰 의미를 느낄 것이다.
리더는 단순히 직원들에게 일자리와 월급을 주는 사람이 아니다. 직원들의 행복에 큰 영향을 미치는 존재이다.
직원들의 만족도를 높이려면 리더는 직원들의 교육과 능력 개발에 투자하여 그들을 존중하고 있음을 보여주어라. 사람은 누구나 일하는 데 꼭 필요한 기술 교육을 받기를 좋아한다. 즉 오너들의 스트레스와 건강도 챙겨주어라. 다 같이 어울릴 수 있는 이벤트도 마련하라.
146/ 직장을 잃은 자들도 배려하라. 직장은 소득을 주고 소득은 자유를 준다. 주거, 음식, 의료, 교육 등의 비용을 지불 할 자유를 준다.
직장은 자부심을 제공하고, 물질적으로 정신적으로 발전 가능성을 준다.
147/ 매슬로의 욕구위계이론, 피라미드
1단계 생리적 욕구, 2단계 안전, 3단계 소속감, 4단계 존중감, 5단계 자아실현

---

99) Universal Declaration of Human Rights. www.un.org/Overview/fights.html

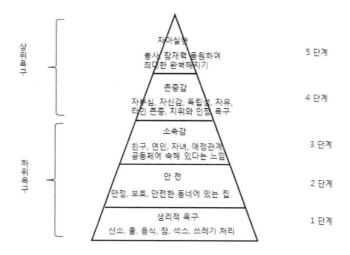

상위욕구

하위욕구

자아실현
봉사, 잠재력 동원하여
최대한 완벽해지기
5 단계

존중감
자존심, 자신감, 독립성, 자유,
타인 존중, 지위와 인정 욕구
4 단계

소속감
친구, 연인, 자녀, 애정관계
공동체에 속해 있다는 느낌
3 단계

안 전
안정, 보호, 안전한 동네에 있는 집
2 단계

생리적 욕구
산소, 물, 음식, 잠, 섹스, 쓰레기 처리
1 단계

149/불교의 목표도 행복이지만 '모든 욕구의 충족'이 아니라 '마음의 평화'이다.

150/불교의 눈으로 보면, 독립적이고 영원불변하는 자아는 존재하지 않는다. 자아는 남과의 관계, 물리적 환경과의 관계 등 여러 요소가 결합한 것이다.

사람은 자기 욕구뿐만 아니라 남의 욕구를 충족시켜 주어야 행복해질 수 있다.

151/행복이 무엇인지, 어떻게 행복을 측정할 수 있는지 만은 연구가 이뤄지고 있다.

152/ 행복과 부에 관한 주제로 연구한 것이 40개국에서 1700 건 이상이다.[100]

---

100) Bruno Frey and Alois Stutzer, Happiness and Economics, Princeton University Press, 2002.

3. 서로 연결된 세계의 리더

3. 슈퍼리치 리더십

유럽의 머니트레너 보도 섀퍼는
12가지 조언
1. 돈은 우리가 부여하는 만큼의 의미 갖는다.
2. 가치와 목표가 항상 일치해야 한다.
3. 낙관주의는 모든 일의 긍정적인 면만 본다.
4. 자신감이 있는 사람은 과거 경험을 토대로 '나는 문제 없어' 라고 스스로 말할 수 있는 사람이다.
5. 당신의 생각하는 방식이 현재의 당신을 만들었다.
6. 성공은 자신이 이룰 수 있는 최고의 존재가 된다는 것이다.
7. 경제적 어려움은 항상 인생의 다른 모든 영역을 그늘지게 한다.
 8. 평생 돈 버는 기계로 살아갈지, 아니면 스스로 돈 버는 기계를 소유한 사람이 될지 결정하라
9. 현재 자신이 몰두하고 있는 취미를 찾아, 이를 바탕으로 경

력을 쌓아라.

10. 하루종일 일하는 사람은 돈 벌 시간이 없다.

11. 어떤 가치를 따를 것인가를 먼저 분명하게 결정한 뒤에야 비로소 자신의 삶을 컨트롤 할 수 있다.

12. 인생을 성공으로 이끄는 행동은 기본적으로, 엄격한 규율에서 만들어 나오는 것이 아니라, 바로 꿈, 목표, 가치, 계획이 네 가지에서 자연스럽게 흘러나온다.

4. 리더십 론

강정애, 태정원, 양혜원, 김현아, 조은영 지음
주) 시그마프레스
편집 : 우주연
교정, 교열: 김은실
제본: 세림 제책

제 1장 서론

리더십의 정의:

1) "개인의 행동이며 집단의 활동등을 공유 목표로 향하게 한다."

2) "조직의 일상적인 지시에 기계적으로 순응하는 것을 넘어서도록 영향력을 행사하는 것이다."

3) 개인이 부하들의 동기를 자극하고 끌어들이며 만족시키기 위해서 제도적, 정치적, 심리적 그리고 기타의 지원을 동원 할 때 발휘된다."

4) "리더십은 한사람 또는 그 이상의 사람이 성공적으로 다른 사람의 현실을 구성하고 만드는 과정에서 실현되는 것이다.

5) "리더십은 목표를 성취하도록 조직화 된 집단의 활동에 영향을 미치는 과정이다."

6) "리더십은 비전을 명확히 하고 가치를 구체화 시키며, 그 안에서 일이 달성될 수 있도록 환경을 창조하는 것이다."

7) "리더십은 집합적 노력해 목적, 즉 의미 있는 방향을 부여하고 목적을 달성하기 위해 기꺼이 노력을 확대하도록 만드는 것이다."

8) 리더십은 " 문화 바깥으로 나가 보다 적응적인 진화적 변화 과정을 착수하는 능력이다."

9) "리더십은 사람들이 함께 무엇을 하고 있는지에 대한 의미를 파악함으로써 사람들로 하여금 그것을 이해하고 그것에 몰입하도록 하는 과정이다. "

10) 리더십은 " 개인이 타인에게 영향을 미치고 동기를 부여하며 타인이 조직의 효과성과 성공을 위해 공헌할 수 있도록 하는 개인의 능력이다."

1. 리더십의 정의/2

리더십은 과정이다.

리더십 과정은 영향력을 미치는 과정이다.

리더십은 조직과 집단의 상황에서 일어나는 현상이다.

리더십은 목표 달성을 위한 과정이다.

2. 리더십과 관리

관리자는 책임수행, 모방, 유지, 시스템과 구조에 초점, 통제위주, 단기적, 언제, 어떻게에 관심

수직적 관점, 현 상태 수용, 전통적인 충복, 일을 옳게함

리더는 혁신주도, 창조, 개발, 인간에 초점, 신뢰에 기초, 장기적, 무엇을, 애에 관심

수평적 관점, 현 상태에 도전, 독자적 인간, 옳은 일을 함

리더십과 관리 기능의 비교이다.

리더십 : 변화와 성장성은 비전과 방향성 설정, 구성원들 정렬 및 비전 전파, 비전 달성을 위한 동기부여이다.

관리: 질서와 일관성은

계획과 예산, 조직과 집행, 통제와 문제 해결이다.

3. 리더십 효과성

개관적 측정변수: 리더십 효과성을 측정하는 데 가장 많이 사용하는 객관적 측정 변수들은 선포된 조직비전과 목표를 달성한 정도이다.

주관적 측정변수: 구성원들의 태도는 리더십 효과성을 측정하는 데 사용되는 주관적 측정 변수이다.

기타측정변수: 리더십 효과성을 측정하는 변수로 환경에 대한 적응력 등을 들 수 있다.

리더십 효과성의 측정변수를 다양하게 사용하는 것은 리더십 연구범위를 확대시키는 긍정적 역할을 할 것이다.

4. 리더십 연구의 접근 관점 및 주요변수

리더십 연구의 주요 변수

리더십 변수

특성(동기, 성격, 가치)

자신감과 낙관주의

능력과 전문성,

행동,

성실성과 윤리, 영향력 진술, 부하에 대한 귀인

부하 변수는 특성(욕구, 가치관, 자아개념)

자신감과 낙관주의, 기술과 전문성, 리더에 대한 귀인, 리더에 대한 신뢰, 과업에 대한 몰입과 노력, 직무 및 리더에 대한 만족도

상황변수는 단위조직의; 유형, 집단의 규모, 리더의 직위세력과 권한,
과업 구조와 복잡성, 과업의 상호의존성, 외부의존성

5. 리더십 연구의 분석 수준

1)개인 내 과정

개인 내부에 있는 과정에 초점을 맞추는 리더십은 매우 드물다.
셀프리더십으로 귀결되는 자기관리 이론은 개인이 목표 중 우선 순위를 파악하고, 시간을 효율적으로 관리하고, 자기 자신의 행동과 그 결과를 모니터링하며, 목표 달성을 위해 효과적으로 행동하는 것 등이 포함된다.

2) 일대일 과정

리더와 부하간의 접근에서는 리더와 부하간의 일대일 관계에 초점을 두었다.

3) 집단(팀) 과정

리더십에 대한 다른 관점은 리더십을 집단 수준으로 파악하는 것이다.

4) 조직과정

집단의 접근은 개인 내 접근 연구나 리더와 부하 간 일대일 관계 접근 연구보다 리더십 효과성을 보다 잘 설명하고 있다.

6. 이 책의 구성

13개의 장으로 구성되어있다.

리더십이란 '공동 목표 달성하기 위하여 한 구성원이 그룹의 다른 구성원들에게 영향력을 미치는 과정'으로 정의하고자 한다.

리더십 특성이론은 어떤 특성을 지닌 삶들이 리더가 될 가능성이 높은지에 관하여 다양한 연구를 통하여 그 특성들과 기술들을 찾아내려는 것이었다.

리더십 행동이론 요약/113 리더십 행동 이론은 특성이론과 마찬가지로 리더 중심적 관점에서 연구가 진행되었지만 리더십 특성이론과는 다르다.
특징 1) 리더의 행동과 관련된 것이다.

2) 리더십 행동이론의 행동유형은 과업 지향적 행동, 관계, 변화 지향적 행동
3) 리더십 행동유형을 개선 할 수 있다.
4) 리더십 행동연구는 리더십 행동유형이 성과와 연관성을 일관되게 보여주지 못함

리더십 효과성을 상황과 연계시키고자 등장한 것이 리더십 상황 이론이다.
House의 경로-목표이론은 어떻게 리더가 구성원들을 동기 유발 시켜 설정된 목표에 도달 하도록 할 것인가에 관한 이론이다.

3. 카리스마적 리더십의 최근 연구 /133

요약/ 138 카리스마는 개인에게 초인간적이거나 혹은 비범한 힘이나 능력에 대한 경외심이 자발적 복종의 근거가 되는 권한 유형으로, 구성원 규범적 지향에 대해 광범위하고 강력한 영향력을 행사 할 수 있는 리더의 능력이다.

참고 문헌 / 139

제7장 변혁적 리더십

1. 거래적 리더십/ 144

2. 변혁적 리더십 / 148

3. 변혁적 리덧ㅂ의 기타연구 /154

요약/ 167 변혁적 리더는 3단계 행동 과정을 통해 조직의 변화를 관리한다. 첫째, 변화의 필요성을 인식하고, 둘째, 환경에 적합한 비전을 만든 후에 셋째, 그에 적절한 새로운 조직구조의 변화를 이끌어 가는 것이다.

참고 문헌 / 169

제8장 LMX 이론

1. LMX 이론 개념/172

2. LMX 이론 연구 / 175

3. LMX 이론의 활용과 치근 연구/ 182

요약/190 참고 문헌 / 191 LMX 이론은 한집단의 리더는 각각의 구성원과 서로 다른 관계를 형성하고 구성원 역시 리더와의 관계를 각각 다르게 지각함으로써 집단 내 구성원 숫자만큼 서로 다른 리더- 구성원 관계를 각각 다르게 자각함으로써 집단 내 구성원 숫자만큼 서로 다른 리더 구성원 관계를 형성한다는 것이다.

제9장 팀 리더십

1. 팀 리더십의 개념 /194

팀 리더십은 팀 제 조직의 발전에 따라 팀 제가 효과적으로 작동하도록 하는데 필요한 리더십 유형으로 등장했다.

제10장 서번트 리더십

리더와 가장 상반되는 개념인 서번트 관점을 리더십에 포함하는 서번트 리더십은 리더가 구성원을 존중하고 그들에게 기회를 제공함으로써 조직과 조직 구성원이 성장하고 진정한 공동체를 이룰 수 있다고 보는 이론이다.

제11장 셀프 리더십

셀프 리더십의 개념은 자기 자신에게 영향을 주기 위해 사용하는 행동 및 인지 전략을 통틀어서 일컫는다. 이는 개인의 높은 성과를 이끌어 주는 자율적인 힘을 말한다.

제12장 윤리적 리더십

기업의 사회적 책임과 윤리경영이 강조되면서 기업 경영을 책임지는 최고경영자와 리더에 대해서도 윤리적인 역할과 책임 의식이 크게 요구되고 있다. 윤리적 리더십은 리더가 조직 구성원들 리더십을 추구하는 것이다. 윤리적 특징으로 정직, 결단력, 공정함, 솔직함, 겸손함, 인내심, 열의, 용기, 책임 등을 들 수 있다.

제13장 기타 리더십 연구
임파워먼트를 그대로 해석하면 '자율성 부여'라는 뜻이며 개인의 잠재 역량 및 자원을 인정하고 발전시킬 수 있다는 것을 전제로 개인 또는 타인의 삶을 결정 할 수 있도록 권한 혹은 힘을 부여하고자 하는 것이다.
찾아

9. 미래인재 리더십

제1절 지도자의 리더십

본 연구는 세계평화가정연합의 5대 핵심 정책의 미래인재 육성 컨퍼런스와 종교지도자들이 한국의 다 종교 사회 속에서 필요로 하는 종교지도자의 리더십 유형과 일반지도자 리더십을 미래인재 지속 교육 연구하는 데 그 목적을 두고 있다. 우선 지도자들의 리더십의 유형론을 전개하면서 세계전통 종교들의 리더십을 지도자의 지도력의 유형으로 구분하였다.

서양의 기독교의 전통 유대교는 모세오경 봉독과 토론 문화와 기독교의 성서적인 유형들을 모세를 비롯한 유대 전통의 지도자들의 절대 믿음, 절대 사랑, 절대복종 유형을 이해하려고 하였으며 예수와 바울의 부모, 스승, 주인의 성격과 유형을 찾았다. 그리고 현재 한국교회가 다양한 종교지도자의 유형들을 어떻게 파악하고 있는지를 현대 지도자의 개념을 제시하였다. 한국교회는 목사와 선교사를 위시하여 학원이 교사와 다양한 평신도 지도자들이 사회 각 분야에서 사역 할 수 있도록 지도훈련을 체계적으로 한다는 사실을 알았다. 여기서 파악한 교회의 지도자들의 리더십 유형들은 설교자와 행정가로서의 목회자, 학원교사, 전도자, 교회교육자, 해외선교사 등이었다.

세계 전통 종교 가운데 대표적인 종교는 유대교와 기독교, 불교와 유교, 도교와 이슬람교 등이며, 이들 종교를 대표하는 창시자들이 지닌 지도자들의 리더십 유형과 그 특징을 알아보고 간단하게 지도력의 성격을 지도자의 유형별로 예수의 섬김의 지도력, 부처의 자비 깨달음 지도력, 마호메트의 예언적 절대적 신앙과 하나님의 나라 건설 지도력, 공자의 수신제가 치국평천하인 도덕교육과 덕치와 노자의 자연 합일 지도력 등이다. 이들의 지도력과 참부모의 3대 주체사상 참부모, 참스승, 참주인 지도력과의 관계를 논함으로 종교지도자들과 일반지도자 리더십지도력의 위상을 밝힌 것이다.

세계평화통일가정연합을 중심한 종교지도자의 리더십 유형은 가정연합이 추구하는 문선명 선생과 한학자 총재의 리더십을 올바로 이해할 때 가능하다는 전제하에서 창도자의 섭리사적인 역사인식을 바탕으로 예정된 메시아의 지상천국 실현을 목적한다는 인식을 지도력의 독창성으로 강조하였다. 이에 효정문화에 대한 구체적인 분석과 내용은 원리강론을 비롯하여 천성경과 평화경, 참부모경에 나타난 3대 축복지도자 진리 생육, 참사랑 가정 번성, 참 주인 주관성 완성이 가정연합 평화 사역의 세계화를 추구하는 축복가정 가정 예배 만사형통, 천화 만사 강령들을 통하여 밝히게 되었다. 가정연합이 천일국을 중심하여 영계와 지상계를 하나로 통합하여 통합 할 수 있다는 지상천국 실현의 이상과 현실은 문선명 선생의 종교적 지도자의 메시아적 소명을 구체적으로 가정연합이 절대믿음, 절대 사랑, 절대복종, 절대성을 지키며 실천궁행할 때 구현된다는 사실을 분명히 하였다. 성서적 근거에 의해 유다서 1장 6~7절에 또 자기 지위를 지키지 아니하고 자기 처소를 떠난 천사들을 큰 날의 심판까지 영원한 결박으로 흑암에 가두셨으며 소돔과 고모라와 그 이웃 도시들도 저희와 같은 모양으로 간음, 행하며 다른 색을 따라가다가 영원한 불의 형벌을 받음으로 거울이 되었느니라고 기록되어 있는 것으로 보아 우리는 천사가 간음으로 타락되었다는 사실을 알 수 있다. 아담과 해와가 천사와 영적 음란과 육적 행음으로 청소년기에 영육타락이 인류 타락의 원인이 되었다. 고로 메시아에 의해서 재창조 복귀의 길을 찾아 탕감복귀 해야 한다. 고로 청소년기엔 진리의 순결절대성교육이 필수이다.

세계평화통일가정연합이 현대 종교사회서 가지는 종교 통합적인 위상이 그 적법성과 전통성을 한국종교의 다원적 종교사상인 유 불 선 서 4대 종교의 인, 자비, 인내천, 사랑의 박애 유형과 함께 논구하는 것은 종교지도자들의 리더십이 가질 수 있는 세계윤리의 제창이라는 관점을 파악하려는데 목적을 두었다. 좌익의 유물론 정반합 작용과 유심 사상의 정분합 수수 작용에 의한 자본론을 교육하여 두익 사상 참사랑을 중심한 천부주의, 천지인 참부모 주의의 참사랑 공동체 천일국 실체화에 이바지해야 한다. 한국의 전통사상인 대종교의 천지인 홍익사상과 유불선 삼교통합의 풍류도 적 맥락을 통합한 동학의 유 불 선, 서 사상을 이어받은 증산의 해원 상생 사상을 토착화된 한국적 예수교의 부자 관계 가정 종교적 유형과 대비하면서 밝힌 발견의 원리는 한국의 다종교의 종교적 리더십이 본질로 해야 할 미래상임을 자각하게 할 것이다. 이와 같은 종교사상이 발견한 원리들을 가정연합이 공유하고 있다는 것은 가정연합이 문선명 선생의 계시적 원리는 인류 역사는 창조목적에 따른 사랑의 창조, 인간 책임분담을 완수하지 못한 타락, 타락한 인류를 타락이전의 상태로 복귀이며, 하나님의 창조목적은 기쁨, 하나님과 인간의 합일된 100% 책임분담이며, 복귀는 반드시 탕감을 통해서 재창조이다. 메시아의 사명은 과거청산과 재창조이다. 미래인재 지속 교육은 심정 교육, 선민 교육, 천재교육, 기술교육, 예술교육, 체육교육이 우선이다. 창조융합 인재 양성은 태교, 유, 초, 중, 고, 대, 사회 창조적 환경을 조성하여 영재교육과 사회적 천일국 일력을 단계별로 육성계발 연구프로그램을 적용해야 한다.

평화경 907쪽에 하나님의 창조, 인간 타락, 창조 본연의 복귀로 본 삼위일체이다. 1992.4.10. 이후에 나아갈 종교지도자의 리더십의 미래상을 예견하는 데 일조를 감당하리라고 본다. 향후 승공 통일 새마을운동, 두익 통일철학교육으로 심정 일체, 일념, 일화, 일획 참 지도자 리더십육성이다.

제2절 변혁적 영성 진화의 미래

지도자, 종교지도자의 지도력에 대한 비교종교학적인 주제 중에서 장차 다루어야 할 중요한 논쟁들을 모든 종교가 지니고, 있는 이상향에 대한 지상과 천상의 존재에 대한 해석과 더불어 인간 영혼의 불멸과 영생을 이해하는 환생 모티브에 대한 해석이라는 점을 본 논구 이후의 연구과제로 제시하고자 한다.

다종교사회가 안고 있는 파라다이스 사상은 메시아환생주제의 이해와 변혁적 영성 진화의 주제를 통하여 발견할 수 있을 것이다. 환생주제의 관한 다음과 같은 다양한 관점들은 종교지도자의 지도력 개발에 긍정적인 기여 할 것이며, 창조, 타락, 복귀로 본 삼위일체이다. 평화경 907쪽, 창조는 하나님과의 아담, 해와의 삼위일체를 이루어 창조 이상세계를 이루려 했지만 타락으로 사탄과 아담, 해와의 삼위일체를 이룬 것이다. 복귀 과정은 하나님, 아담, 해와의 영적인 삼위일체이다. 복귀완성은 하나님, 아담, 해와, 삼위일체의 영 연세 협회 조성이다.

삼위일체가 완성되는 자리는 천주의 중심자리에서 시작이다.

첫째, 환생 사상의 보편성은 지상의 육체적 삶을 초월하여 죽음 이후의 영원한 삶을 희구해온 인류의 종교적 상상력의 결정체와 같은 존재의 형이상학적 이해이다.

둘째, 환생 사상은 가장 오래된 원시의 흔적에서부터 인류의 보편적 꿈과 갈망을 대변하며 시간적으로 고대와 현세에 이르기까지, 공간적으로 오대양 육대주를 망라하여 광범위하게 확산하였고, 오랫동안 지속, 전승, 변용되었다. 샤머니즘과 에니미즘의 원시종교를 시작으로 고대 근동의 제반 종교들과 고대 서양의 철학 및 종교들을 아우르며 힌두교, 불교, 등과 같은 동양종교에 이르기까지 환생사상은 꾸준히 진화해 나왔다는 점이다.

셋째, 환생사상의 가장 큰 중심은 환생의 전통적 이해를 벗어나서 의식 내재적 영성으로 이해하려는 낙관적이고 긍정적으로 수용하려는 관점도 발견해야 할 것이다. 문선명 선생 한학자 총재 참부모님의 성혼식과 축복의 역사이다. 천지부모 천주 안식권 칠팔절 1997.7.7.이다.

넷째, 환생 사상의 전통적 이해를 통하여 인간 내면의 영적 진화를 설명하려는 의도는 현대인이 당면한 영적 위기를 이해하려는데 강조점이 있다는 점이다.

다섯째, 환생을 중생과 부활 혹은 변신으로 이해하려는 신학적 입장과 더불어 영혼의 진화를 이해함으로써 영혼과 영성의 형이상을 탐구하려는 노력은 새로운 의미를 제시하려는 문제의 제기인것이다. 영혼 불멸 사상과 영혼선재설의 개인 속에서 발견되는 종말론적 메시아주의 사상과 연관하면서 이에 대한 신학적 제시는 영성의 변혁적 이해에 새로운 지평을 열어 주리라는 관점이다.

여섯째, 신약성서의 환생 모티브는 순환과 회귀의 생명론을 보급 시켰고, 영혼 불멸설과 영혼선재설은 내세 신앙을 구성하는 두 기둥이 되었으며, 연옥의 배경은 환생이라는 기독교적 유산과 환생사상이 신약성서와 만나면서 신적인 현상과 연결시켰다는 점이다. 참부모님의 생애노정의 주체는 하나님이시다. 원리원본의 가르침은 태초에 하나님이시다. 원리해설 역사는 오늘 새 시대를 고하는 유언을 하고 있다. 원리강론의 총서론 "인간은 누구나 불행을 물리치고 행복을 찾아 이루려고 몸부림치고 있다."라고 본심의 행복 추구이다.

일곱째, 한국 신흥종교 속에서 나타난 다양한 국민의 집단적 환생 체험으로 재해석되는 종교적 체험의 논리들을 이해할 때 인류가 지니는 궁극적 관심과 더불어 인간적 성숙에 대한 폭넓은 이해를 가능케 할 것이라는 인식이다. 천주의 중심자리는 원리강론 40쪽에 하나님과 인간이 합성일체화한 자리 인것이다. 천주의 중심자리로 본 인간의 가치는 원리강론 40-41쪽과 63-64쪽의 인간은 피조 세계의 주관 주, 피조 세계의 매개체, 천주의 화동 중심체, 인간은 천주를 총합한 실체상이며 인간은 소우주라고 하는 이유도 여기에 있다.

여덟째, 메시아 환생 주체가 지니는 궁극적인 이상세계가 바로 지상천국이라는 사상은 하나님 나라나 열반이나 낙원이 초 의식과 동전이 될 때 이루어진다는 긍정적 이해는 미혹된 오류들을 통합심리학의 도움을 받아, 극복이 가능하다는 인식은 다가오는 시대에 새로운 화두 될 것이라는 기대감이 될 것이다. 천주의 중심자리로 본 인간은 하나님의 절대 대상이며 참사랑의 참왕이요, 참주인, 참스승, 참부모 앞에 대상이 인간 아담 해와가 일체를 이루어야 한다.

평화경 624쪽, 참가정과 세계평화 184쪽에 창조의 중심자리는 창조목적을 완성한 자리이다. 원리강론 41-42쪽 천주의 중심자리이며 영원히 자극적인 기쁨을 느끼는 자리이다. 평화경 672쪽 꿀벌의 꿀맛 비유가 그 예이다. 부모, 부부, 자녀가 참사랑을 중심한 하나님과 일체화를 완성해야 한다.

창조 이전에는 원리강론 27쪽에 여성격 대상으로 피조물을 창조하였으며, 하나님은 성상적 주체로 계신다. 창조 이후의 하나님은 2010. 7.13 형상적 여성 격으로 존재한다. 지상 부모, 천지부모, 격 위는 여성 격 하늘 어머니이다. 원리강론 27쪽, 1996.4.16. 창조 이전의 하나님과 창조 이후의 하나님은 부모 격이시다. 하나님과 참부모는 분리 할 필요가 없다고 평화메시지 17장과 평화경 1,603쪽에 근거이다. 성혼 50주년 실체권 선포이다. 하나님과 아담과 해와의 일체는 효정 일체이다. 삼위일체로 본 타락은 사탄과 아담, 해와이다. 평화경 907 천일국 기원절과 축복가정은 1960년 소생. 2003년 장성, 2013년 완성, 천주의 중심자리 하나님과 인간이 합성일체화 한자리이다. 천일국 1차 4년 노정 2001-2004, 믿음의 기대, 천일국 2차 4년 노정, 2005-2008, 실체 기대, 천일국 제3차 4년 노정 2009-2012, 하나님 기대, 2013.1.13. 천일국 기원절은 하나님이 직접 주관권의 기대가 세워진 원년이다. 참부모님 성혼식은 소생적, 1960.3.16.(음)이며, 장성적, 천지부모님 천일국 개문 축복성혼식 2003.1.6. (음)이며, 완성적, 천지인참부모님 천일국 기원절 성혼식 천력 2013.1.13.이다. 천일국 기원절 즉위식, 천일국 기원절 입적 축복식이다. 천지인참부모님 천일국 진 성덕황제 대관식과 천일국 원년 선포는 천주부모 내적인 천일국, 천지부모 외적인 천일국, 천지인참부모 내외 천일국 (실체천일국) 창건과 완성, 실체 천일국 창건 2016.6.13. 실체 천일국 완성이다.

2013.1.13. 실체천일국 확장과 신종족적메시아 확장 신종족메시아, 천일국기원절 입적 축복식으로 천지인참부모님 자녀로 다시 태어났다. 창조 본연의 에덴동산에서 다시 태어남(은혜)이다. 본연의 에덴동산은 계명이전의 자리 2011.11.9. 천일국 국민으로 입적을 허락받아 복귀완성과 성화식 선포 2011.10.14. 양 11.9이다. 회귀의 의미는 실체 말씀 41쪽에 물정 시대, 인정시대, 천정 시대의 회기 시대이다. 실체말씀 서문 2 "참사랑으로 회기 신천 신지를 이루어 후천시대를 선포하였습니다." 천일국 국민증, 학습생, 교습생, 선습생의 과정을 2001.11.15 (음 10.1)을 거처 천일국 국민증 발급은 2013.1.13. 천력이다.

끝으로 21세기 신과학적 영성 이해는 메시아 환생모티브에 대한 섬세한 형이상적 배경과 영성의 변혁적 통찰에 기반을 두어야 할 것이다. 천일국 기원절과 4가지 성물은 성주, 성초, 성념, 성토이며, 성주의 의미는 말씀 선집 306:238쪽 1988.9.23. 말씀이다. 변혁적 영성의 지평과 인류의 미래는 메시아 환생 주제를 초인격적 영성 이해와 함께 재고되어야 할 것이기 때문이다. 4가지 성물과 축복가정은 항상 감사하고, 천주 중심자리에 초점을 맞추고, 천주의 중심자리에 저장된 보물을 활용하고, 하나님의 소원 하나님의 사정, 하나님의 심정과 일치하여 축복가정과 생활 노정은 하나님의 전통, 하나님의 핏줄, 하나님의 닮기이다. 2011.7.15. 말씀은 축복가정은 양심과 참사랑으로 살다. 축복가정은 평균 수준 이상이다. 2007.9.23 말씀은 훈독회의 전통이다. 평화경 125쪽 마리아가 육 타락, 요셉과 육적 타락이다. 타락한 아들 2명을 낳았고, 하나님과 심정 일체를 이루지 못한 조부모, 부모, 자녀를 갖지 못함으로 아담 해와의 실수를 반복한 결과가 되고 말았다. 실체 말씀 47쪽에

"사탄 침범은 영적 은혜와 감동을 잃어버림, 하나님에 대한 확신과 감사를 잃어버림, 모든 것을 인간적으로 생각하며, 훈독회의 전통 앞에서는 사탄이 설 자리가 없어지는 것입니다." 돈보다, 지식보다도, 권력보다도, 명예보다도 결론은 축복가정 2세 3세와 80억 인류는 천주 천지인 축복 결혼으로 중생, 부활, 영생으로 거듭 낳아 하늘 부모님 아래 인류 대가족의 위하는 삶의 참사랑 공동체를 만들어야 한다. 종적, 횡적 8단계 로정의 완성자가 되어서 하나님을 해방 석방하고 천주 참자녀 3위 기대 참사랑이상 완성 공동체가 리더십의 목표이다. 하나님의 섭리 경영은 기쁨의 참 세계 완성이다. 감사합니다.

참고 문헌
국내 문헌

원리강론 서울: 성화출판사, 2015.
문선명, 한학자 총재님 말씀 천성경 서울: 성화출판사, 2015.
문선명, 한학자 총재님 말씀 평화경 서울: 성화출판사, 2015.
문선명, 한학자 총재님 말씀 참부모경 서울: 성화출판사, 2016.

외국 문헌

k. Wiber, The Spectrum of Consciousness, Wheaton: Theological Publishing

번역 서적

Becvar, D. S. & Becvar, R. J. Family Therapy. 가족치료, 정혜정, 이형실 역, 서울: 도서출판사 하우 2002.

1. 사례 발표를 하고자합니다.

 김공수 총재 UN참공동체방송은 우연한 일이아니다. 학생 지도위원으로 함평에서 시무 할때에 진영선 학생에게 장래 꿈이 무엇이냐고 물었다. 섬에가서 조용히 살겠다고만 하였다. 어느 날 전화가와서 래방을 기다리던차 방송제안을 하여 시작한것이 유엔참공동체 방송이다. 감사하다.
참교회 농장 과수밭 유기질 비료와 양파 직파에 함께주고 해피 지붕덮개를 정리하고 스카이 tv시험후 귀가하다.
사례 전기차 구입 승인 기아가나대리점 권대용 사장 2년전 주문예약이 개인 이름으로 함평군에 접수 100만원 영광군 보다 더 준다고 한다.
전기 충전시스템 설치비용 140만원 저렴하고 사용 요이하다. 등록비 기타 비용 190만원 2400만원 군 지원 개인 할부금 1900만원 60개월 이다. 감사합니다.
사례 un참공동체의 이무는 참군인, 경찰의 의무이다. 납세의무와 교육받을 의무도 있다. 생육, 번식, 참주관이다.
사례 제20대 대통령 당선 확정 국민의 힘 윤석열 대통령 후보 하나님께 감사드립니다.
사례 황박연 목사 연구한 수침 13컷트 이메일 답장글과 교육과 영상 촬영한 진영선 감독님! 감사합니다,
수지침 기구를 선물받고 영상 책자를 편집하여 UN참공동체 방송에 홍보교육한다.
사례 제20대 윤석열 대통령 당선자 정부의 소명은 하나님주의 절대가치교육, 예수님의 UN참공동체 방송 역사의 자료 연구, 국가 안보 및 정치, 경제, 문화, 예술, 체육의 장기적 전수립, 한국의 단군시조, 국토, 언어, 문화, 연구 교육 시스템 1,000년

구축 , 천재교육, 기술, 교육, 체육 문화교육 등이다.

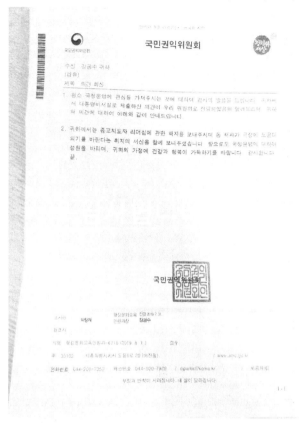

사례 보고, 윤석규 전 외교관과 조병용 정치학 박사 래방 상담하였다. 앞으로의 장래를 위해 영어로 손을 잡고기도 봉헌하다.

좋은 소식이 있기를 바란다.

사례 보고, 격암유록에서 천어를 통해 미래 시대를 준비하는 천심이다. 기독교, 불교, 유교, 힌두교, 이슬람 기타 모든 종교와 과학이 하나 되어 천심에 따른 새 시대를 준비하는 것이다.

사례 보고,

2022년 3월 21일 오후 1시 전기차 탑승 내부 설명 김영월 목사

요플레 대접하고 메모지 1세트 드리다. 개 사료와 마스크, 장갑을 선물 주셨다. 감사드린다. 오늘은 장 컨디션 문제로 그냥 가시다.

사례 보고:

홍순환 목사 전화 상담

나인환 원로 목사 제4지구 종교 국장 및 영광교회 교구 발령 받고 시무한다고 한다. 2022년 3월 24일 10:30 전주 지구본부 교회에서 제4지구 원로 목회자 출정식을 한다고 한다.

이정옥 회장 전화를 받다.

2022년 3월 22일 전기공사 이후에 생각해 보겠다고 하였다.

사례 보고: 황박연 목사의 수지침 연구 뜸 13번 1부만 소개하여 여러분께 홍보와 교육 안내한다.

사례 보고, 전기 충전기기 설치 이상태 소장 설치 완료 서류 준비차 가족 관계증명서와 서류 작성 2022년 3월 24일 한전 함평지사 접수한다. 추가되는 서류 기다리고 있다. 감사합니다. 김회영 이장 덕산리 1103-17 논두렁 흙 돋우고 래방 의자 견본 보여드리고 필요하면 내덕 마을 회관 기증키로 하였다.

2. 뜸 수지침 건강관리 참고

13.

5. 뜸 : 보.사 자동조절

1)좌손바닥만 :

　①**손가락마디 14곳.**

　구점지 4겹(조정 가능)

　②**손바닥 6곳.**

　구점지 4겹(조정 가능)

2)나이대로

　예) 20대 : 2번/일

　　70대 : 7번/일

3)1개월은 : 매일 w

감사합니다

3. UN참공동체

1) UN참공동체 소개

하나님께 예배와 기도, 찬양 감사드립니다.
"하나님은 참사랑이다." 요한복음 3장 16절,
2022년 1월 26일
참교회 담임목사 김공수 박사 올림,
01098212239, kggs9911@gmail.com

2022년 3월 5일 12시 서울 시청 광화문 광장 1,000만 국민기도회 유투브 영상을 보다. 눈물로 시청하다. 멸공을 외치고 우리가 1960, 70년 도에 마이크 들고 계몽, 승공 운동, 새마을 운동, 초교파 종교운동에 앞장서서 일했던 모습이 선하다.
안철수 대표와 윤석열 후보 단일화 이후 광진구 후보 연설에 공감하다.
자유대한민국 민주화와 자유경제, 미래 인재육성 교육 등 기독교를 중심한 하나님주의 교육이다.
사례를 소개 한다. 신승철 대표 소개로 전남 함평군 월송리 683번지 450평 전을 소개 받고 2022년 3월 6일 오전 10시경 가 계약하다.
평당 일십 만원 합 4천 5백만 원이다. 공동체와 유통단지 및 주거지역도 좋고 가족 묘지도 좋다. 입회인 덕산 4구 김회영 이장

2) UN 참공동체 회원 가입 안내

자율적 조합원 가입 SC제일은행 계좌번호 352-20-187242 예금주 김공수 환영합니다. 자율적 리더십으로 활동 보고한다.
김공수   총재,   01098212239,   0803338183,
kggs9911@gmail.com

순결 국가 경쟁력 문상희 교수의 내용을 오직독생녀 책자를 소개한다. 94쪽 존경과 신뢰 배려는 상호 인정과 기대, 배려, 신뢰 파트너십이다. 경쟁력은 존중 받데 그 가치가 더한다.
UN 참 공동체는 참 가정을 중심, 참사랑 공동체 천일국 평화 왕권이 하나님의 창조 본연의 창조목적이다. 오직 독생녀 94쪽이다.

황박연 박사 수지침 건강 비법 소개
1. 사혈 기본 19곳 사
2. 보사침 우손 등 보 사 9곳
3. 단순침 우손등11곳
4. 서암봉 기본 16곳 0 황색(보)
*백색(사)
5. 뜸 보,사 자동조절
1) 좌손바닥만
(1) 손가락마디 14곳
구접지4겹(조절가능)
(2) 손바닥 4곳
구접지 4겹(조절 가능)
2) 니이데로

예) 20대: 2번/일

70대: 7번/일

3) 1개월은: 매일/매시간

사례보고, 문한 배꼽 호흡 테라피

진단: 배안 주름과 응어리 치유: 복식호흡과 부드러운 마사지

항상 배를 따뜻하고 부드럽게 유지하는 것이 장수비법이다.

상담문의 남부대학교 교수님 아사노게이꼬

상담전화 : 010-8728-6732

4.유엔참공동체방송선언문

1) 우리는 참하나님을 모시고 예배와 찬양 감사한다.
2) 우리는 유엔참공동체를 참사랑한다.
3) 우리는 유엔참공동체의 나라와 의를 세운다.
4) 우리는 유엔참공동체의 참평화 자율 군대, 경찰이다.
5) 우리는 유엔참공동체의 참부모, 참스승, 참주인이다.
                    2022년 3월 14일
유엔참공동체 총재 김공수 박사 드림

5. 유엔참공동체 유통센타

전남 함평군 대동면 덕산리 1108-6, 7번지 답 388평에 연못과 진입로와 턴해서 차량이 다시 나오도록 지면 배정해서 깃대를 심고 현장 소장에게 설명하였다.
남들은 팔아서 집 가까운데로 옮기라고 성화였고, 욕심이 많다고도 했다. 어떤 일이든가에 다른 사람의 입장이나 참하나님의 섭리를 모르고 개인 생각만 고집하고 진행하므로 결국엔 자기 함정에 빠진다.
생각없이 무료로 20십넘게 김매호. 김채수, 김오수에게 관리했왔다. 주변 정리가 어렵고 그냥 고마움도 없다. 고추 농사 후에 고추 대를 지나가는 신사복 차림의 목사에게 걷어내라고 하고 전기세는 관심없고 무작위로 사용한다. 참하나님의 뜻을 따라 협의 후 진행 한다. 5월 중 콩 농사를 위해 함평군농업기술센타 담당 직원에게 300평 콩 종자를 주문하다.
전남 함평군 대동면 덕산리 225번지에서 지엠종합건설주식회사 이사 김인선에게 함평군청 제출서류 승낙서 2부 전달하다.
전기차 사례
전남 함평군 대동면 덕산리 225번지 2022년 3월 14일 월요일 오후 4시
2022년 3월 15일 전기차 보험 가입 240만 원 등록비 68만 원, 감사합니다.
나비골 대동점 농협에 모판 90판 360,000원 송금하다.
새로운 초교파 활동 전남 종교담당 목사선임 기도합니다.
이매화 전남 회장 장래를 위해 기도합니다.
사례 전기차 구입 후 케이비 국민 보험 가입
기아 전기차구입 4,300만 원 함평군청 지원금 2,300만 원, 자기 부담 60개월 할부금 45만 원 납부하다.
개인 충전 시설비 140만 원 주행시 사용카드와 하이패스카드 수령하다.
50만원 설치비 선수금 보내고 김광우 사장과 협의 2022년 3월 23일 설치 하였다.

사례, 미래의 새 시대계획안
존경하고 사랑하는 국민 여러분 감사합니다.
유엔 참 공동체 방송은 항상 여러분의 장래를 희망으로 인도하는 희망의 평화자유의 말씀! 진리의 향연입니다.
교육, 경제, 종교, 문화 예술, 체육, 정치와 건강에 따른 기타 전문가의 의견을 정리하여 전하는 방송이 되도록 기도와 정성을 다하겠습니다.
사례 전기차 기아 봉고 화물 1,000 KG 하얀색 수령 후 시 운

전 영광군 영궁읍 옥당로 기아 가나대리점 권대용 사장으로부터 키를 받고 수령 확인함

밧데리 충전시스템 사정 등록비 기계설비 등 1,686,200원이다. 전기 요금은 일반 가정용보다는 싸하다. 계량기도 변경한다.

7. 부정선거 사례,

3.9 대선의 부정선거는 350만 표 조작으로 보고 있다.

서울특별시 은평구 신사동 코로나 확진자 투표시 1번에 뭉치로 투입된 사건. 송파구에서는 투표가 정시에 마치고 투표함을 개표하는 과정에 아직 도착 않한 몇 개가 봉인도 확인 안하고 들어와서 개표에 같이 합류하여 진행 사건이다. 부산광역시 양산시에서는 실제 투표 인원 수보다더 많은 숫자가 선거기술자의 조작으로 나타났다. 수개표가 아닌 전자 시스템으로 이어지는 과정 마술처럼 큐알 시스템으로 실시간 사전 프로그램에 의한 조작으로 실제 투표 수 보다, 더 많은 숫자가 투표한 것으로 나타났다. 선관위 참관인의 동영상으로 기계 시뮬네이션 재 점검에서 들어났다. 남양주시에서는 감시카메라를 종이로 가리고 봉인 뜯고 다른 투표용지를 넣고 서툴게 봉인하는 사건이다.

3.9 대선 전남에서도 유권자, 투표자, 투표율이 102%로 나타났다. 사전 투표자의 1명이 당일에도 투표하는 것은 확인이 없는 준비이다. 3섬 사건도 보수 지지층이 한꺼번에 사전 투표에 참석했다고 주장하지만, 개표 결과 50~60대가 많이 참여하였다. 중앙, 지방 360여 개의 투표지에 따른 관리가 더욱 정 바르게 관리되기를 바란다.

실수로 처리되는 것 이라고 하지만 엄정한 규명과 정의사회 구현과 공명 선거문화의 초석은 위대한 대한민국 건설이다.

50년간 준비하신 하나님의 섭리 앞에 감사드린다.

존귀하신 하나님! 섭리이다.

사례,

김씨 전화를 받자마자 좋은 목소리가 아니다 아침 7시 26분이다. 작은 힘이나마 도움을 드리려고 노력지만 그 보람을 찾지 못하다. 치매인지 점점 더한다. 사필귀정 심는데로 거둔다. 어머니도 운명 달리하면서 장남인 나에게 말한 내용 혼자만 삭인다.

명덕, 공자는 밝은 마음으로 상대를 배려하면 삼국지 유비처럼 적군이 유비가 좋아서 군대가 수십만이 되어 결국 저들을 버리지 못하고 나라를 세우다. 유교 경전 대학에 나오는 명덕은 이 시대의 나의 자우명이 된다.

사례, 외국 한국 선교사 조사 결과 4.15, 3.9 부정선거를 선관위에 가서 전 황교안 총리와 동행 확인함 시스템 자체가 부정선거를 위한 조작이다.

삼성전자에 노조가 노조 투쟁 경우도 연봉을 올리고 결국 기업이 멈추면 국가가 국영기업으로 인수한다.

40년간 전자연구소 근무하여 한국과 미국 민주당 부정 선거 프로그램을 발견했다.

말씀 사례 2022년3월 19일 아침 훈독회 천성경의 말씀의 묵상 본인 2003년 예수님을 만인의 추대, 2006년 천평화의 대관식을 완료하였습니다. 감사합니다.

성경에 먼저 그의 나라와 의를 구하라! 후천개벽의 시대 분봉왕 새 하늘 새 땅 천일국 완성 예수님 책임 완수했으면 로마를 중심한 세계평화천일국을 완성했을것입니다. 2천년 탕감기간이 지나서 대한민국이 그 책임을 다해야하것입니다. 참부모님이 태어난 배경입니다. 기필코 조국광복을 완성해야합니다. 분봉왕, 파송 받은 자와 같이 천일국 왕국을 완성합니다.

인류를 구원 하나님의 섭리에서 6.25년 성전이었습니다.

인류 역사 발전사는 하나님의 의지와 뜻 나일강 이집트, 인더스강 인도 문명, 황하강 황하문명, 대륙, 대서양, 미대륙, 환태평양시대 한국 제 1, 2차대전 공산주의가 패하고 신 자유민주의로 신 문명권으로 출발하여 기독교권으로 시작하였습니다.

환경청 하천 공사의 건 사례

과거 국토건설부 하천 공사 시 김돈명 조부명으로 부모님 받은 돌밭이다. 매해마다 홍수피해나 아니면 어려운 환경에서 농사일에 고생이 많했다. 어느 날 현지 작물이 있지만 주인에게 이런 한마디 말도 없이 무작정 공사로 445 평 이상이 국토건설부 소관으로 명의이전 되었다. 사전 함평군청 건설과에 들려서 여쭈어보고, 전화 상담했다. 전도금 송금했으니 장록 법무사를 통해서 전달 받으라고 하였다. 기다리다 지쳐서 서류를 준비해서 접수했다. 법부사를 통해서 전도금은 없고 군청 담당에게 찾아가 항의 했지만 현재까지 받지 못했다. 작물보상도 국가는 이런 문제를 해결해야한다.

전남 함평군 대동면 덕산리 587-26번지 보상과 진입로와 수로 교각 건 원만하게 공사를 양재연 건설현장 부장에게 전하다.

사례보고: 유끼꼬 간사님과 상담하여 교회 식당 의자 20개, 식탁 5개를 협소하여 정리해야 하지만 수일간 정리되지 않아서 개인 상담을 하여서 답이 왔다. 전기차 매입 화물을 운반할 수 있고, 어느 정도 감사드린다. 마침 일요일 아침 8:00에 출발하여 미와 집사 가정부장 상담, 기도실 기도 후 에이꼬 권사 상담하자 바로 전화 연결 후 아무거나 20개 의자 5개 탁자만 옮기면 된다고 하여 기도 후 시도하였다. 오직 독생녀 5권과 성

경책 6권을 미와 가정부장에게 전달 성화 학생들에게 선물 증정으로 부탁했다. 료꼬 제직회 총무, 나까다 미찌요 권사, 나오꼬 부인회장 도착 거들어주어서 화물차에 다 옮겨 싣고 기도 정성으로 기다리고 있느데 손숙희 사모 매물차 1잔, 김기순 권사 1잔 감사했다. 곽병태 장로와 권사 인사 장우영 장로, 김우기 장로 인사를 나누다. 힘들게 운반하여 부엌 2개, 2층 사무실 탁자 1개 의자 4개, 황토방, 탁자 1개 의자 2개, 창고 휴게실 탁자 1개 의자 3개, 서재실 탁자 1개 의 1개 정리 정돈으로 잘 사용하게 되었다. 기타 장소쪽 탁자 1개 의자 4개 사용, 안방 의자 1개 마음 속 깊이 감사드린 김홍영 레슬링 금메달 2개 축하 상품권과 교회 참가정회 회비 1만원 주일 감사헌금 1만원을 올리고 사모 3만 원 식량 구입비로 주었다. 김지민 교회 인사와 김동민 읍파 근무지에 가기전 인사하다. 감사합니다.

*2022년 10월 12일 새벽 2시 20분에 기상 세면과 면도 후 간단한 운동, 명상과 성경 읽기 메모하여 하루계획과 목표달성 말하기를 하면서 하나님께 감사 기도 인류 80억과 8,000억 영혼 축복기도, 김영조 장로, 문이순 권사, 도미타나오미, 로사린다엘알세오, 김화은, 김화신, 김지연, 김동찬, 김동민, 김지민, 사까끼바라사쯔끼, 김유나, 김유준, 김종수, 김복순, 김태수, 김갑수, 김행례 하나님께 예배와 찬양 감사드립니다.

어제 김영월 목사 주신, 냉장고와 연장, 이부자리, 군 고구마, 칡즙, 세차 물 호스와 분사기 등 정리하다.

2022년 10월 12일 09:00부터 덕산보건진료소에서 독감예방 접종한다고 진재호 덕산 3리 이장이 마을 스피커 안내 멘트하다. 감사합니다.

저녁 늦게 김병원 친구사장 전화상담하다. 세계일보 조사위원의 위력과 활동이다.

세계환경신문 대표사장 백종구 통화와 김사장형님 조카의 처지와 입장 상담 이문리 마을회관 옆 190여평의 직계 할아버지 땅이라고 한다. 군에서 전화가 와서 알아보니 30간 작물을 재배하면 본인이 특조 명의 이전 한다. 군에서 본인 확인 중에 연락 와서 고모 누나들이 김병원 친구 명으로 이전하여 관리하라는 것이다. 조카는 땅 이전하려고 연락했느냐고 하여서 기분이 좋지 않았다. 나산면 오수 형님 집앞 아버지가 본인에게 이전해주라고 했는데 큰조카 이름으로 이전해서 형님 대신 장마철 우수가 논에 차서 7년간 아무것도 심지 못해서 같이 함평군민원실 봉사실장과 상담하여서 7년 전 정재원 국장이 과장으로 재임중 실무담당 팀장으로 전화 상담하여 상수도 담당 신성웅 주무관 상담차 방문하여 설계도면 준비 시공합니다.

감사합니다.

이지현 교수님 꿈해몽 2건 후 김용남 논 이웃 대화중 남서쪽 덕산리 857-26 땅에 밝은 섬광 횡성이 떨어지다. 김회영 덕산 4리 이장과 인사 후 양파즙 1봉 드리고 들깨를 베어 놓고 덕산리 103-17 입구 벼 베기와 노두 수확과 포도나무 정리하다.

2022년 10월 15일 서울 광화문광장 1,000만 명 자유통일구국 대회 청년 대표들의 강연이다. 예수 한국과 자유시장경제, 세계 기독청 한국 유치, 주사파 척결! 다양한 주제 심금을 울리는 내용이 감동이었다. 대전에서 나온 연사는 교회에서 정신을 잃고 천국 경험, 대한민국이 강한 하늘의 빛으로 인도하는 모습에 자신 있게 전광훈 목사님과 애국 성도들이 뭉치자고 강한 외침이었다.

배추 칼슘 천연 제조 달걀껍질 10개 사과 식초 넣고 1주일 숙성시켜서 병, 뚜껑 1개에 1L 정도 희석 후 옆면 시비햐였다.

김병원 사장 불암산 등반 모습을 사진 보내와서 위대한 한반도 지도자라고 축하 메시지를 보냈다. 답장에 감사하였다.

2022년 10월 22일 토요일 서울 광화문 주사파와 대결 1,000만 자유 애국대회 개최한다.

김영월 친구 목사 주신 호박떡 잘 먹었다. 목사님! 감사합니다.

간동 댁 이순님 권사님! 103세! 만수무강 기원합니다.

존경하는 권사님 어려운 덕산 개척교회 목회자 여러분 모시고, 신앙의 자유를 찾아서 서울에서 부업으로까지 고생하신 위대한 그 신앙 감사드립니다.

강북, 강남, 대전, 경북대구, 광주, 전북, 연사와 공연이 많은 힘과 용기를 주다. 대한민국 청년이여 깨어나라!

2022년 10월 16일 일요일 정태양 리사 선생님 사모 가족 축협 2층 식당에서 소고기와 송이 버섯, 공기밥 2그릇과 누룽지 2개 식사 대접 후 상품권 2매 20,000원과 버스비 2,000원 정태양 군에게 전달하고 오직독생녀 1권 합, 10만 원 지원하고, 돌머리 항구 앞 2층 카페, 직장까지 전기차로 안내하였다.

점심시간이 즐거웠고 생일 지났다고 한다. 좋은 생일기념 시간이 지났지만, 다행히 같이 식사하게 되어서 감사했다.

행복한 식당 미양 기사식당 한식 부페다. 기회되면 같이 식사하기로하다. 오후 6시 30분에 마치면 19~20시에 식사해도 좋겠다고 생각한다.

식당에서 남은 고추 상추를 가지 찌개에 넣어서 저녁식사 하였다. 감사합니다.

이상재 회장 함평 가정교회 열린 구국 예배 및 순회차 오셨다. 이상재 4지구 회장님 사모님과 동행한 일본, 친정아버지처럼 뵈어서 일본말 인사 하였다.

주제는 함평이 복 받는 비결이다.

내가 복을 심고 정성으로 신앙해야 그 결과가 나온다고 본다. 성경 마태복음 18장 1-4, 말씀 어린아이처럼 믿고 행해야 복 받는다. 라고 말씀을 하셨습니다.

존경하는 식구 여러분! 여러분들이 함께하여서 축하드립니다. 오늘의 말씀에 감사드리면서 찬양대 효도합시다. 감동을 주었습니다.

집에 도착 후 집안 정리 후 개, 염소 사료를 주다.

이병화 지부장, 고광희 회장, 이명호 목사님 확인했으나 다른 일정과 사정으로 참석 못 했다.

2022년 10월 19일 수요일 참교회 배추밭, 양파, 전기모터 물주기를 하다.

염소와 개 사료와 물주기를 마치고 군, 고구마 굽고 맛을 보니 달고 맛있었다. 음료수와 군고구마 참 거리 들고 벼 베게 논으로 갔으나 아직 오지 않아서 귀가 샤워와 옷감 세탁하였다. 이지현 교수님 꿈, 해몽 3건이다.

꿈:

1) 남편과 외출하려고 하는데 핸드폰이 없어서 고민하는 꿈 빨간 핸드폰 찾지 못하고 꿈에서 깨다.

2) 빨간색 핸드폰을 잘 찾았다.

3) 화장실 입구에서 여자 맛사지 받기 위해 많은 사람이 모여서 줄을 섰다. 친구 지인은 24개월 분 나서 여유 있었으나, 실재으로 월 3개 정도 필요 했지만 친구는 다 사라!라고 하여 대기와 기다려서 간신히 잘 해결하였다.

해몽:

1) 빨간색은 우주의 힘 상징한다.

다행히 잘 찾아서 진행하는 것이다.

3) 화장실은 에너지 재물이 필요에 따라 들어 온다. 에너지 힘

과 마음의 안식, 장수 비결을 배우고 듣기 위해서 이지현 교수님을 많은 회원들이 온다. 번호표를 발부하여 순서를 잘 지키고 회비는 없지만, 선교나, 이웃 돕는 봉사 후원금으로 받는다. 이지현 교수님의 업무가 잘되는 꿈이다.

2022년 10월 20일 김남수 사장 래방 어제 콤바인 수확 후 농협 RPC 수매결과 전부 1등이다. 2012 44.31K이다. 50,000원 인상 후 추가 지급한다. 감사합니다. 합 2,167,110원 이다 함평군 쌀 조합 공동사업법인 061) 323-4060 감사합니다.

2022년10월 21일 새벽 이지현 교수님 전화 상담

꿈: 대중이 모이는 곳으로 이동하여 안내에 따라 앞차가 없어지고 본인차 후진 후 본 넷트 열어보니 엔진없고 물만가득하다.

해몽: 그간 많은 사람에게 배풀고 적선한 것이 차고 넘치도록 되, 돌아오는 형국입니다. 씨앗을 뿌리고 가꾸어서 수확단계다. 라고 해몽하자마자 바로 멘토분이 보고 싶다고 여간호사님의 따뜻한 말에 감동받고 며드리가 학교에가서 학부형입장에서 태양처럼 빛나야 가족이 행복하다라는 말을 듣고 다른 삶이 아니 자신이 행복의 주체임을 알고 남편과 자녀들에게 시부모님께 정성을 다하겠다고 하며 파리바케트에서 케익를 저녁 9시에 보내왔다.

천주교 신자인 친구가 전화로 죽기 전에 보고 싶다, 점심, 같이 하자는 말을 하여서 기쁘다 하였다. 장흥 땅 백일홍 나무가 번식하여 많은 수종이 되었고, 마을 이장이 전화, 휴게소를 짖는 우수로 공사 맨홀 주인 허락 없이 하느냐고 하여 다시 복구하고 주변 수목이 잘 자라서 경관이 좋다는 현실적 이야기 행복을 기원합니다.

김동민 오늘 근무, 운동 마치고 광주 직행한다고 한다. 운동

후 몸이 좋아졌다. 오늘 대장암 정기 검사 성심병원 접수하였다. 배추밭, 양파, 물주기와 염소, 개 사료와 물을 주다. 감나무 홍 매실 물 주기를 하다.

고야나기 부장 전화 평화 포럼 양방향 참석 알림, 참석한다.

참석 후 소감문 송부하였다.

점심 식사 후 축농협 상하수도 사용요금과 전기 사용 요금 납부하고 함평성심병원 건강 검진 담당자 대장암 대변 채취 후 접수하였다.

함평군 국화 축제 2022년 10월 21부터 11월 7일까지이다.

축협 염소 사료 10포 오전 도착하였다. 음료 1봉지 드리다. 감사합니다.

김영구, 권오남 당숙모 전화상담하다. 서울시 막내 따님 2022년 10월 29일 토요일 서울에서 결혼 축하금 1봉 드리다. 고구마, 빵, 음료수 2봉지 참 거리를 전했다.

2022년10월 10월 22일 김회영 이장 덕산 4리 마을회관 앞에서 인사드리고 김영률 아주머니 댁 고구마순 가져다 염소 먹이를 주다.

염소, 개 사료와 물을 주다.

양파밭 물주기를 하다.

이지현 교수 꿈:

수영장에 12명, 구명조끼 입고 물놀이하고 있는데 넓은 공간이라서 본인도 수영하고 싶다고, 하였으나 연장자순으로 들어가면서 보호자와 동행 어린이 입장 가능하다고하여 입장키 준비했으나 더 나이 많은 사람들이 3명 정도 들어고 계속 입장하고자 했으나 안된다. 라고 하여서 항의 했으나 주판 모양의 나무를 던질려고 하여 도망하여 집으로 들어가 문을 잡고 있는데 참ㅈ아와서 문을 열려고 하다가 꿈을 깨다.

꿈, 해몽:

나 보다도 주변 사람들이 깨끗하게 수영장에 들어가 더러운 먼지와 오염된 찌든 때를 벗기고, 정화정성 해원, 구원한다. 천명과 책임을 다하여 작은 공간이지만 많은 사람 구원 축복하라!

해몽 마치고 실재 오늘의 계획을 말씀해 주시다.

고모님 댁 가족과 본인 포함 7명 점심 식사 대접한다.

덕산3리 마을 이장 진재호 방송 안내이다.

나산 댁, 정연행, 조유복 여사 결혼 73주년 기념 마을회관 기념품 증정과 대동식당에서 점심 식사대접한다. 축하드립니다.

2022년 10월 23일 일요일 김회영, 김영설 2명이 양파 모종 키를 고르게 자르고 있었다. 벼수 확 후 소사료용 비닐 팩으로 만들기 위해서 소속사의 깃발을 세워야 농기계 작업한다. 록색 깃빌 2개를 받아서 가려고 하는데 덕산4리 이장 김회영께 지난번 콤바인 작업과 이번 협조 보답으로 2만 원 점심값을 지불하고 덕산리 1103-17과 857-26에 흰 깃발이 있어서 양쪽에 록색 깃발을 하나씩 세우고 귀가 중에 작업 중인 흰색 깃발 업자에게 상담하니 큰 문제가 없다고 하여 안심이다. 유튜버 영상을 통해서 HJ 뉴스와 예배 및 기타를 정보를 듣고 배우다.

김병원 사장 전화 상담하였다. 나산면 오수리 측량과 작업 전 기부채납 해야 한다고 하여 담당 주무관에게 작업 중지시키라고 하였다.

김동민 성심병원 검사 후 내과 전화 상담 후 천지약국 처방 후 국군 함평통합병원 신광용 원장 11시에 상담 후 재활용계약의 건 상담하였다.

김영월 목사 점심 식사같이 하고 귀가 전 양복 2벌과 바지 1개 받아서 오다. 염소 사료를 주다. 김동민 점심 마치고, 몸살 회복 약, 복용하였다.

2022년 10월 25일 06시에 참교회 도착하여 조이 반려견 새끼 4마리 낳아서 1마리 죽어서 땅에 묻어주고 3마리를 이부자리 위에 올려주고 개우리 안에 넣어 어미를 칭찬하고 사료와 물을 주다. 염소는 고구마순 잘 먹고 있고 사료와 물을 주었다. 양파에 물을 주고 귀가 사모 강아지 출산상황을 이야기하고, 먼저 출근 동민 함평 버스 터미널까지 안내 후 축협에서 커피 1잔 신문을 보다. 김동민 다음 달, 11월에 분대장 진급한다고 하여 축하다.

오후 2시 전에 우체국 집배원 만나서 확인 후 바로 우체국 2층 우편물을 찾아서 사거리 시계방에서 전지를 5,000원 교체하고, 이발관 휴일이라서 주차장 옆 미용실에서 머리카락 15,000원에 이발하였다. 감사합니다.

2022년 10월 29일 12:00 유튜버 보수 자유 애국시민 광화문 집회 방송시청 하였다. 주사파란 무엇인가 12가지와 행동으로 1천만 명, 승리해야만 한다. 감사합니다.

하나님! 감사합니다. 나는 부자다!, 나는 행복하다!, 나는 건강하다! 매일 3회 이상 하나님과 대화하면 좋은 일만 생긴다. 예배, 기도, 찬양, 감사와 참사랑의 삶이다.

김동민과 저녁 한우 비빔밥 장안 식당에서 맛있게 식사하다. 우체국 배달증명원 영광 산림조합 확인서 받았다.

새벽 3시경 기상과 침묵, 확신의 말, 시각화, 운동, 독서, 쓰기를 잘하다. 매일 생활 습관을 통해서 점진적으로 발전한다. 주어진 시간 사랑의 참삶을 걸어간다.

하나님! 항상 주님의 명철한 지혜와 무한하신 권능과 능력을 주시어 하나님의 나라와 의의를 완성하게 기도와 정성으로 천명! 다하겠습니다. 감사합니다.

김동민 아침 출근 함평 버스터미널까지 안내하였다. 오후 5시에 부대 앞에서 상담한다.

김병원 사장 전화 상담 행자부 큰 조카 업무차 O/T 근무하고 있다. 용성중기 박석봉 사장 전화 상담 이사차 중기 사무실 출입 금지한다고 한다.

우리 땅 경계 측량 발로 길목을 말뚝 박고 줄로 묶어서 통행 금지한다고 하여서 답변하였다. 문재인 정부 청와대 특별 구상권 청구하여 측량 및 도로를 내어서 임시 통행 중인데 사람 통행 많아서 폐쇄한다고 하니 걱정이다. 경보한다. 본인 땅만 잘 관리하고 도로나 남의 땅은 간섭하지 말고, 금매달 도로까지 연결코자 면장님 면담과 함평군 민원봉사실 실장 면담을 하였다.

항상 자기 입장만 생각하고 판단하면 결국엔 자기 손해다.

하나님의 은혜와 참사랑 감사합니다.

김동민과 대화를 하였다. 운동은 1주일 쉬고, PX 선물 2박스 부대 앞 전기차에 싣고 귀가 후 황토방 정리 하다. 김영월 목사 주신 침대 매트리스 1개, 책자 2박스, 상 1개 2022년 10월 26일 심순례 권사 상담 내용과 그간의 조부모 유언 사례들이다. 이젠 우리들의 이해와 화합이다. 자기관리이다.

2022년 10월 27일 새벽 훈독회 마치고 아침 식사 마치고 참교회 출발하다.

생활 속에서 자기관리 중요하다. 김동민 어린 시절 이야기 들어주고 긍정적 반응을 보여주었다. 사무 필리핀 보내는 1박스 포장 마치다. 감사합니다.

전국 울산, 영동 비가 내린다고 한다. 오늘은 전북, 전남 맑음이다. 감사합니다.

2022년 10월 27일 오늘은 책 2박스와 상 1개를 참교회 비치하고 염소, 개 사료를 주다. 새끼강아지 3마리 잘 자라고 있다.

양파 밭 물주기를 하고 박석봉 사장이 해피 고삐를 들고 교회 왔다. 반갑게 맞이하고 인사를 하다. 아파트 33평 함평읍 입주하고 2억 8천만 원, 융자받아서 샀다. 축하합니다. 청와대와 군에서 특별 측량한 건 덕산리 1083, 1085번지에서 올림픽 도로까지 연결하여서 비상 연결하고자 한다. 사정을 듣고 보니 행인이 나무나 공터에 쌓아놓은 물건들을 손, 돼서 개인 소유지까지 들어오지 못하도록 철재로 막았다. 차 한잔 권유하였으나 업무차 출발해야 한다. 해피 목걸이 잡고 와서 소나무에 매어 놓았다.

덕산리 1103-17번지 쉼터 앞에 물 데기 좋게 ㄱ자 모양, 프라스틱 통을 끼워서 작업하였다. 주변 난이 잘 살았다. 풀 제거하고 햇빛 보도록 하였다. 핸드폰을 집에 놓고 나가서 김동민 아들 아버지 집에 있거나 농장에서 오지 않아서 군부대 늦어서 긴급 택시 불러서 부대 앞 2만에 늦지 않았다고 한다.

귀가하여 염소에게 벼 이삭과 종이상자 주고 차 한잔 마시고 글을 정리하였다. 검은 고양이 새끼 1마리 뜰에서 죽었다. 다음날 산에 묻어주었다.

감사합니다.

2022년 10월 29일 토요일 06:00 이지현 교수 꿈 상담하였다.

꿈:

1) 결혼식을 본인이 약식으로 자연을 배경으로 야외 예식장에서 결혼하는데 신랑은 있는데 보이지 않고 하객 여러분이 와서 축하하는 것이다.

2) 남편이 마사지 받기로 예약하여 룸 들어가는데 2명의 마사지 요원이 들어간다.

해몽:

1) 하나님은 우리의 부모이자 성경에는 주님이 오실 때 남. 여

모두가 신부 되어 등불을 들고 신랑 맞을 준비를 하라고 한다. 고로 우리는 하나님을 신랑으로 영접한다. 이지현 교수님은 영육에 준비한 자리에서 깨달음의 경지에 왔으므로 하나님의 신부로 선택받아 결혼하였다.

2) 남편이 에너지를 받기 위해서 노력하지만 하나님과 안내의 전신, 부분, 손으로 만지지 않고 에너지를 받을 수 있다.

우주의 에너지를 받은 이지현 여왕님은 만 인간을 참사랑으로 기운과 능력을 주라는 뜻이고 영혼들까지도 해원, 구원, 축복하라는 것이다. 이지현 여왕님의 남편은 영. 육 많은 에너지를 주고 사랑하라는 것이다.

양파 모종 일반적으로 옮겨심었다.

시금치, 상추 씨앗을 양쪽 골에 뿌리다.

전기모터 호스 연결하여 물을 연못에서 끌어 올려서 배추, 양파, 시금치, 상추, 마늘밭 물 주다.

마이조리 선생님! 필리핀 잡채와 김보현 장로 부인 권사님 대봉, 일반 홍시 주셔서 점심을 맛있게 먹었다.

고양이, 염소 사료 주고, 설거지 마치고 글을 정리하였다.

김밥을 사모, 마이조리 선생님 버섯 회사에서 가져오고, 잡채 전달하여주고, 김지민 깁밥 점심 먹다.

2022년 10월 30일 일요일 추수 감사예배, 아침 기도회 마치고, 참교회 염소 개 사료와 물주고 양파와 배추 물주기, 마치고 일요일 주일예배 인도하고, 차와 군고구마 간식을 마치고 유통 센터서 들깨 턴 깍지를 퇴비장에 쌓다.

함평교회 09:00 예배와 이방열 호남본부장 사)한국다문화연합회 활동 소개 참석 후 집에 도착하여 광화문 유투버 영상 예배 참석하다.

존경하고 사랑하는 하나님! 감사합니다.

이지현 교수님의 꿈
꿈;
1) 사자지만 뒷모습은 누렁이 모습으로 보였습니다. 대변을 보는 모습이 보였습니다.
2) 박사 논문 지도 교수님을 뵙고, 맛있는 음식을 준비하여 주변 여러분께 대접하는 꿈입니다.

해몽:
1) 사자는 동물의 왕입니다. 본인이 여왕이지만 자존감을 가지고 당당하게 활동하면 지인과 주변 지도자 여러분이 협력하여 존경하고 사랑받고 경제적 지원도 지원하는 꿈입니다. 축하합니다.
2) 박사 논문지도 교수는 하나님은 박사 중의 박사이시므로 많은 지혜와 능력과 권능을 주시는 우주의 에너지! 대 축복! 하십니다.
맛있는 음식과 도움을 주신 분의 선물을 받아 더불어 나누는 일! 잔치가 있습니다. 축하드립니다.
김동민 아들 함평 버스터미널 앞 안내하고 축협 365 금융서비스 전산 확인 영광 산림조합에서 조합비와 이익금 배상 농협 통장에 입금 확인하여서 7만 원 유동 지점 통장에 입금하고, 1십만 원은 현금 인출 포도나무 거봉 3그루, 머루 포도 3그루, 사과 대추나무 2그루를 10만 원, 기쁩니다. 측백나무 2 그루와 국화꽃 화분 1점과 검은색 강아지 수캐 1마리 분양받았습니다. 대동 농협 자재과 개, 고양이 사료 1포 1,3000원 구매하고 바닥 깨진 유리 조각 청소하였다. 감사합니다. 거봉 1그루와 머루 포도 1그루 집안에 식목하였습니다.
세탁 후 건조대 널고 나머지 나무 1108-6, 7번지 식목하였습니다. 완두콩, 비닐 멀칭 후 심었습니다.

존경하고 참사랑하는 하나님! 감사합니다. 새벽을 열어 주심에 항상 감사드립니다. 침묵으로 시작하는 아침의 기분은 항상 기쁘게 맞이합니다.

기도와 정성으로 아침을 보내고 5시에 기도회 마치고 식사를 간단이 챙겨서 먹고 참교회으로 갑니다. 새끼난 조이의 먹이와 물을 챙겨주고 새기들 상태도 봅니다. 해피 물을 챙겨 주고 양파 물주기에 마무리 하고 염소 물과 사료를 챙기고 주변정리 후 기도으로 마감합니다.

이지현 교수님의 꿈입니다.

1.5미터 높이 위에 꽃으로 장식되어 있고, 여자 멘토에게 몇가지 사서 잔돈을 받는데 달러와 한국 돈도 받았다. 그런데 2장 정도의 거스름 받은 돈이 지저분해서 망설이다가 바꿔 주라고 했더니 바로 옆 창고에서 좋은 키는 아니지만 키 모양의 연장을 가지고 나와서 금고 문을 여니 새 지폐가 가득합니다. 부탁한 달러 2장을 잘 받았습니다. 감사합니다.

이젠 멘토에게 인사하고 깨었습니다.

해몽입니다.

멘토는 하늘편 상징입니다. 경영하였은 즉 정영코 이룩하리라! 라고 성경은 우리에게 가르쳐 주지만 그 깊은 뜻을 다 아는 자 많지 않습니다. 기쁨의 세계 나라이지만 하박국 1장 7절 산에 나무를 베어다가 나의 성전을 지으라고 합니다. 마음과 몸이 하나 되면 기쁘지요! 가정에서 남편 반이 여자 아내이지만 잘 모르고 살아갑니다. 남편도 나의 반이 여자이지만 잘 모르고 살아갑니다. 하나님께 대상으로 살아가는 우리는 기쁨의 대상입니다. 항상 감사하고 즐겁게 사는 것입니다. 이지현 교수님이 왕이 되었지만 하나님의 경영의 목적은 참하나님의 나라와 의의1 세우는 것입니다. 하나님의 지혜와 능력으로 만물을 주관하고 경영하여 내가 베풀고 봉사하면서 잘 살아가시길 바랍니다. 감사합니다. 해몽을 마치자 12월 크리마스 선물을 미리 보냈납니다. 감사합니다. 어떻게 꿈 해몽을 그렇게 잘하는 것, 궁금하다고 합니다. 항상 기도와 정성으로 하루 출발이 내가 주님께 여쭤봅니다. 항상 하나님과 동행하면 느낌이 옵니다. 감사드립니다. 덕산리 1108-6,7 유통센타 만복이 먹이와 집을 이동해서 편하게 해주고 왔습니다. 사과 대추, 포도, 측백나무에 복토와 물주기를 하고 샤워 후 세탁물 관리와 쓰기 정리를 하였습니다.

존경하고 사랑하는 하나님! 참사랑합니다. 오늘은 1,000억 원 우리 그룹이 달성 목표안 10년 후 2032년 12월 31일 계획 안입니다.
첫째 매일 1억 원입니다. 통신 판매 등록업을 홍보하고 쉽게 고객들의 관심도를 높여야 한다.
함평군 대동면서 소산의 물품과 인근 군과 국내, 국외 제품을 취급 공급하는 방법입니다. 함평의 나비 쌀과 잡곡, 양파와 고구마 등입니다. 가까운 영광군 법성면 굴비와 소금입니다.
우리 그룹에서 취급하고 생산하는 농축임산물과 제조업의 제조 품목과 통신 판매입니다.
10억 원 매출과 수익의 1억 원은 매출액의 10%이다.
월 10억 원 수입은 100억 원 매출에 10% 10억 원이다. 매출은 고객의 감동과 제품의 품질과 친절이다. 관리이다.
년 1,000억 원 매출은 수익은 10%이므로 100억 원입니다.
가능한 소비 품목과 상응하면 초고령화 시대에 침대의 시스템화 간밤에 소화가 잘 않되었습니다.
혈당을 조사하기 위해서는 피를 뽑지 않아도 센서에 의해서 감지해서 의자나 침대 시스템에서 혈압까지 전반을 알려주는 것입니다.

제품의 다양성이다.

단순 제품 보다는 다양한 상품을 다양화 마케팅 전략입니다. 하나님께서 경영은 우리 인간이 대신 위탁받고 참 경영의 CEO입니다. 하나님의 지혜와 권능과 능력으로 혼인 들어 있는 상품에 다뜻한 참사랑과 기도와 정성으로 함께합니다. 초 관리! TRUELOVE Lidership입니다.

정성으로 함께 합니다. 적극성으로 우주의 에너지입니다. 우리는 우주를 창조하고 활동하는 우주의 에너지를 관리해야 합니다. 현재를 감사합니다. 성공은 마음속 깊이 감지해야 합니다. 창조주의 천명에 따라서 역할과 책임을 다해야 합니다. 부자처럼 감사하고 역할을 다해야 합니다. 성경은 우리에 지혜를 모사가 아닌 하나님의 신성과 영성에서 찾아 성공과 부자는 끌어당김의 힘으로 변화되어서 확신과 자존감은 강력한 우주의 창조력을 발휘합니다. 목표의 찬 기대감으로 자신감, 참 성공입니다. 참지식은 참 지혜이며 우주와 참 신의 은총입니다.

씨앗, 땅에 심고 바로 캐어 보면 수확은 기다릴 수 없습니다. 신중하게 기다림입니다. 신뢰와 우주의 조화를 가지면서 적절하게 환경을 만들어가야 합니다. 네! 마음껏 관리하고 거둘수 있는 참주인이됩니다. 돈과 경제적 부는 희생과 책임을 다해야 합니다.

나 자신보다 더 잘 아는 사람은 없습니다. 가장 잘 아는 사람은 나 자신입니다. 소신감 가지고 스스로 목표를 그림으로 기린 다음 긍정과 확신에 찬 마음과 몸으로 정진해야 합니다. 출발하지 않는 것은 꿈으로만 제자리걸음입니다.

우리를 돕는 기운으로 찾아옵니다. 1%라도 부정적 생각 갖지 말고 잘난 사람으로 알고 가정에서부터 출발합니다. 미래보다는 현재 지금을 중요시합니다.

주변에서 알아주지 않아서 고민하지 말고 고난을 극복하고 도전하면 필요하면 소비자나 고객이 찾아온다.
우리 손에 들어온다. 온 나라가 하나님의 나라와 의의를 완성하게 됩니다.
정신적 훈련 그것이 습관화! 끌어다 줍니다. 건강도 걱정하지 말고 탐욕이나 신성한 존재 척을지지 말고 좋은 기운을 만들어 갑니다. 잠재의식은 부자와 풍요와 행복을 만들어 참삶입니다. 고상한 생각이 다 잘 됩니다. 우주와 참신에 대한 의무 우리 자신이 의리를 가지고 행복과 풍요로운 세상으로 만들고, 인류 전체를 만들고 영혼까지 축복합니다.
모든 만물은 선하고 착합니다. 우리에게 풍요로운 세상 주십니다. 개인 나쁜 사람은 없습니다. 그 힘은 하나님의 축복입니다. 내 안에 있는 초월적 힘입니다. 모든 두려움 없이 떠납니다. 우리는 발전합니다.
퇴보는 없습니다. 항상 개선하고 밝은 세상과 점점 발전하고 있습니다.
우주와 참신이 아름다운 세계로 인도하십니다. 우주와 참신을 믿고 성공은 확신하고 끌어 당겨야합니다. 진재호 덕산 3리 이장 전화 상담 하였습니다. 2022년8월 31일 덕산3리 세대주 김공수외 가족 3명 이사 확인과 대신 서명한다고 하였습니다. 감사합니다.
존경하고 참사랑하는 하나님! 감사합니다.
2022년 11월 2일 오전 참교회 염소 개 사료와 물주고 양파 물주기를 마치고 만복이 물주고 사료주고 검정콩 한 아름 가지고 오다. 김회영 이장 검정 콩 가져가라고 하여 차를 가지고 논안으로 진입하여 싣고 가도록 하였다.

아침 김동민 함평 버스터미널까지 안내하고, 대신 정기 화물에 큰, 박스 1개 경기도 의왕시 의왕 2동 창말로 44번지 티서이 슈퍼겜 30,000원에 보냈습니다. 농축협 은행에 건강보험료 전 가족분 수납하였습니다. 신문과 커피 한잔을 들고 차량으로 이동 쉬었다가 귀가하였습니다. 감사드립니다.

함평에 여러 곳에 이태원 희생자 추모 현수막을 보았습니다. 11월 5일까지는 일손이 잡히지 않겠습니다. 먼저 간 영혼을 축복합니다.

존경하고 사랑하는 하나님! 감사합니다.

크리스마스 선물 이지현 교수님! 본인의 점퍼와 사모의 조끼를 받았습니다. 감사드립니다. 은혜와 참사랑 항상 감사드립니다. 아침 기상과 침묵, 운동, 말하기, 시각 독서, 쓰기는 점진적 좋은 습관이며 부자의 지름길입니다.

유통 센타 돌고 귀가하여 사과 대추, 측백, 포도나무 물 주기와 염소 뽕나무 잎 주고 커피와 정 초코파이 1개 사모로부터 받았습니다.

저는 모든 빚을 10년 이내에 갚고 행복해졌습니다. 우주의 힘은 현실적인 이야기를 해야 합니다. 인생 대역전 걱정 할 필요 없습니다. 명심하고 즐겁게 잘 사는 것입니다.

우주는 법칙에 근거해서 바른말과 행동입니다. 우주님의 수업이 고맙습니다. 연봉 10억이 넘는 생활! 우주의 기적은 많이 쌓여 있습니다. 기적은 얼마든지 있습니다. 복권이든, 로또든 호화정원이든 본인이 결정하면 관계없이 이루워 집니다. 결정하고 기다리면 됩니다. 무조건 말하고 기다리고 있으면 긍정적인 생활 행동하는 별입니다.

부정적인 말은 하지 말고 영혼의 이야기 마음보다 우주의 중간입니다. 영혼은 초조하지 않습니다. 영혼은 근심 걱정 없이 잘 보냅니다.

현실 세계는 무대이고 우리의 영혼은 연기하는 배우처럼 연출하면서 인생 영화를 만들어 갑니다. 주인공입니다. 조연, 단연보다는 주인공의 참삶입니다.

행복과 긍정적으로 험담, 부정은 금물입니다. 행복을 즐기면서 생활하는 것입니다. 범사에 감사합니다. 1개월 기간을 잘 버티고 명심합니다. 한 번이라도 실수하면 다시 1개월을 시작합니다.

아깝지 않도록 나는 어떤 사람이 될 것인가가 중요합니다. 대조적으로 각오와 결의 해야 성공하겠다. 아름다운 사람이다. 땅에 두다리를 딛고 있는 마음으로 선 불의 법칙입니다.

돈이 돌아오지 않으면 어떻게 하지가 아니라 풍요로움입니다. 물건 구매하는 행동! 불안감을 떨쳐버리려고 하지 말고 두 가지 요소입니다. 즐겁게, 상대를 위해서 쓰기에 열심히 일합니다. 걱정하지 마십시오! 무한대의 능력으로 갚아 주십니다. 반드시 돈을 벌겠다고 생각하고 열심히 일해야 합니다. 돈을 버는 시간이 많으면 좋겠습니다. 돈을 써도 몇 배나 되돌아옵니다. 우주에 보내는 메시지가 연결되어 행동의 별 인간 행동의 생활! 현실적 참삶입니다. 선 불의 법칙은 나의 생활 전체의 참삶입니다. 모든 삶이 선 불의 법칙입니다. 풍요로움의 순환의 법칙입니다. 우주가 지켜보고 있습니다. 믿고 감사의 생활! 힌트는 다시 찾아옵니다. 적극적이고 간절한 마음의 생활입니다. 늘 미소와 활기찬 생활입니다. 소원이 이루어지지 않아도 상냥하게 대해 주어야 합니다. 할 수 있습니다. 거울을 보면서 말하는 것, 우수면서 당장, 간단 생활의 습관을 우주가 그에

응하여 선불의 법칙 언행에서 이루어집니다. 감사합니다.

우주님의 소개의 생활은 확신하고, 가볍게 긍정적 에너지를 받고 힘차게 생활하는 것입니다.

2022년11월 4일 참교회 기도와 넘어진 조이 집 이동 후 3마리 새끼강아지 옮겨주고 염소, 개 물과 사료 주고 유통 센터 만복이 집 이동과 물과 사료 주어서 가벼운 마음으로 예수님 생애 노정 농장과 유엔 참사랑협동조합 대학교 측량 주변 물 호스 이동 정리하고 집 가는 길에 김내현 이웃집 어르신 인사하고 귀가하였습니다. 감사합니다.

2022년 11월 4일 오후 광주상무 농협점 방문 개인퇴직연금 해지하고 외환 거래계좌 개설하였습니다. 사모 600만원 오피스텔 차용금 상환 후 함평 하나로 농협 식자재와 생활용품 구매 후 이멜다 슈퍼계산대에서 만나다. 인사 후 사모와 저녁 식사 동민, 지민 포장 후 배달 라면값 1만 원 지급하다.

홍순환 목사 형님 전화 와서 1시간 상담 신앙과 기타 생활적인 이야기들이었다. 결론은 자신이 자기 십자가를 지고 승리하라는 것이다. 감사합니다. 이웃집 리모델링 시작하였다.

카톡 답변과 방언 통역 등 성구를 보냈습니다.

2022년 11월 5일 토요일 새벽 2시 30분 기상 기도 명상 마치고 쉬었다가 운동 후 기도 훈독회 마치고 개, 염소 사료 배급하고, 식목한 나무에 물 주었습니다.

참교회 방문 결과 참사랑 에너지에 감사드립니다. 암염소와 쇠줄이 엉켜서 걱정 했지만 이젠 몇일간 서로 좋았습니다. 암염소 목걸이를 위로해서 매달고 숫염소는 아래로 해서 반대쪽으로 고정연결 하였습니다.

조이 밥이 부족하여 해피 먹이를 보태서 주고 물을 충분히 주

었습니다. 만복이는 물은 없고, 사료만 조금 있어서 확인해보
니 물그릇이 구멍이 나서 물이 없어서 반대로 물그릇은 사료,
밥그릇은 물그릇으로 대체하였습니다. 목줄도 이중 띠가 풀려
서 밴드로 고정하고 귀가하였습니다. 감사합니다.

배윤호 사장 전화 상담 후 주문받았습니다, 함평 나비 쌀
20kg 1포대 택배비 포함, 고구마 10kg 2박스 택배비 포함
40,000원 문자 보냈습니다. 은평교회 유권사 주문으로 접수했
습니다. 합, 100,000원입니다. 하나님! 감사합니다.

오후에 마이조리 선생님 래방 사모와 상담 후 고구마 구매 3박
스 15,000원 구매 요망 먹거리 간식용입니다.

현금 인출 후 송금하고자 합니다. 감사합니다.

아수라장에서 1명이 30명을 흑인 남성 외국인 방송에 인터브
하였습니다. 동료 2명과 함께 번쩍 들어 올렸습니다. 3명 40세
참사 상황과 사고 현장에서 비번에서 위기감 느낀 다음 테일러
잠시 후 물밑처럼 밀려들어 왔습니다. 물러서라 했지만, 너무
늦었습니다. 한국에서 파견 근무하는 미군임을 증거자료가 방
송보도 되었습니다.

주한미군이 남.여 구분 없이 30명을 구해주셔서 마음속 깊이
감사합니다.

배추는 1, 2, 3차 시비하고 결속기에는 20일 정도 물을 유지해
야 합니다. MK 시비를 저당하게 해줍니다. 무릎 병은 별도 분
리 제거해야 합니다. 노균병은 물관리 잘해야 합니다. 보존되
도록 해야 합니다. 10분 정도 물을 주면 5분 정도 흡족히 스며
듭니다. 물이 고루 충분하지 못하면 벌레가 생기며 속 잎부터
나올 수 있도록 통기성 잘되어야 합니다. 물로 조심해서 관리
가 중요합니다. 키만 크면 좋은 껏이 아니라 정당히 잘 자라서
결속이 잘 되면 4kg 호스를 길게 해서 낮에 2도 정도 다운해

서 공급합니다.

2022년 11월 6일 일요일 함평교회 09:10 도착 김우기 장로의 함평교회 개척의 역사를 소개하였습니다.

대각교회 김영월 목사 면담 후 덕산 3리 김회영 이장 함평 나비 쌀 2개 현금 주고 매입 후 함평읍 진양리 행복식당 점심 대접과 감사헌금 후 대각교회 도착 목사님 염색하고 귀가 정리하였습니다.

배윤호 사장님 은평구 고구마 1박스, 송파구 1박스, 정읍시 2박스 통신 택배 받았습니다. 입금 160,000원 감사합니다.

존경하고 참사랑합니다.

진실화해중앙위원회 이다해 조사관님! 상담 양력 1950년 8월 14일 오전 08:30 대동 파출소에 야간근무하고 돌아가셨습니다. 생사를 알 수 없어서

연락이 없어서 기다릴 수 없어서 김공수가 사망신고 하였습니다. 제사는 합동으로 성매, 징 조부모, 김돈명, 이사양 직계조부모, 김영배 백 부부, 성매 징 조부모 아들 며느리 부부 제사를 합동으로 음력 3월 15일 김공수가 모시고 있습니다.

나비 쌀 20 kg와 해남 고구마 보통 20kg 은평 가정교회 유권사 명으로 보내고, 서울시 은평구, 송파구 각각 10kg, 정읍시 20kg 대동농협 택배 보냈습니다.

긴장되어서 모든 일이 잘되어서 구매와 공급 적절하였습니다. 감사합니다.

숫염소 사명으로 고이 잘 보내 주었습니다. 암 염소 새끼를 낳으면 행운입니다.

콩 타작과 완두콩 심기를 합니다. 감사합니다.

2020년 11월 8일 참교회 기도와 염소 개 사료 물주고 양파 물주기를 마무리하고 기도 후 내덕마을 입구에서 이지현 교수 꿈

상담하였습니다.

꿈:

1) 좁다란 골목과 언덕 계단을 가는 지체 장애자가 다른 사람보다는 이지현 교구가 가는 길에서 성큼, 성큼 따라오는 모습을 보고 누구든지 노력하면 정상인보다도 더 나을 수 있구나! 이젠 장면이 바뀌어 계단을 따라 내려오는데 나뭇가지만 스치고 신선처럼 내려오는 모습을 보았습니다.

해몽:

1) 누든지 영성과 인격을 연마하면 우주의 기운을 받을 수 있습니다. 이지현 교수님의 천명과 소명은 아주 귀한 것입니다. 그러나 본인의 후속자 멘토나 리더십을 지니고 가르칠 수 있는 후계자를 양성해야 합니다.

사례:

1) 사촌 언니 전화 상담 후 맛있는 음식과 인사동 선물을 사주시셨습니다.

20 취직을 소개한 선생님을 이건희 회장 전시관 앞에서 우연히 만나 어디서 많이 본 본이라고 하면서 마스크 벗자 엊그제 바로 이 자리에서 맞나 기념사진과 점심을 사주신 선생님이었습니다. 사촌 언니도 화장에서 똑똑 노크하여 나오면서 만나는 연출이 벌어저 좋았습니다.

3) 남편 수술 후 좋았지만, 최근에 약간의 피로와 출현하여 걱정했지만 앞으로 기운 내라고 격려와 우주의 기운을 받아 가족 지인들에게 공유하라는 내용 상담하였습니다.

4) 지연 딸과 외손주도 건강하고 공부를 잘해서 90점 이상 받아서 좋았습니다.

배윤호 사장님! 아침 전화 상담하였습니다. 주문해주시고 송금해주심에 감사드립니다. 답례품으로 해남 고구마 10kg 은평

가정교회 주소로 택배비 포함 접수했습니다. 감사합니다. 개인 퇴직연금 지금까지 2년 넘게 납부한 적금형 연금 해지하여 오늘 통장에 입금됩니다. 감사합니다. 외화 통장도 만들어서 감사합니다.

김보현 장로 부인 권사 염소 먹이 고구마순 고산동 황토방과 옆 권사님 댁 텃밭 고구마순을 수거해 왔습니다.

감사합니다.

 좋은 일만 주시니 하나님! 감사합니다.

들깨, 콩 채는 바구니 구매하고자 합니다.

김동민 택배 주문 물품 수령 했습니다. 헬스 운동 기구입니다.

감사합니다.

하루 1억원 만들기 사업 포트폴리오 등 좋은 아이디어와 방법을 연구개발 하겠습니다.

 아침저녁, 기온 차가 있습니다.

2022년 11월 9일 어제 이지현 교수님 상담차 전화 자작나무 그림을 서울 모 경찰서 사무실에 보냈습니다. 눈물 많이 나서 왜 그런지 알고 싶답니다. 그림을 키톡 보고 아주 좋은 그림입니다. 하늘 위를 처다보는 힐링과 자연 그대로 쉼터입니다.

답 하나님의 심정과 참사랑의 근본으로 정성을 다해서 그린 작품이라서 많은 삶을 치유하고 우주의 마음으로 인도할 수 있습니다. 고로 일어버린 자녀를 찾는 심정으로 선물해서 좋은 눈물입니다.

개인 사례는 관공서 주차장에 차를 주차하고 나오면서 보니 주차공간을 빠져나가면서 추돌하여 심각한 상태였습니다. CCTV 확인 후에 경찰관 조사허여 협조한 덕에 가해자를 찾아주어 합의 결과 50만 원 넘으면 보험회사, 이내는 개인 처리하는 것으로 하여 견적 결과 20만원이 나와서 개인 처리하였습니다. 감사합니다. 그래서 경찰서 사무실에 그림 1점 선물하였습니다.
배윤호사장 전화상담 송파구에 20Kg 주문인데 10kg 정읍시는 10kg인데 20kg 은평교회도 10kg인데 20kg 다시 송파에 10kg 택배로 보내고, 정읍시엔 1만 원이라도 받아서 송금하고 교회 10 kg는 다시 팔고, 20 kg는 같이 나누어서 먹기로 하였습니다. 감사합니다.
예수님 생애 농장 쇠 파이프 3개 빼서 가져오고 참교회 개, 염소 사료와 물 주었습니다. 감사합니다.
무안 장날 시장 조사차 다녀오고 해남 고구마 보통 이정아 서울 1박스 대동농협 택배비 포함 택배 배달 접수하였습니다.
오후엔 만복이 농장에서 개사료와 물주고 남쪽 풀 제거 작업 마치고 귀가하였습니다. 김영월 목사 친구 전화 상담하였습니다. 김회영 덕산 4리 이장 상담 후 내덕길 34-2 전입신고건 이장 허락받고 김영월 목사 전입신고 금요일 참사랑협동조합 활동 보고, 초청장 문자 보내고 참석합니다. 감사합니다. 조영화 회장 초청장 문자 보냈습니다.
해남 고구마 보통 9박스 구매하였습니다. 감사합니다.

2022년 11월 10일 이지현 교수 꿈 해몽
1. 꿈:
 1) 물이 나오는 천변을 파보니 철모 모양의 철모 2개가 나옴
 2) 토끼 새끼 분양 2마리 1쌍을 지인에게 소개 가격은 260,000원
2. 해몽)
1) 물질과 재산이 증식되니 투구 모양은 어머니의 뱃속과 같은 것이니 부모님의 사랑입니다. 가을을 맞아 산소에 들려서 헌화 하십시오!

2) 토기는 지혜 있습니다. 1쌍 분양 소개한 것은 하늘과 땅으로 부부를 상징합니다. 200,000원에 값은 2는 하늘과 땅 부부가 지혜를 모아서 6수는 창조 수, 천지 공사, 만물 주관! 축복의 해몽 합니다!

참교회 염소, 개 사료와 물 주고, 배추밭 물주기를 마치고 예수님 생애 노정 농장 쇠 파이프와 물 호스 수거하였습니다.

김동민 차비와 커피 주문하고 라면 수령 했습니다. 감사합니다

마당 대추, 포도, 측백나무 지주를 세웠습니다.

김동민 아들 지난 비상 근무 대체 휴무로 목요일 광주로 귀가합니다. 감사합니다.

2022년11월 11일 06시30분 이지현 교수 꿈 해몽 상담하였습니다.

꿈:

1) 개인 책상 컴퓨터 앉아서 강의 듣는 중 개인 투명 책상에서 강의 듣는 중 교수님이 질문을 하였습니다. 직업의 목적이 무엇입니까?

화장실 장면이 보이면서 남자 화장실에서는 남자 직업 목적은 어떤 것입니까?

여자 화장실에서는 여자 조교가 여자 직업의 목적이 무엇입니까?

2) 배추 4조각을 내어 분리하니 닭 변신 되고 주물럭거리니 병아리가 되어서 분양자를 찾는데 이웃집 수다를 잘 떨고 강한 사람은 분양 못하고 2,3일 지나서 이웃집 아주머니는 마음씨 착하고 자기 집 옷가지를 주면서 이웃에게 선물하라고 하여 착한 사람이었지만 본인 보기에는 헌 옷이었습니다. 그러나 병아리를 분양받았습니다. 감사합니다.

해몽:

1) 무선 컴퓨터는 영성이 개발되어서 하나님과 소통 영인과도 소통되므로 우리가 사는 목적과 일하는 사명은 남, 여 모두가 하나님의 나라와 의의를 완성하는데, 그 목적이 있습니다.

2) 배추는 여자를 상징하므로 이지현 교수님은 여왕으로 그 사명과 책임은 80억과 영혼 8000억 명을 하나님 앞으로 인도하고 참 열매로 찾아 세워야합니다. 동서남북에 여왕님의 분신 체를 앞세우고 우주의 기운을 주고 기도 정성으로 인도하여 많은 사람이 착한 하나님의 백성으로 거듭나도록 해야합니다.

많은 사람 교육하고 인도해야합니다.

참교회 배추 양파 물주기와 염소 개 사료를 주었습니다. 사모가 가지고 온 전기장판 교회 거실에 깔았습니다. 감사합니다.

2022년 11월 12일 이지현 교수님 꿈 상담하였습니다.

꿈:

1) 별장과 같은 곳에서 잠을 편하게 4시간 정도 잘 자고 일어나서 부군께 전화하려고 핸드폰을 들었는데 밧 데리 소모가 다되어서 50대, 30대 20대 청년들에게 부탁하여 컴퓨터에 연결하여 충전하고 짜장면 4그릇에 40만 원 달라고 하여 부담된다고 하여 한 그릇에 4,500원이면 깎아 달라고 하였습니다. 20대 청년이 20만원을 주면서 같이 계산 하였습니다.

해몽:

1) 별장처럼 게스트하우스는 언제든지 사용할 수 있는 공간으로 4명은 동서남북 세계 어느 곳이든지 준비한 곳이 있습니다. 식사 비용이 부담되지만 하나님께서 준비하시고 함께하십니다. 마태복음 7:7절 구하라 주실 것이요, 찾으라 찾을 것이요, 문을 두드리라 그리하면 열릴 것이니라! 무엇을 먹을까, 입을까, 걱정하지 말고 먼저 하나님의 나라와 의의를 세우라!

4는 땅을 상징하고, 5는 운행 숫자이므로 모든 것 하나님께서 준비하고 계십니다.

건강과 장래를 위해 하나님의 왕자 왕녀 후계자를 양성 교육하십시오! 감사합니다.

상담 끝나자마자 장흥과 함평을 다음 주 중에 들리겠다고 남편 부군께서 말씀하셔 건강과 차편 준비하여 연락하겠답니다. 감사합니다.

오전에 물과 지렛대를 가지고 덕산리 산 117번지 대봉 심은 곳 들려서 확인 결과 멧돼지가 11그루 전체를 해치고 넘어져서 덕산 1108-6, 7번 유통 단지 옮겨심기 110그루 하였습니다. 산 위쪽에 7그루만 지주대를 세우고, 물 주기를 하였습니다.

막내 고모, 김행례 2022년 12월까지 아파트 경리 회계업무 학원 다니고 있다고 합니다. 현재 거주하는 신림동 재개발공사는 2023년 초에나 결정이 될것 같습니다. 아파트 입주 등록금이 7억 원 준비하여야 합니다.

점심은 라면에 밥을 곁들인 간단히 하였습니다.

홍다근 아빠 큰 사위 다문화 센타에 크레인스 클럽 경제분과 다문화 2세 5,000,000원 후원하였습니다.

TV 받침대 이동과 서랍장 정리 정돈하였습니다. 군고구마 솥을 구매하였습니다. 시험하여 고구마를 찜하여 시식하여 맛을 보니 아주 맛이 좋았습니다. 마이조리 선생님 래방 무 2봉지를 가지고 오셨습니다.

학교중앙초등학교 마당에 심어서 수확하였습니다. 감사합니다.

2022년 11월 13일 아침 참교회 이지현 교수 전화 상담하였습니다.

꿈:

1) 잔치를 하였는데 방마다 손님이 가득 있고, 부엌에서 본인

의 메뉴를 준비하여 먹기 전 닭 다리를 전달하고 간단히 먹었습니다. 손님 대접 했던 방으로 보니 휴지와 기타 정리하던 중 변을 치우고 더 심한 거도 깔끔하게 치웠습니다. 주변 사람들이 보기에 여왕이니까 아무것도 잘할 수 없다고 생각했는지 언제 그런 일까지 배우셨느냐고 칭찬해주어서 대견스럽고 행복했습니다.

해몽:

1) 잔치는 기쁘고 즐거운 일이나 축하의 건, 기념의 건 등입니다. 초대하지 않든 주변 사람이 많이 모여들고 금전적 운이 가득하니 기쁘게 베풀고 도와주십시오. 감사합니다.

염소, 개 사료를 주고 예배드리고 감사헌금과 찬양하고 모과차를 마셨습니다. 유통센타 들려서 만복이 사료를 주고 대봉 심은 곳 정리하고 귀가하였습니다. 감사합니다.

성일 헌금 한후 자리에 앉기 전 김우기 장로, 김기순 권사 인사한 후 주보를 나까다 미찌오 권사께서 주셨습니다.

예배드린 후 2세 생일자 인사한 후 10,000원 축하 선물 하였습니다.

사모도 일찍 귀가하였습니다. 식사 당번인데 문자를 늦게 보았다고 합니다. 사과 주셔 감사드립니다.

점심은 집에서 잘 먹었습니다.

2022년 11월 20일 일요일 안 국장이 함평교회 열린 예배 참석차 강사로 모십니다. 사회자 광고이다. 감사합니다.

참교회 300개와 UN참공동체 250개 설립을 위해서 최선의 노력을 다하겠습니다. 하나님! 감사합니다. "우리는 참 사랑해요!" "우리는 참 사랑해요!" "우리는 참 사랑해요!"

2022년 11월 14일 월요일 아침 참교회 방문 기도와 정성으로 함께하였습니다. 조이가 새끼를 3마리 엄마인데 옆 쇠기둥에 감겨서 꼼짝없이 밥도 먹지 못하고 세기 젖도 주지 못했다. 바로 풀어주고, 집 이동을 하였습니다. 염소와 조이 물과 사료를 주고 유통 센타 만복이 물 주었습니다.

심순례 권사 30만 원 조부모외 차례와 제사 음식값 함평읍 농협 1년 이상 300,000원 적금형 1년 신규 통장 개설하였습니다. 감사합니다.

김동민 함평 버스터미널 전기차로 안내하였습니다. 함평 축협 마트 바나나와 구두약, 양말 구매하였습니다. 삼성프라자 함평점에서 복합 복사기 잉크 프린터, 팩스 기능, 소형전지 5,000원 함평군 상품권 1장 포함 15,000원 합 390,000원 예약 구매하고 귀가하였습니다. 함평농협 유승권 창구 1번 담당 현수막 붙이고 첫 고객으로 적금 계약하였습니다. 감사합니다. 서점 및 문구점 복사 용지 외 110,000원 구매하였습니다. 감사합니다.

삼성프라자 함평점 태양 대리님이 고무장갑과 김치통 2개 고객 증정품으로 주셨습니다. 2022년 11월 15일 택배 배달 예정입니다. 감사합니다.

돈을 끌어당기는 방법은 돈을 사랑하고 돈에게 사랑받는 방법입니다. 나는 부자입니다. 나는 돈을 사랑합니다. 나는 돈에게 사랑받았습니다.

빌린 돈을 갚아야 합니다. 진심으로 노력합니다. 작은 일에 충실하면 큰일에도 충실할 수 있습니다. 들어오는 돈에 감사하고 나아가는 돈에 기뻐해야합니다.

김앵무 외할머니 꿈입니다. 오랜만에 외할머니 꿈입니다. 경기도 용인시 모현동에 천주교 공원묘지에 잘 모셨습니다. 힘없이 누워 있는 얼굴을 보면서 힘내십시오! 라고 하였습니다.

2022년 11월 15일 화요일 10:00~11:00 삼성전자 복합기 설치합니다. 감사합니다.

참교회, 조이 새끼 밖에서 운동합니다. 1개월 만에 눈 뜨고 다니는 모습 참 귀엽습니다. 3마리 사모 선물하고자 합니다. 해피 개에게도 찐 고구마 1개 주고 물을 보충하여 주었습니다. 집을 약간 이동하여 소나무에 바짝 닿도록 하였습니다.

조이 개, 새끼 밖에서 노는 강아지 3마리 잡아서 어미 집 안에 넣어 주었습니다.

예수님 생애 노정 농장에 가서 논둑을 보강하고 물, 새로 들어가는 통로 개선하였습니다.

김동민, 사모 식사비 2만 원 사모님 드렸습니다.

존경하고 사랑하는 하나님! 오늘도 하나님의 나라와 의의를 세우고 활동하게 하여 주셔서 감사합니다.

어제 정영구 형님 목사 전화 상담하였습니다.

잉크 다목적복합기 구매 도착 설치 후 프린트하여 공문 2022년 9월 28일 공문 카톡으로 함평군 민원실과 주무관 담당자께 발송 소식이 없어서 다시 등기속달 배달증명 내용증명서를 축협 들어가서 참사랑협동조합 입출금 확인과 김갑수 나주효사랑병원 비 송금하였습니다. 감사합니다. 축협에서 참사랑협동조합 배윤호 사장님 거래 현금 완납하였습니다. 감사합니다. 일간신문 소개합니다. 광산구 다문화 가족과 2022년 12월 1일부터 출발합니다. 통역 및 민원 사업지원 고려인 돕기까지 광주에서 처음 민원 시작합니다. 신문 기사 보고 저녁 준비하여 마치고 6시 내 고향 KBS1, 1시간 내용을 보고 둥근 마를 심어서 마 주스와 셀러리, 생, 기타 요리가 건강과 소화에도 좋았습니다.

사모님 맞이하고 시간 되어서 원고정리 합니다.

김동민 운동 마치고 귀가 안내차 사모님 안내차 다녀옵니다.
감사합니다.

함평군 공동체 마을 대회 1위 나산면, 2위 월야면, 3위 신광면 각각 5억씩 마을 발전기금 전도 금 수령 하였습니다.

함평군 환경 수도과 안내방송 가뭄으로 수돗물 절약 운동 협조 입니다.

2022년 11월 16일 이지현 교수님! 내외 부부 장흥 전담 현장 답사 후 연락하고 함평에 오신답니다. 감사합니다. 어제 한옥 마을 운슬 한옥 부부방 예약 하였습니다. 110,000원 아침 2인 식사 포함합니다. 참교회 방문 조이 3마리 새끼 박에서 움츠리 고 있어서 우리 안에 넣어 주었습니다. 해피와 염소 사료와 물 주고 유통센타 만복이도 사료와 물주고 경계선 라인 지주대 2 개 추가 정리하였습니다. 예수님생애노정농장, UN참사랑협동 조합대학교 현장 확인 후 귀가하여 고구마 순 염소 주고 정리 후 콩깍지도 정리하였습니다.

소금 1포대와 고구마, 김, 잡곡 1통 준비해서 방문 기념 이지 현 교수 부부에게 전달하고자 합니다.

함평방문 기념 표창장

부서명 참사랑회
직위: 회장, 여왕
성명: 이지현 부부

위 회장, 여왕은 솔선수범하는 자세로 맡은 직무에 충실하며 동료와 인화 단결하고 성실한 자세로 타의 모범이 되어, 이에 함평방문 기념 표창장을 드립니다.

2022년11월 16일

UN참공동체, 참사랑협동조합대학교

총재, 총장 김공수 박사 직인

축하합니다. 감사합니다.

2022년 11월 17일 아침 기상과 운동 기도회를 마치고 아침 식사를 마치고 참교회를 방문 기도와 조이, 해피, 염소 사료와 물주고, 유통센타 만복이 사료와 물을 주고 예수님 생애노정 농장과 UN참사랑협동조합대학교 방문 후 귀가 하였습니다.

어제 저녁은 양지 기사식당 뷔페에서 이지현 교수가 식사 사주셔서 잘 먹었습니다. 윤슬한옥마을 안내해드리고 기념사진 촬영과 인사를 나눈 다음 귀가하였습니다.

김동민 아들 군부대 10시까지 입대로 09:00 출발합니다.

이지현 교수님 부부 아침 식사는 08:30분에 마치고 공주 부모님의 묘소 참배 후 상경합니다. 함평까지 찾아주심에 감사합니다.

필리핀 수녀 교장 선생님 직원들과 2023년 6월 동행 한국방문합니다. 배추 1포기와 조이 새끼 3마리 토요일 박스에 담아서 가져오라고 합니다.

 배추는 보고 선물 결정한다고 합니다.

김동민 샤워 후 아내하고 농협 방문하여서 통장 정리와 매월 일정 적금은 일정 이전이나 이후에 입금하는지 상담하고 함평 5일 시장 11월에 심는 시앗이나 기타 작물을 조사합니다.

김동민 무안 2대대 앞 안내하고 축협에서 통장 정리 및 현금 입금하고 함평 5일 장 조사하였습니다.

시장 안에서는 여러분들이 바쁘게 거래하고 있는 모습과 시장 밖에서 좌판에 팔고 있는 김재영 호 석호 참 웰빙 건강식품 010-9214-7922, 목포시 용해동 374 인삼 씨앗 외 다수 구매하였습니다.

주)새일산업 대표 정균술 전남 영광군 대마면 영장로3길 36-4, 010-9299-5507 호남총판 친환경 전동차 전문생산업체 홍보인쇄물을 받아 왔습니다.

점심 식사하고 고야나기 부장님 전화 상담하였습니다. 2022년 11월 18일 평화 포럼 양면 부탁받고 참여하기로 하였습니다. 감사합니다.

농업과 관련한 몇 가지 관심을 가지고 배우고 있습니다. 우리의 농업 발전할 수 있는 길은 농, 임, 축, 수산물 가공입니다. 시장 방문을 통해서 과거 행상하신 문이순 어머님의 고생의 삶을 연상합니다. 자식들에게는 표현하지 않았지만 함평군 전체 장날을 기억하시고 새벽부터 장사 나가신 것 그 정신을 이어받아 성실하게 열심히 살아야 한다는 각오 하였습니다. 선택을 잘해서 씨앗 뿌리고 재배해야 합니다.

배윤호 사장님 부탁으로 은평교회 앞으로 고구마 10kg 3개와 임 선생님께 쌀 20kg 1개 김 선생님께 고구마 10kg 1개를 택배비 포함 배송 접수를 마치고 평화 포럼 36회 참석하였습니다. 친구 목사 김영월 목사 집에 심방 오셨습니다. 전기차로 양지 한식부페 식당에서 대접하고 집에서 헌금과 축도를 받고 큰 누님과 목사님께 화산 고구마 2박스를 선물을 드렸습니다. 감사합니다.

2022년 11월 19일 토요일 하나님의 놀라운 참사랑에 감사드립니다. 아침 기도회와 운동, 식사를 마치고 참교회 방문 기도회 마치고 조이, 해피, 염소 물과 사료를 주고, 조이가 낳은 새끼 3마리 사모의 부탁으로 귀가하였습니다.

귀여운 강아지 종이상자 쉼터를 만들어주었습니다.

김영월 목사 친구 목회 정년 마치고 남은 생을 10년간 하나님과 예수님, 성령님의 뜻을 위해서 임해야 한다고 강조하고 부탁드렸습니다. 부산 소지품 짐을 가지고 와서 생각을 할 수 있는 시간이 필요하다고 생각합니다. 힐링 찬양교회 담임 목사 시무하면 장로 10명 이상의 역할을 한다고 하였습니다.

하나님! 김영월 목사 미래를 부탁합니다. 남은 생을 하나님의 나라와 의의를 세우는 위대한 아들로 세워 주십시오! 감사합니다.

2022년11월 19일 토요일 김영월 목사 이발과 모과 1개 선물하였습니다.

2022년 11월 20일 이지현 교수 꿈 상담하였습니다.

꿈:

1) 상훈 5세 아들과 오른쪽에 왼쪽에는 아들을 앉아 있다가 편안하게 잠을 자도록 하고 목적지를 가게 되었습니다.

2) 첫 번째 목욕탕에서 목욕하던 중에 사람들이 많이 들어와서 보다 큰 방 목욕탕에서 목욕하여 그쪽으로 갔으나 불편해서 두리번거려 찾아보니 옆쪽에 샤워장이 있어서 잠시 들어가서 샤워하는데 잠금장치가 좋지 않아서 잠시 후에 들어오라고 밖에 있는 사람에게 부탁하고 샤워하는 중에 꿈을 깨다.

해몽:

1) 5세 나이는 젊지만, 장차 잘 자라면 20세 성년 15년 후면 어머니의 큰 뜻을 이어 갈 수 있으니 마음속 깊이 기도와 정성으로 이상훈 아들 세계적인 지도자가 되도록 준비하라는 꿈! 입니다.

2) 예수님도 상상 수훈과 기도 겟세마네 동산의 기도도 제자들은 저만치 곳에서 같이 기도하자고 했지만 제자들은 졸았고 예수님은 눈물과 피땀을 흘리면서 기도하셨습니다. 엘리야, 선지자 등 광야의 나무 밑이나 산속 깊은 곳에서 고요히 기도와 하나님과의 독백의 소통 하였습니다. 고로 1차는 개인적으로 고생해서 우주의 기운을 받았고, 2차로 많은 사람이 영성과 우주의 기운 받기 위해 찾아오는 관심사가 많으니 함께 기도 좋지

만, 고요히 혼자서 기도하는 것 좋습니다. 교회를 다니는 것도 좋지만 형식에 매여서 왔다 갔다 하면 거짓입니다. 하지만 하나님을 모시고 교회를 집에 만들고 신앙으로 참삶을 사는 것도 더 훌륭합니다. 감사합니다.

조이 어미 개를 집으로 옮겨오고 3마리 새끼와 상봉해서 합류하였습니다. 만복이는 조이 집에 옮겨주고, 조이는 만복이 집으로 교체했습니다. 간밤 비가 와서 장뇌삼 씨뿌리고 기분이 좋았습니다.

아침 식사는 라면 밥, 더해서 커피로 하였습니다. 샤워하고 본향 원고, 정리하였습니다. 사모님께 주일헌금 10,000원 드려서 기쁩니다.

배윤호 사장님! 고구마 선물 잘 받았다고 문자 카톡 받았습니다. 감사합니다. 김영월 목사님 고구마 2박스 선물하여 1박스는 김노순 셋째 누님께 택배로 선물했답니다. 어제 이발 잘해주었다는 메시지 잘 받았습니다. 김영월 목사 친구 정년퇴임 축하 모임이 함평 무안 ㅇ회 목사 장로님들이 식사 점심 대접 받고 이후에 이발해드렸습니다.

사모의 점심 준비 감사합니다. 조이가 생기있고 새끼도 활발하게 활동합니다.

영상예배 4편을 보고 감동이었습니다. 예수님의 피와 살을 먹는 의식으로 성만찬입니다. 진정성은 마음으로 예수님을 영접하고 우리를 위한 피 흘리심과 살을 찢기는 장면을 생각하면서 포도주와 떡을 떼면서 중생과 부활, 영생으로 겁나는 생명의 체험입니다. 오후 1시 30분까지 예배드리고 점심을 먹었습니다. 이윤범씨 어제 운명을 달리하고 2022년11월 21일 발인한다고 마을 이장 방송하였습니다.

2022년 11월 21일 월요일 커피포트 철통 교체하고 물 끓여서 현미차 마시고 염소 만복, 해피 물과 사료 주고, 쓰레기봉투 이덕 마을회관 앞에 두고 귀가하고, 조이 목 끈을 정리하였습니다.

아침 김동민 악수 인사와 하루 출발을 다짐하였습니다. 전기차 충전하였습니다.

하나건설(주) 노기홍 소장 전화 받고 덕산리 857-26현장에 가서 상담하였습니다. 2차선 둑 원만하게 하도록 진입로 부탁 농로 진입로 옹벽 공사로 진입, 농어촌공사 지주와 협의하여 매입 후 진입로 신규 개설 사항 2 안을 협의하여 감독관의 승인 받아서 진행하고자 합니다. 답변받고 명함을 받았습니다. 농협 대동지점에서 커피를 받아 김회영 덕산 4리 이장님께 드리고 쌀값 20kg 다운과 덕산리 1103-17, 덕산리 857-26 공사 진행 건 상담하였습니다. 덕산 4리 입구 포장 공사와 화단 정리 후 운동 기구 이동설치 하고 쉼터를 대동농협지점장의 재가를 받아 재활용키로 하였습니다.

기타 사항도 협의하였습니다. 감사합니다.

김진실 함평군 산림공원과 주무관 현장 덕산리 산 118-1, 덕산리 산 117번지와 덕산리 225번지 우수관 맨홀 설치 및 산사태 대비 우수로 개선의 건 함평군수 이상익 귀하 내용증명 및 배달증명 박승희 민원실 직원 서명한 우체국 서류 수령 하였습니다. 우리는 담당이 누구인지 알지 못하고 기 서류 계획서를 근거로 보냈는데 왜? 산림공원과에 서류를 보냈느냐는 것입니다. 해당 부서 담당은 잘 모르지만, 기 계획서류는 대동면사무소 총무과 양 주무관 접수 경유 함평군 직원과 같이 와서 신분증 없다고 하여 서류만 받아서 1년이 넘도록 기다리고 있습니다. 답변은 이상익 군수가 서면 답변해서 민원 신청자가 확실하게 이해할 수 있도록 해야 합니다. 운전 중에 전화 통화하였습니다. 전화 받을 수 있느냐고 묻고 상담해야지 무조건 전화하니 당황하였습니다. 공무원의 기본 예의입니다.

덕산리 1103-17 입구 마, 파, 황기, 완두콩 씨앗 뿌리고 복토하였습니다.

저녁 시사 마치고 집에 와서 김동민 맛 동산 과자 1봉지 선물 받았습니다.

2022년 11월 22일 화요일 새벽꿈입니다. 김공수 박사 왕 대관식 하였습니다. 축하합니다. 감사합니다. 하나님! 예수님! 성령님! 함께해주심에 감사드립니다.

존경합니다. 사랑합니다. 찬양합니다.

침묵과 말! 시각! 운동! 독서! 쓰기! 하나님의 나라와 의의 본형의 나라를 세우겠습니다. 우리는 참사랑해요! 우리는 참사랑해요! 우리는 참사랑해요!

2022년 11월 26일 토요일 김성훈 특보님 점심 약속하였습니다. 감사합니다.

함평 장날 미나리 1다발을 6,000원 구매하고, 분무기 10,000원 구매 마이크 13,000원에 구매 함평엘리체 판촉물을 받았습니다. 수도, 전기요금을 수납하였습니다.

축협에서 광주일 신문 1부를 보고 최근 뉴스를 접했습니다.

박구용 박사 카톡 전화 상담차 대화 나누었습니다. 감사합니다.

박영규 총장님! 전화 상담하였습니다. 감사합니다.

2022년 11월 23일 참교회 기도회를 마치고 덕산리 1083번지 미나리 뿌리를 심었다.

염소, 개 사료와 물을 주었습니다. 분무기를 정리하고, 유통 센타와 예수님 생애 노정 농장, 참사랑협동조합대학교 답사 후 귀가 하였습니다.

조이 새끼를 위해 마티와 오골계 닭장 옆 공간에 공간을 만들어 주었습니다.

주변 정리를 하니 좋았습니다.

샤워 후에 세탁하고, 식빵과 커피를 간식으로 하였습니다. 감사합니다.

2022년 11월 24일 목요일 새벽 참교회 기도회 마치고 염소, 개 사료와 물주고, 미나리, 밭에 물도 주었습니다. 유통 센타와 예수님 노정 농장과 UN참사랑협동조합대학교 현장을 답사하고 귀가하여서 김동민 함평 버스 터미널 안내하고 무안 5일 시장을 거쳐서 고구마 매입하고 대동농협 택배에 고구 10kg 1박스 정군자님께 택배비 포함 접수하였습니다. 점심 식사 마치고 개, 염소 사료도 주고 고구마를 찜통에 삶고, 정보를 공유하였습니다.

화물연대 피해는 국민입니다. 안전 운임제 담보로 법을 시행하지만 교통사고는 더 늘고 현, 정부는 3년 더 연장한답니다. 화물연대는 파업할 수 밖에 없답니다. 일은 줄어들고 벌이는 배로 늘어납니다. 440만 원 공감대 파업의 동기가 무엇인가? 물류망을 흩들어 보자는 것입니다. 대, 중기업 피해가 있습니다. 국가 문류 대란으로 가고 있습니다. 상생으로 가야 합니다. 실물경제가 위험합니다. 수출에 큰 영향을 줍니다. 법과 원칙을 지켜야합니다.

당사자들의 기본을 가지고, 가야 합니다.

연준 미국 중앙은행 연방준비위원회 FOMC 개최 1개월 지나야 공개됩니다. 시장의 영향을 미칩니다. 11월 2일 0.75% 오르면 금리 인상 속도를 조절해야 합니다. 나스탁 0.99% 오른 상태,

FOMC 50% 투자자는 바닥이 지나간 것이다. 대출 금리 오른다. 충격이 큽니다. 소비는 위축됩니다. 시장의 변화는 감지됩니다. 변화의 기류가 생성됩니다. 시장이 민감합니다. 미국 단독으로만 보지 않습니다. 어리둥절합니다. 아직 시작도 않았습니다. 중국 난리 났다. 통제 어렵습니다. 11월 22일 중국 국가위생관리 숫자 3,434명이 차이 난다. 지난 4월 4만 명 세계시장에 영향을 줍니다. 다시 중국은 새로운 코로나 정책으로 갑니다. 쇼핑몰, 기타 영업이 중단되었습니다. 도시봉쇄령이 나왔지만, 아파트 입구를 통제하고 있습니다. 0 코로나 방역 정책이 침체로 진행될 수 있습니다. 대한민국 11월, 12월 300억

달러 10억 달러 이하 단 자리에 갈 수 있습니다. 세계 경제가 좋아야 합니다. 적자 94억 달러까지 적자입니다.

중국의 경제는 한국의 의전 도가 높습니다. 직접거래 25% 현금이 5% 합 30%입니다. 카드사 위기 목표는 생존입니다.

2021년 대비 필요 없는 비용 사용하지 않습니다. 카드 수수료가 없으니 천천히 갚아라! 카드채 금리 5.55% 카드론, 카드 리볼딩 입니다. 법정 한도금리는 20% 카드론도 자제하는 것입니다. 실물경제가 망하고 있습니다. 어려운 상황황입니다. 자동차 4.4% 2배 올렸습니다. 롯데, 하나카드 1.4% 올렸습니다. 매출은 줄어듭니다. 오리고 나면 잘못하면 망합니다. 10월 말 13.95% 신용도에 차이가 납니다. 카드론이 최고 금리가 20% 넘지 못하지만 싶게1 못합니다. 카드 돌려막기도 어렵습니다. 윤석열 정부 혁신이 일어나야 합니다. 창조적인 파괴입니다. 미래세대에 터집니다. 부채, 불합리 등 위기에 있습니다. 시장을 정상화합니다.

부동산 1주택자 파격적인 수혜를 합니다. 보유세 확 줄어듭니

다. 공시가격 시세의 69% 조정, 표준시가 65.5% 재산세 줄어듭니다. 종합부동산세, 건강보험료, 국민보험료 할인됩니다. 현실화 강남구 대치동 653만 원 18% 줄어듭니다. 2023년 마포, 용산, 동대문구 209만 원 줄어듭니다.

국민연금 100만 원 2~3개월 날아갑니다. 다시 일해야 합니다. 전통시장 통곡, 줄줄이 망합니다. 대기업 전통시장과 협력해야 합니다. 전 기자의 경력으로 시장관리 합니다. 온라인 거래가 늘어나므로 전통시장이 줄어들고 있습니다. 볼거리, 먹거리 재밌거리 1년 15곳이 사라졌습니다. 2016년 이후에 많이 줄었습니다. 과일, 옷, 나방 기타 나이도 많아집니다. ICT, 파워포인트 사용 등 기술 익혀야 합니다. 일본 전통시장 먹거리 주변 보면 통합결재가 일어납니다. 네델란드 비책이 온라인과 협력과 특색입니다. 안성 유기, 그 특색을 잘 시켜야 합니다. 정부가 아이디어 개발 해야합니다. 강태콩 60이 넘어서 세상으로 나갔습니다. 70에 법인 설립하였습니다. 정책을 개발하여야 합니다. 대안이 많이 나와야 합니다. 감사합니다.

2022년 11월 25일 금요일 아침 이지현 교수님 해몽 상담하였습니다.

꿈:

1) 영문학 박사 학위 지도 교수님 찾아 보비고 인사드리는데 손님이 찾아와서 메시지 책, 그림을응 접시에 담아서 보고 있으라고 하면서 고로 2개를 주셨습니다. 문밖에 나와서 고로를 집으려고 하는데 젊은 대학생 야! 라고 하여 나는 박사다! 하니 할머니! 하면서 대우가 달라졌고 교수 연구실 문을 열려고 하는 꿈입니다.

해몽: 1) 박사 논문지도 교수는 하나님의 메시지를 주고 아주 아름다운 환경 사진과 하늘의 비밀, 땅의 지혜 인간의 겸손과

예의 덕을 가르쳐주고 있습니다. 예수님께서 말씀하신 것처럼, 사람이 떡(빵)으로만 살 것이 아니라 하나님의 입으로 나오는 말씀으로 살리라! 라고 하신 말씀에 비중을 두고 외적인 지위나, 박사가 중요한 것이 아니라 오늘의 80억 인류와 먼저 간 8,000억 영혼께 생명의 말씀을 전해야 합니다.

망운 고구마 3박스 사모 자동차 트렁크에 싣고 김동민 출근길 인사와 저녁 동민 광주집에 안내하고 자고 온답니다.

제37회 평화 포럼 소감문 쓰고 보냈습니다. 점심 마치고 조이 상태를 보니 아침에 준 식사가 좋지 않은 것이다. 개 사료로 만족하게 느껴집니다. 마티는 걱정 없이 잘 먹는데, 조이 새끼 3마리 서로 잘 먹었습니다. 염소 물과 사료 주었습니다.

오늘의 운세는 말띠의 날 금전 운과 모든 일이 잘 풀리는 대운입니다. 감사합니다.

박구용 박사님 학회지 상담차 문자 받고, 직접 문자 연락 가면 업무협조와 통일 무도 이론과 실기면 공부하자는 격려 문자 감사합니다.

밧데리 약이 없는 벽걸이 시계 교체하여 왼쪽 책장에 놓았습니다.

카톡 정리하고 원고정리 하였습니다.

2022년 11월 26일 토요일 참교회 방문 염소, 개 물 주고 올림픽도로 진입로 공사 현장을 확인하였습니다. 덕산리 1083, 1085 진입로 김해중 울타리 철 작업 마무리하였습니다. 박석봉 사장 논둑 용성중기 진입로는 아직 중장비 포크레인 진입로 작업만 하였습니다.

함평군청 이상익 군수님께 함평우체국 내용증명 배달 확인받고 답변 기다리고 있습니다. 예수님 생애 노정 농장과 UN참사랑 협동조합대학교 현장도 확인하고 귀가하였습니다.

나주시 초록 식당 12시 약속 10시 출발합니다. 18 광주전남 가정회 참석은 사전 약속으로 못하게 됩니다. 이홍주 목사님 간밤 전화 상담하였습니다. 감사합니다.

12시 초록 식당 약속을 지키기 위해 10시 전에 출발 축협 온라인 통장 정리한 후 나주시 금성동 주차장에 주차하고 기다리다가 20분 전에 박에서 기다리다가 김성훈 위원장 인사 후 주차장에 안내하고 고구마 2박스를 트렁크에 넣어드리고 식당으로 인도하였습니다. 점심과 커피는 신영미 교수님 제공하시고 2023년 함평읍 양림 마을에 작은 도서관 개점합니다.

2022년 11월 27일 일요일 참교회 방문 기도와 찬양 예배 감사 드렸습니다. 염소와 개 사료와 물주고 유통 센타, 예수님 생애 노정 농장과 UN참사랑협동조합대학교 현장을 확인하고 귀가 샤워한 후 본향 원고, 정리하였습니다. 제4지구 누리 예배와 이명체 목사님 형님의 조카 부인 성화에 참석차 교회 예배는 각자 예배드립니다.

 복순이 효성! 14살 시집간 복순이는 남편 주고 시부모님을 모시고 사는 어느 날! 울며 사절하였다. 며느리의 간절한 마음 시부모 모시고 잘 사는 모습에 칭찬하였다. 집 보증 시아버지 잘못하여 시어머니 주고 시아버지 자리에 눕다. 망령 생떼 하다가 어느 겨울날 집에 몸살 걱정 목욕 시아버지의 말 잉어가 먹고 싶다. 잉어를 구하기 어려워도 소원 성취 기도 정성 꿈에 백발노인 고개 넘어 연못 100번 외어라! 어름 덩이 깨어 잉어가 나와서 잉어를 가지고 가서 시아버지에게 드리니 정신 차린 시아버지 먹고 싶지 않다고 하여 다시 잉어 살려주고 잉어가 말하였다. 장수산 넘어, 언덕 넘어 동사 삼을 켜고 절벽 아래 떨어져 남자 김치윤 사양 꾼 안내로 시아버지의 병 치료차 시아버지가 효음 덕분에 회복하게 되어 아내 잃은 김치윤 에게 며느리를 소개하여 시집을 가라! 시아버지를 모시고 같이 친정 아버지로 모시고 잘 살았다. 가난한 미투리 팔았다. 신을 팔고 있는데 한양 올라가서 장사 고민! 자는 듯 편안하게 돌아가시고 한양에 이사 벗은 자에게 옷을 주고 굶는 자 먹을 것 주고, 포목장사꾼 기다리고 십여필 10여 길 산밑에 오막살이 집 방문 노인이 방안으로 인도 신 삼이 돈 모아서 시골에 내려가 저녁 밥 고구마 반찬이 무엇입니까? 산도라지 평생 먹고, 산답니다. 포목과 산도라지 바꿉시다. 새벽 산골짜기 산도라지 한양 길에 집에 가서 자초지종 이야기하고 한 광주리 산삼입니다. 칠성님이 협조 산삼 팔고 집사고 시골 어르신 돕고 잘살았다.

학교면 중앙초등학교 원어민 교사 마이조리 선생님! 사모와 같이 점심 식사하고 오후 3시경 대형 종이 박스 1개 컨테이너에 보낼 준비차 가지고 가셨습니다.

전기차 충전하고 조이개 남은 생선 부스러기를 주었습니다. 새끼 3마리 키우고 젖 주기 위해 다양한 영양분 섭취합니다.

박구용 목사님 설교 음성파일 받았지만 열리지 않아서 아쉬움만 있습니다.

김성훈 위원장님 탁상 위에 있는 난 사진 2매 잘 받았습니다. 책장과 차를 마시는 다용도입니다.

제4지구 이상재 누리 예배 말씀 감사합니다. 전광훈 목사님 말씀 감사합니다. 신촌 성결교회 박노현 목사님 엘리야 감사의 생활! 말씀 감사합니다.

존경하고 사랑하는 하나님! 하나님의 나라와 의의를 우리가 만들어가겠습니다. UN참공동체 지구촌 곳곳마다 하나님의 참사랑과 예수님의 피와 살로 성만찬 복음으로 축복하십시오! 예수님의 제자 12 사도를 찾아 본향의 땅! 가나안에 들어갑니다.

2022년 11월 28일 월요일 김영월 목사 전화 상담 후 12:00

대각교회 방문 친구 목사 옷과 노순 셋째 누님이 선물한 옷 바지, 떡을 받고 덕산 3리 집에 모시고 와서 대화를 나누면서 점심 대접하였습니다. 대각교회 방문 시 추수 감사헌금과 바나나, 귤, 고구마를 쪄서 드렸습니다. 길게는 내년 3월 말까지 시무하고 다음 대책을 준비합니다.

덕산리 1083번지 김영월 목사 탄생한 성지를 둘러보고 연장으로 탁자 로라를 빼고 주변을 살펴보았습니다. 덕산 4리 마을회관 앞 탁자 빨간색 참교회 세워두고 재활용키로 합니다.

김성훈 위원장 전화 상담 지난 26일 드린 고구마 2박스 1박스는 노인정, 1박스는 이웃과 나누어 먹겠다고 하고 다음 모임에는 1박 2일 정도 시간을 내서 충분히 대화를 나누는 모임에 초대하겠다고 합니다.

겨울 양복 걱정했지만 좋은 양복과 와이셔츠 주셔서 감사합니다.

김영월 목사님 꿈 이야기하여 참교회 교회 사택 살면서 교회 예배 인도하시면 좋겠습니다. 상담 결과 주거환경, 축복 결혼입니다. 하나님께 맞기고, 기도와 정성으로 같이하자고 하였습니다.

본의 의지는 평생 목회했으니 가정교회를 모시는 생활은 하겠다는 큰 뜻을 이해했습니다. 감사합니다. 기독교로 중간에 인도한 것이 사명감이 있습니다.

존경하고 사랑하는 하나님! 감사합니다. 어제 2022년11월 28일 저녁 10시부터 12까지 월드컵 대한민국 대 가나 경기에서 2:3으로 졌지만 12월 2일 기회가 있으니 좋은 실력 발휘하길 바랍니다.

2022년 11월 29일 아침 참교회 방문과 염소우리 바람막이 뒤편과 옆면 정리하였습니다. 염소, 개 사료와 물을 주고 올림픽

도로로 연결하는 도로 현장 답사하였습니다. 트랙터 도로에 방치한 기계장비 비켜 치우고 인동 장씨 문중 산 쪽 진입로 좋은 면으로 골라 놓았습니다.

간밤에 비를 내려 주셔서 감사합니다. 참교회 기도회 마치고 유통센터와 예수님 생애노정 농장, 유엔참사랑협동조합대학교 답사 후 귀가하였습니다.

김동민 아들 출근 전에 우산 새건 선물하였습니다. 사모와 동행 인사하고, 샤워와 세탁물 세탁 마치고 건조대에 널었습니다. 고구마를 쪄서 먹었습니다. 감사합니다. 박구용 사회복지학 논문 원문 박영규 총장님께 전달하였습니다. 학회지 기재에 도움이 되어 좋은 결과 나오길 바랍니다.

김영월 목사 좋은 분 인도하시어 퇴임 이후 하나님의 섭리에 협력하시옵소서! 감사합니다.

2022년11월 30일 수요일 감사합니다. 만복이의 건강이 좋지 않아서 개집 안쪽으로 넣어서 담요로 덮고 기다리겠습니다. 염소 우리를 좀더 따뜻하게 해주고사료를 주었습니다. 어제 간 곳 없던 닭 소리가 닭장 밑에서 소리가 있어서 희망입니다. 동민 아들에게 어제 바지 겨울용과 아침 면장갑을 주어 겨울 날씨 대비 몸을 따뜻하게 관리하도록 하였습니다. 샤워 후, 세탁물을 세탁하였습니다.

이메일 답변과 매일 성경 구절 받음을 점검하였습니다. 감사합니다.

2022년 12월 1일 아침 참교회 방문 기도와 주변을 살펴보았습니다. 함평 농원 사장이 분양해준 만복이 추워서 얼어 사망한 강아지 새끼! 무덤을 만들어 주고 해피 개를 옮겨주었었습니다. 유통센타, 목재 틀 1개를 가지고 와서 집 닭장 보호대를 만들어 주었습니다.

김회영 덕산4리 이장 전화상담 하였습니다. 마을 회관 앞 빨간 색 탁자 재활용한다고 말씀드리고 덕산리 857-26, 320평 진입 로와 출입구 완만한 공사를 한다는 함평군수 답변을 받았다고 말씀드리고, 덕산리 1083, 1085 진입로 올림픽 도로 연결 공사 및 덕산리 1103-17 공사 건 보고드렸습니다. 감사합니다. 12시 주포 식당 점심 약속 다녀오겠습니다. 점심은 대접받았고 커피와 공주님 초등학교 입학 축하의 뜻을 담아서 전달하였습니다. 이남규 전 우체국장 하나로 카페 대접하고 귀가하였습니다.

점심 식사 전 오 선생님의 감사기도에 진심으로 감사드립니다. 이남규 전 우체국장님은 사모님 전화 통화 영광에 다른 일행과 먼저 동행하시고 이남규 국장님 커피를 다른 컵에 담아서 들고 밖에 나와서 인사드렸습니다. 도로변에 전기차를 주차하여 마음이 급해서 도로변 차 옆에서 오 선생님이 차에서 내려서 인사를 해주셨습니다. 감사합니다.

예수님께서 부탁하신 300개 교회 개척과 250개 UN참공동체 250개를 위해서 최선을 다하겠습니다. 3년, 10년 하나님의 인도하심에 따라 기도와 정성으로 함께합니다.

국밥 3인분과 햇밥 3개를 구입하여 김동민 함평 버스터미널에서 동행하여 귀가하였습니다. 감사합니다.

2022년 12월 2일 02:00 기상 2시간 기도 명상 운동, 아침 기도와 훈독회 마치고 아침 식사를 하였습니다. 마티, 조이, 염소에게 사료를 주고, 참교회 해피, 염소 밥을 주었습니다. 주변 환경을 바라보고 기도와 정성을 다하여 간절하게 하나님의 나라와 의의 세우겠습니다.

날씨가 차가워서 물병이 얼었습니다.

금요일 평화포럼이 09:00~12:00까지 양면 ZOOM 영상으로 참석합니다.

김동민 무안 2대대 입구까지 인도하고 함평 축협에서 건강보험 11월분 81,360원 수납하였습니다. 일간 2부와 차를 한잔하였습니다. 38차 평화 포럼 참석하여 소감문 작성 담당자에게 발송하였습니다.

이승상 회장 전화상담 내용은 친구 김영월 목사 안부였습니다. 아침 추위에 힘들어서 점심 식사, 약식으로 대신 하였습니다. 오늘의 운세 용띠는 우선순위에 맞추어 진행하면 좋습니다.

황박연 친구 카톡 소금과 달걀 좋습니다. 하루도 거르지 않고 좋은 격려와 상식 항상 감사합니다.

2022년12월 3일 토요일 사모 알바 쉬고 김지민 딸 도서관 자습합니다. 염소 해피 물과 사료주고 귀가 전기차 충전하였습니다. 고구마 찜통에 넣어서 쪄서 맛있게 먹었습니다.

간밤에 대한민국 월드컵 축구 16강! 들어갔습니다. 윤석열 대통령 축하 메시지 보냈습니다. 하늘부모님의 축복과 예수님! 성령님 참부모님의 참사랑입니다.

뉴스에 손흥민과 골인의 주인공 황선수 입니다. 대한국의 희망과 UN참사랑협동조합 승리를 축하합니다.

우리는 참사랑합니다. 문다윤 청년의 외침에 감사합니다. 문재인, 이재명 구속과 주사파 척결하자! 청년들이여 깨어납시다. 거짓된 세상에서 글려가서는 않되며 첫째, 하나님을 믿고 선지자의 말에 귀를 기울이자! 둘째, 청년이 일어나 대한민국을 이끌어 갑시다. 셋째, 1,000만 명, 주사파와 공산세력을 무찌르고 자유 마을과 기독교복음자유통일! 승리합시다.

윤석열 대통렬 강경대응과 법적 대응합니다.

전광훈 목사님 광화문광장! 예수한국복음통일! 윤석열 대통령 광화문광장 예수한국복음통일에 협조 기도 바랍니다.

미국메시지 전광훈 목사 여러분!

미국에서 상, 하원 10명이상 대한민국을 자유통일방안 간첩들과 주사파 UN동의 결의 한 중국에서 북한에 보내는 송유관 중단과 중국군이 북한에 진입 못하도록 제안에 등골이 오싹해진다. 하나님의 명령이라고 반응하였습니다. 남,북 자유 통일이 이루워 집니다. 자유 통일은 2차대전 이후 레이건 미국 대통령이 소련 해체와 G2 지나서 중국, 중동으로 이스라엘 연결합시다.

천주교 이계성 대표 우리가 이겼다. 5대 일간지 구독 16강 진입 우리가 이겼다. 2번째는 서훈 안보실장 구속되었습니다. 문재인 끝났다. 뚝심이 이겼다. 2022년 11월 29일 탄핵이 아닌 퇴진 바탕 가족들 158명 민들레 정의 사제재단 발표하였습니다. 민노총 화물파업, 지하철, 철도파업까지 초, 중, 고등학교 식자재 중단, 복귀명령 60% 돌아갔습니다. 병원 노조 파업 철회했습니다. 이재명 사면초과 이정근 민주당 사무총장 감옥에 간 사람입니다. 대장동 42억 시장 선거에 부었다. 김의겸, 장정태 의원 문제, 민주당 공중분해 직전이다. 국민의 힘 104석 3분의 2이 찬성해야 통과됩니다.

자유마을 모든 국민이 가입하여 완전히 정리해야 합니다. 기독교, 천주교, 불교 모두가 초월하여 앞장서야합니다.

불교 엄청 스님 영천 간판이 있습니다. 전국 구석구석 자유마을로 만들어야합니다. 이재명, 문재인 잡아가라! 박원갑이 국민의 명령이라 하는데 착각하지 마라! 좌파 빨갱이 국민이라고 하라! 5.18 사망자 명단 공개하지 않고 이태원 사망자 공개했습니다. 김명수 대법관 퇴임식 에산 1억원 쓰고 퇴임한답니다. 탄핵의 최서원 최순실 어깨 통증 수술 신청 4번이나 불허되었습니다. 조국 부인 신청 하여 허락 받았습니다. 국민들이 마음

놓고 잘 살수 있도록 해야합니다. 부동산 악법 종부세 폐지하라! 윤석열 정부 잘하고 있습니다. 모두 소원은 박근혜 전대통령 명예회복입니다. 자유마을로 승리합시다. 기도하겠습니다.

동북 주사파 구속 16강 월드컵 파업 종 쳤습니다. 영천 응천 스님 윤월 스님 청와대 앞 문재인 아버지 포로로 잡은 부처 바위 450고지에서 이승만 대통령! 박정희 대통령 부부 만세! 박근혜 대통령, 전두환 대통령, 윤석열 대통령 부부 만세! 종교 공산당을 이기는 길은 종교화합 한마당입니다. 이충근 정치학교 교장 1) 독일통일! 독일 돈, 미국, 한국통일은 한국 부자, 미국이 도와주겠다고 미국 문제 중국 문제 해결하겠다. 중국이 남북 통일을 막고 있다. 중국 국민이 대들고 있다. 중국이 망가지고 있습니다. 감사합니다.

자유마을 총재 이희천 교수! 지금 화물연대 파업 시멘트 건축 현장 200군데 중단 쇠구술 쏘았습니다. 민노총 전열이 와해, 대경 노조도 이탈 했습니다. 포스코 탈퇴하였습니다. 반체제 단체라는 것을 알았습니다. 자유민주주의 체제와 북한 체제와 싸움입니다. 사상적 실체를 다 알았습니다.

민노총이 가짜주민이 주민자치회장이 되고 3,506개 마을에서 북한 체제 김정은에게 넘어갑니다. 자유마을만이 위기에 처한 우리가 지킨 자주적 정신으로 가야합니다. 영원 무궁히 지켜야 합니다.

신의 한 수 신인식 대표 축구 16강 편안하게 역전 골 승리 하였습니다. 다음 주까지 월드컵 관심이 있습니다. 서훈 10시간 조서 받고 문재인에게 뒷짐 씌웠다. 폭로할 것입니다. 민노총 악질파업 윤석열 대통령, 원희룡 장관 잘하고 있습니다. 국민의 힘 접수하자! 국회의원, 대통령 선거해야 합니다. 전광훈 목사, 한동훈 장관 8강, 4강, 우승가자!

예수 한국 이봉규 박사 16강 방심하면 않됩니다. 선한 사람은 우주의 힘! 문재인, 이재명 감방! 사탄 집요함, 태극기, 성조기 검찰도 채포합니다. 이재명 손해배상 청구하고 국가에서 한동훈 장관 민노총 핵심 가담자 팬티 배껴야 합니다. 빨간 깃빨 물러가라! 고영일 변호사 자유민주통일당 총재 전광훈 목사 대신해서 말씀드립니다. 정, 민, 관 830만 교포 간담회 90% 태극기 운동에 하나 되었습니다. 정치인 민관인 2017년 400만 배럴만 제제 무효화 중국 공산당 계속 북한이 버젓이 살아 있습니다. 주사파와 공산당을 타파하고 우리는 제주도에서 전국 자유 마을 연대하여 이겼습니다.

자리에서 뛰면서 찬양합니다. 보혈 찬양대의 찬양에 함께합니다.

6. UN참사랑협동조합 사가

1. 우리는 참사랑해요! 우리는 참사랑해요! 우리는 참사랑해요!
UN참사랑협동조합 공생, 공영, 공의 홍익인간 애천, 애인, 애
국 UN참공동체 세우라!

2. 참삶! 참교회! 참가정! 참세계 세우리라! 하나님의 참사랑의
이상을 온 누리에 UN참사랑협동조합승리! 축하합니다! 자유마
을 복음통일 할렐루야!

3. 우리는 기쁘게 하나님께 예배와 찬송하세! 우리가 이 세상
에 하나님의 복음 말씀 전하고 실천하니 감사합시다! 예배와
찬양, 참 감사하세! 아멘!

2022년12월 3일

UN참사랑협동조합,

UN참공동체 총재 김공수 박사 씀

7. 참교회 활동

1) 2022년 12월 4일 일요일 참교회 염소와 개 사료와 물 주고 예배드리고 귀가하여 고구마를 전기 찜통에 쪘습니다. 샤워 후 본행 원고 정리합니다 간밤에 꿈
준비한 교회와 교회 제직회장 인사를 하고 대강당도 들어가서 기도하였습니다. 보통교회 성도들 다문화 성도가 많은 성도로 영어, 일어 태국어 등 다양한 언어로 인사를 나누고 꿈을 깨었습니다. 하나님의 나라와 의의를 위해 더욱 열심히 일하라는 사명입니다. 감사합니다.
존경하고 사랑하는 하나님! 예수님! 성령님! 주 따라 나선길 70여 년 항상 인도와 역사하심에 감사드립니다.
남은 생도 주님의 뜻 따라서 충성합니다. 달고 오묘한 그 말씀 생명의 말씀은 우리의 밝은 빛입니다. 감사합니다.

2) 2022년 12월 4일 추수 감사예배 사랑제일 교회 전광훈 목사님의 설교문 중에서 성공회 핍박을 이겨서 신앙의 자유를 찾아 나선길 미국 102명 도착 후 교회, 학교, 병원, 가정을 지어 농사지은 양식과 과일 기타 감사함으로 바치다. 하나님을 쾌활하게 하는 자는 복을 받는다는 말씀과 미국 방문 복입니다.
단순하게 추수 감사절에 작정한 헌금을 하는 것 아니라 초초로 하나님의 참사랑과 주시는 은혜와 은총에 감사하는 생활이 에배이다. 기도, 찬송, 말씀과 감사의 싸인이다. 미국의 교포가 300만 명 지금은 경제적 안정과 부를 창출하여 자유통일을 기원합니다. 바울이 로마서 바울서신을 먼저 보내서 성령의 역사가 벌어진 것이다. 칼빈주의 신학은 하나님의 말씀은 예정과 섭리이다. 미국 상, 하원 지도자 면담하여 중국의 북한 송유관

단절하여 중국 지하교회 25,000,00명과 복음예수 성령운동은 남북통일의 기본 틀이며 미국이 그간 보류했던 남북통일을 위해 적극 협력할! 트르먼 대통령 당시 w맥아더의 제안대로 흑용강 주변 옥수수밭에 핵을 투하했으면 중국까지 통합 남북통일을 이루었을 것이다. 레이건 미국 대통령이 구소련의 서기장 고르바조프를 설득것은 면담 시 기도를 하여 아멘! 하는 모습을 눈 뜨고 보고서 조사한 결과 어머니가 구소련 지하 신자 태어나자 아들 이름을 골바 유태민족 해방자 고르바 이름을 상기하여 그 이름으로 작명하여 작명함을 확인하고 달러를 올리고 주변 정세를 봉쇄하여 이젠 더, 이상 함께 할 수 없다고 판단하여 각국이 독립하라고 선언 해체하였다. 중국편중으로 가는 것 아니고, 불교, 유교 한국에 전달받고 과거 한자도 우리는 같이 사용하였지만 지금은 별로 쓰지 않고 설, 명절 보다 성탄절을 더욱 화려하게 보내고 있습니다. 기독교인 1200만 명과 가도록 신도 합하면 2,500만 명이다. 중국도 25, 000,000명 이상의 지하 교포가 있다. 4개 소수민족으로 분립하여 독립시키고 공산당을 축출하여 예수복음으로 중국을 거쳐서 유럽, 이스라엘에 연결하면 하나님의 나라와 의의를 이룰 수 있습니다.

중국의 성령운동이 한국 접붙여졌습니다.

우리는 2~3년 이내에 자유통일을 목표로 생활비 외는 특별헌금으로 두 손 들고 아멘! 2023년 1월 22일 미국 순회집회 시 교포 여러분에게 다짐 받고 미, 상, 하원 다시 면담 상원 100명과 하원 400명 이상 설득하여 기필코 자유대한민국 통일조국 성취하리라! 할렐루야! 아멘!입니다. 충성합니다. 자유마를 3506개, 지역 에수군대 육사, 해사, 공사, ROTC 장교가 앞장서서 자유마을 회원 50,000명 교육과 강사 배출하여 총매진하여 2024년4월 10일 총선에 200석 이상 국민의 힘 당선 목표입니다. 감사합니다.

2022년 12월 5일 아침 참교회 기도회 마치고 귀가 후 쉬었다가 사모 출근 투산 시동이 걸리지 않아 전기차 김동민과 함평 버스터미널 동행 출하였습니다. 아침 메리츠해상화재보험 긴급 서비스 전화 연결 후 함평읍 출동 밧데리 충전 후 고구마 1박스 기분 좋게 선물하였고, 학교면 주유소 가득 기름을 67,000원 넣고 삼성전자 2인용 전기 요 60,000원 잉크 2개 80,000원 주문결재하고 향교 믿음 자동차 카 센타에서 밧데리 11만 원 교체하고 타이어 바람 조절하고 앞 타이어 가격 견적 받고 귀가 하였습니다. 삼성전자 함평점 노사장 라면 1셋트 고객 선물 주셔서 점심 식사 잘 먹었습니다. 감사합니다.

3) 전기요 테스트 이상 없습니다. 감사합니다.

2022년 12월 6일 화요일 새벽 브라질과 대한민국 월드컵 8강전 시합에서 전반전 4:0 후반전 4:1 대한민국 선전하였습니다. 감사합니다.

아참 기도와 훈독 운동 아침 식사 마치고 참교회 방문 기도와 찬양 감사 영소, 개 사료를 주고 귀가하였습니다.

성경 누가복음 11장 에수님의 기도 가르침과 생활을 표현한 내용입니다. 감사합니다.

삼성전자 노사장 진라면 고객 선물 아침 식사를 마치고 마티, 조이와 그 새끼들 3마리 고기를 섞어주었더니 잘 먹었습니다.

4) 간밤에 꿈

어느 곳을 방문하여 상담하여 좋은 반응이 있었습니다. 오는 고객, 초청받아서 상담하는 꿈으로 자주 만남이 이루어지는 꿈입니다. 감사합니다.
해몽: 많은 분들의 상담과 하나님의 사역에 좋은 소식이 있습니다.

5) 이지현 교수님 꿈

1) 남편이 소변이 마려워서 프라스틱을 주었습니다. 가득차기 전에 화장실에 가서 마무리 하도록하고, 본인은 다른 그릇에 볼일을 보고화장실에 옮겨가는 길에 바닥에 넘어서 이부자리와 바닥에 흘러내내리는 꿈
2) 단체에서 이벤트를하는데 오후 3시부터 6시까지 수학강의를 하기로 했습니다. 고, 1때 수학 정석도 잘했지만 준비 없이 강단에 서기는 어렵다고 생각 했습니다.
3) 민주가 3-4세에 과자를 먹고 남편이 배나 기차를 타고 오후 1시까지 오라고 하는 꿈입니다.
4) 구더기를 다 쓸어 넣어버리는 꿈
해몽
1) 화장실은 은행 거래 통장이고 안방은 현금이나 카드입니다. 남편 부군께서도 은행이나 본인 쓰는 현금 카드 잔액이 충분합니다. 본인의 현금이나 카드도 충분하고 은행도 잔액 많이 있습니다.
2) 이상훈 아드님이 침착하고 정직해서 소리는 작지만, 정답을 알려주는 내용이므로 많은 사람들이 좋아 합니다. 수확 공식을 잘 알면 응용문제를 잘 풀 수 있는 것처럼 인기가 많아 오후시간은 바쁘고 마감 시간이므로 바빠지는 일이 많아집니다.
3) 민주 3-4세 과자는 주변 사람들이 먹을 것 많이 주고 인기도 있으므로 좋은 일, 생기고 남편 부군께서도 오후 1시까지

오라는 소식 듣고 배를 타고, 기차를 타고 강의나 세미나에 초대되어 일감이 많아진다는 것입니다.

4) 똥파리나 쉬파리는 먹을것이 있으면 날아오고 찾아오지만 먹을 것이 없으면 도망갑니다. 고로 지금까지는 아무나 도움 주었지만, 정신적 가치관 영성의 지도자 기독교, 천주교, 불교 기타 모든 종교의 중심보다는 본인이 깨달았으므로 중심적 역할을 다하라는 것입니다.

세계화 문화와 관광산업을 통행서 1989년 미국 심리학자 로버트 새로운 모험과 관심과 정신적 영성의 가치관의 참삶이다. UN참공동체의 길이라 합니다.

자유마을 교수진 강의 내용은 자유는 이승만 전 대통령의 건국이념이다 하나님의 나라와 의의는 하나님을 모시고 온 인류가 한 가족이며 예배와 기도 찬양 감사드리는 것입니다.

한국의 전통 설화 어느 마을에 7명 아들 형제를 둔 가정이 한 끼 먹이가 어려운 삶 속에서도 달과 별이 지켜 보고 있다는 것을 의식하고 눈물로 고민하던 선비 가정에 더벅머리 총각이 죽과 쌀밤을 건내 주고 일자리를 인도하여 결국 부자가 되었습니다.

오랜 시간이 흘러 집에 와보니 기와집에 할머니가 마중나왔고 큰아들, 둘째 아들이 중년 남자를 찾아 나섰지만 찾지 못하고 선비가 나서서 한양 안내처를 찾아서 중년 청년 만나서 집에와서 사정을 들어보니 천당의 별이라고 소개하고 사라졌습니다. 고로 좋은 일을 하고 노력하면 하늘이 도와주신다고합니다.

UN참사라협동조합 밴드 가입자가 관심 있습니다. 많은 관심과 정성으로 하나님의 말씀과 성령님의 은총이 풍성한 행복의 마당이 되도록 기도와 정성으로 함께합니다.

2922년 12월 7일 참교회 참배 후 이지현 교수 꿈

1) 5척의 큰 배를 타고 가기 전 1호 차 대기 중 답답하여 밖에 나와서 서성거리다가 시간을 확인하니 오후에 출발한다고 하여 소지품도 놓아두고 산보하고 오니, 비나리고 어두컴컴하였습니다.

해몽:

1) 오수는 주역의 5행, 오미, 오색, 5대양 6대주 지구 전체를 의미합니다 누구나 시간이 되면 배가 출발 할 줄알지만 하나님의 섭리는 사람 중에 참사람 영성의 문화의 가치관을 중요시합니다. 1896년 로버트가 이야기한, 문화의 가치관만이 미래를 이끌어 갑니다. 먹고 마시고, 명에 권력도 중요하지만, 하나님께 감사하는 생활입니다. 이지현 교수님께서 우주의 에너지 사명 1호 선박은 방향과 목적지를 알리고 출항해야 하므로 큰 사명을 가지고 80억 인류 가운데 600명도 좋으니 참된 문화의 가치관 영성의 가치관이 있는 사람들을 준비하라는 꿈으로 해몽합니다. 감사합니다.

6. 고구마 찐 것을 맛보니 더무 달고 맛있습니다. 감사합니다.

염소, 해피, 조이, 마티 개 사료와 물을 주었습니다. 감사찬양을 드렸습니다.

UN참공동체의 사명 현 기독교의 대안과 기타 종교의 방안 등을 감안하여 공동체의 인식과 자유, 경제, 문화, 학술, 기술, 에술, 문화, 체육, 전반을 추스르고 보듬어서 젊은 청들의 일자리 알선과 한가족 공동체의식으로 상담과 대화 장학정책을 대안으로 제시하고 육아교육과 지원, 한부모가족 돌봄과 다문화가족 지원, 탈북 가족 정책, 자유마을 등 승공사상교육과 대안이 필요하다. 참교회, 참사랑협동조합, 참사랑협동조합대학교 등 참사랑 문화 가치관 영성리더십 양육이 급선무입니다. 감사합니다.

김동민 함평 버스터미널까지 안내하고 함평 농협 11만원 통장 현금 입금한 후 신문 2종류 커피 한잔을 타서 가지고 차에와서 함평 5일장 고구 유통업자와 명함 주고받으면서 엄다유통 창고 안내받았습니다. 라디오에 충전 셋트를 사고 나노 비누와 핸드폰 케이스 1,000원 사서 귀가 세탁물 세탁하여 건조대에 널었습니다. 김병원 사장 20분 정도 전화 상담하였습니다. 군 공항 함평 정보와 광주광역시 편입에도 공감하였습니다.

함평 인구 절감과 빈집 문제 전남 140억원 예산 투입과 허수 주거인구 반정도이다. 심각한 문제를 잘 풀어서 무안 공제공항 연장 사업 돌머리 해수욕장 전철연계사업도 좋은 방안입니다. 함평의 볼거리, 먹거리, 숙박과 체험농장, 유통센타가 필요하다. 수출과 제품납품 가공산업이 동시에 연결되어야 합니다. 금호타이어 공장 송정역 아파트 허가 무산되어 빚고을 공사도 연장되어 제3안 주거 환경과 물류센타 광주광역시 농산물 공급 주산지로 탈바꿈합니다. 첨단 단지 유치 국가정책사업과 함평항 개항확장 태평양, 대서양, 인도양 해상무역으로 세계시장을 석권하고 무안 공항이 세계의 중심 공항이 되어야 합니다. 엄다면 평야들판이 4, 50만 명 신시가지를 재개발 해야합니다.

에술과 문화 과거 3국, 삼한시대에 쏘국가였고 전국 효도, 효자비가 28개 이상 세워져있는 효는 모든 법의 근본이라 하였으니 효정의 모델입니다. 세계인구가 찾아와 영성과 인성, 인격도야를 학습하는 수행과 마음공부의 도의 연수원이 다함께 평화를 이루어 세계평화의 기원을 세워야 합니다. 감사합니다.

2022년12월 8일 목요일 참교회 방문 염소, 해피 물과 사료 첵크하고 기도와 찬양 감사함으로 배추, 양파, 미나리 밭, 답사

한후 귀가하여 보일러실 보고 주변 정리하였습니다.

김동민 부탁한 짐도 있어서 함평버스터미널 주차장에서 기다리고 있다가 시간이 되어서 전화 하여 확인하였으나 친구와 동행 귀가하였습니다. 짐 박스와 가방 사모 짐까지 고생 많이 하였습니다. 감사합니다

7. 소설 김공수

시대정신에 따라서 본인이 본인의 소설을 쓰게되었습니다. 작가도 김공수 철학도 김공수철학, 신앙도 김공수 신앙, 배움의 가치관도 김공수, 모두가 김공수 이지만 하나님과 예수님의 생애, 성령님의 인도하심에 따라서 하나님의 나라와 성령님의 인도하심에 참하나님의 의의를 펼쳐 나갈 수 있는 방안을 생각하면서 이글을 정리합니다.

8. 2022년12월 12월 9일 금요일 새벽 이지현 교수님 꿈

1) 첫째 장면 중국식당에가서 자장면 주문 할려고 하나 자리가 없어서 나오고

2) 두 번째 중국 식당가서 알아보니 자장면을 주문해도 나오지 않아서

30 세 번째 식당에 가니 자리 하나 있어서 주문하여 자장면을 먹고 나오는 꿈

해몽

1) 지상을 상징하지만 많은 사람이 먹고 마시고 사는 데만 관심있지 영성의 기운은 관심 없습니다.

2) 영계인데 질서가 없으므로 주문해도 나오지 않는다. 기다릴 수 없어서 다른 곳으로 이동하였습니다.

3) 세 번째 천국 식당입니다. 좌석 있고, 주문하니 자장면이나

와서 먹고 나왔습니다. 영성과 참삶 진아 나를 사랑하고 이웃을 다 나의 형제자매처럼 참사랑하고 하나님의 에너지 참사랑을 공유하는 시스템을 만들어야합니다. 이지현 교수님 가족에 관심과 사랑! 이웃도 참사랑으로 인도 바랍니다. 감사! 노래와 간절한 참삶의 의미와 우주의 에너지를 받으면 120세까지도 건강하게 잘 살 수 있습니다. 감사합니다.

나를 통한 하나님의 참사랑 항상 감사드립니다 오늘도 파이팅입니다.

09: 포럼, 09:30 KBS 덕산 3리 마을 방영, 오후 3시 공동체 마을 토크가 1시간 30분간 진행합니다. 적십자회비 납부 바랍니다. 이장 안내 방송입니다.

2022년 12월 10일 토요일 김영초 작은아버지 성화! 작은아버지 둘째 아들 큰딸 민정 결혼식 날이 되어서 2022년 11일 12:00부터 수원시 영통구 매영로 229 장례식은 2022년 12월 12일 14:00 입관이다. 발인 2022년 12월 13일 08:30분이다. 장지: 양지 수목장 (용인 불광사)

사모와 의논하여 2022년 12월 10일 저녁 6시에 결정한다. 김종수 동생 오후 6시 이후에 전화 상담하기로 하였습니다.

9. 2022년 12월 14일 김중수, 김찬수동생 작은아버지 성화 장례, 김찬 김민정 딸 겨혼식 축하에 대한 문자를 받고 답을 보냈습니다. 감사합니다.

2022년12월 15일 KBS TV 윤석열 정부 국민과의 약속 생중계 방송 시청하였습니다. 200여일 지난 단면이지만 새로운 각오와 결의에 찬 의욕을 보았습니다. 감사합니다.

10. 박구용 박사 사회복지학박사 논문 학술지게재의 건 문자를 공유하였습니다. 감사합니다.

11. 평화포럼 제40회 13:00까지 소감문 발송후 김병원 출판 사장과 상담 하였습니다. 본향 책 원고 읽으면서 하염없이 많은 눈물을 흘렸습니다. 대동면 덕산 4리 용안동 생활에 감격의 눈물이었습니다. 더욱 근면 성실 열심 기도와 정성으로 함께합니다.

김동민 무대 업무 마치고 귀가 사모와 같이 광주에 갑니다. 함께해주신 하나님께 감사드립니다.

2022년 12월 17일 통요일 김병원 육군 대령 예편 출판사 사장님의 10분 이상 상담하고 업무협조바랍니다.

김종수 동생 수원에서 성화식 결과와 향후 대책까지도 잘 이해하고 건강을 기원합니다.

박구용 박사 문자 업무협조를 부탁하였습니다.

오늘도 좋은 날 하나님의 참사랑함께 행복하십시오! 감사합니다.

성공의 비결은 하나님과 함께하는 참삶의 비전이요, 목적입니다. 주어진 환경과 시간을 경영관리 참사랑리더십입니다.

김종수 동생이 형 대신 새벽 같이 기상하여 예배 인도하니 김석진 대교구장님이 성화식 에배 인도해주셔 감사드립니다. 입전 예배는 조창언 대교구장님이 오셔서 집도하였습니다. 3,500만 원 부의금과 40여 개 화환 여러분들의 협조에 감사드립니다. 동생이 생선까지 어르신께 인사에 감동입니다.

지금까지의 모든 것 다 풀고 새로운 도약과 비전을 가지고 참 삶의 시작입니다.

김병원 사장님! 어려워도 마다하지 않고 열심히 노력하는 마음에 감사드립니다.

사랑하는 김종수 동생! 언제나 형의 부족함을 채워주고 기도와 정성 으로 함께하여 주어서 감사합니다.

12. UN참공동체회 부속 UN참공동체학회지 창간호 발행에 감사를 드립니다.
모두가 하나님의 나라와 의의를 세우는 길입니다.
하나님의 참사랑 에배와 기도 찬양 감사드립니다.

13. 2022년 12월 18일 일요일 누리 예배와 설용수 회장 초청 강의가 함평교회에서 있습니다.
단국대학교 재학부터 지금까지 초청강사로 많은 활동을하고 수고 합니다.
항상 건강하시고 참사랑함께 하십시오!
기도회 마치고 아침 식사 후 이지현 교수님 꿈해몽과 염소, 개, 사료를 주고 골모길 마당 등 눈을 쓸고 차량 눈도 치우고 본향 원고와 하나님과의 참삶 김공수 박사 원고를 정리 하였습니다. 감사합니다.

14. 배윤호 사장님 전화 상담하였습니다. 설 명절 굴비 선물차 준비로 굴비 팜프렛을 카톡으로 송부하였습니다.
효사랑 간호사님 전화 상담하였습니다.
눈이 많이 나리고 쌓여서 가정예배드렸습니다. 감사합니다.
조이 새끼 개와 어미 보금자라를 다시 행리해주고 청소를 하였습니다. 함평군과 대동면에는 눈이 15 쎈티미터 이상 나려서 통행 어려움이 많습니다.
고구마와 굴비를 주문하신 배윤호 장로님과 유권사님! 감사드립니다. 항상 건강하시고 참사랑함께 행복하십시오!

15. 부자들의 비결은 버티는 것이다.

다변화 시대에 코로나 19 내부의 4차산업의 변화 시키는 시대에 기술, 경제, 문화, 글로벌 경제 AI기술 등 변동성을 이기는 것이다. 주식, 물가, 부동산 등 폭락과 폭락이나 기타 사항이다. 삼성전자의 사례이다 250만 원에서 5만원 계속 떨어지고 상장 후 3,000원으로 시작하였다. 버티면 후회도 있다. 외국인들이 수익을 보고 내국인들의 속사정은 후회가 많았다. 항상 투자를 대하는 태도입니다. 분산 투자 분할투자 시간이 지나면 손실보다는 이익을 본다. ㄸ겁지도 않고 착ㅂ지도 않는 것이다. 경제위기 10년 주기설입니다. 기계적 변화도 있지만, 긍정과 희망보다는 긍정적 생각이다. 중심을 봅니다. 목적과 목표를 구분 큰 목표를 전술이 필요합니다. 보수적이지만 적극적 공격입니다.

무질서는 과거로 돌아가지 않습니다. 인터넷 공기처럼 사용합니다. 상상을 즐겨 봅니다. 버티기에 능한 사람은 물고기를 쫒지 않습니다. 기다리는 습관입니다. 통장에 현금이 있는 것을 불안하게 생각하지 말아야 합니다. 항상 의논할 수 있는 자를 두고 의논해야 합니다. 몸 테크입니다. 부지런하게 활동합니다. 나비를 봅니다. 지구반대편의 토내이도 생각 상상력입니다. 파도의 위력을 생각합니다. 그것을 찾고 방법을 찾는것입니다. 단기보다는 오래 참을 수 있는 가능성을 바라는 것입니다. 자본주의는 발전합니다. 장기는 이익이 따릅니다. 미래가치는 분석이 필요합니다. 시간을 인내할 수 있어야 합니다. 일정 기간 투자와 분석입니다. 투자는 냉정합니다. 돈이 없다면 미래가 없습니다. 생활비와 투자자금을 준비하여야 합니다. 여유돈! 머티는것! 10,000만 달러 버틴 사람이 10년 후 미국 사례는 10배 이상입니다. 모든 기업은 위기의 전환점이 있습니다. 경제

파동 10년 20년 30년, 40년, 50년, 60년 주기가 있습니다. 인공지능 신재생에너지 기회로 활용하는 것입니다. 미래는 4차산업이 준비하고 있습니다. 창의력 수입 모델을 만들 수 있습니다. 생산 제조 동영상, 기타 엡 서비스, 동화 속의 시장 4차산업 기술은 창의력, 융합, 4차 선택과 집중은 모든 것 가능합니다.

16. 2022년 12월 19일 월요일 역사적인 눈이 많이 나렸습니다.
어제도 오늘도 약 15쎈티미터가 나려서 외출하기가 어렵다. 겨우 골목길만 쓸고 염소, 개 사료만 줄 뿐이다. 자동차도 눈 꽃이 피어서 빗자루로 쓸어내리고 앞 창유리만 보이게 할 뿐이다. 폭설이라고 보아야 합니다. 용안동 염소와 해피 개사료는 사전에 많이 주어서 먹을것대비 2일간 가지 못했습니다. 하얀 마음으로 좋은 세상 만들어 갑시다. 감사합니다.
존경하고 사랑하는 하나님! 감사드립니다. 전기차를 운행하여 함평 터미널 김동민 군화 전달 후 사모 출근길 찾아서 존하우스 동함평 공단 동쪽 끝자락 마당 안내하고 턴하여 귀가 할 수 있다. 사모 투산 시동 걸고 전, 후진 하였지만 턱이 있어서 어려웠다. 마티가 꺼낸 담요 창고 넣고 사료도 보충해서 주었습니다.
어렵게 아침을 보내고 세탁물 건조대에 널었습니다. 박구용 목사 카톡 받았지만 어렵게 문자 받아서 용기와 힘내어서 하나님께 예배와 기도, 찬양 감사드립니다. 라고 답하였습니다. 모든 것 하나님의 능력이요 힘입니다. 감사드립니다.
2022년 12월 21일 수요일 새벽 기도회를 마치고 식사 후 염소, 개, 닭 사료를 주고 참교회 방문 용안동 우물 앞 주차 후 걸어서 참석 후 염소, 개 사료와 물주고 기도 후 귀가 하였습니다. 감사합니다. 아침 일찍부터 비가 나려서 눈도 녹고 봄날씨처럼 아주 상쾌한 아침입니다. 사모는 기도회 마치고 아침 식사하다.

어제는 2023년 1월 24일 생신 축하 봉투를 전하여 케익 선물같이 축하를 기원합니다. 김동민 2023년6월 5일 제대를 앞두고 하나님께 감사드립니다.

17. 성공원칙 10가지 마샬 필드
1)시간, 2) 신념, 3) 근면 4) 단순원리 5) 인격, 6) 친절, 7) 의무감 8) 경제, 9) 인내, 10 기술입니다. 감사합니다.

어제 등기 속달 내용증명서 서류접수는 국립중앙도서관장 앞으로보낸 우편물 배달 하였다는 문자를 받았습니다. 어제 서둘러서 보낸 배달 증명한 것이 중요합니다. 일초 광음도 중요하게 보내라는것입니다. 감사합니다.

천금 같은 할머니의 교훈은 대감의 아들이 아버지의부탁을 받고 한양에서 깊은 산골 훈장 선생님께 인사드리고 글공부를 하여2년 넘어서 부모님께 다녀오겠다고 큰 인사를 하고 깊은 산 고개 넘고 냇가에서 할머니가 무쇠로 갈고 있어서 손과 땀 씻고나서 할머니께 여쭤보니 무쇠를 갈아 바늘을 만드는 중이라고 하여 고민 끝에 다시 훈장 선생님께 인사와 중간 교훈을 보고드리고 열심히 3년 기간을 잘 채우고 공부하여 좋은 결과를 마쳤다는것입니다. 동지와 총각의 사례도 마찬가지입니다. 깊은 산골에 총각 혼자 살고 있는데 길 손님이 찾아와 무고 가겠다고 하여 오손도손 이야기 하다보니 첫 닭이 울고 혜어저 자주 들리겠다고 하여 응답 하고 스님께 여쭤 보니 붉은색을 좋아한다 하여 붉은 동지 죽을 쑤어서 문설주에 바르니 기겁하여 떠난 사건이 장난기 많은 도깨비라고 하였습니다. 우리는 내일 하늘의 설 동지를 맞아 액을 떨치고 하나님의 나라와 으이의를 찾아 세우겠습니다. 감사합니다.

2022년 12월 22일 목요일 아침 눈이 많이내리고 어제 온 비로 얼어있는 상태입니다. 염소, 개 사료를 주고, 골목길 눈 치우고 정리하였습니다.

18. 간밤에 이지현 여왕님 꿈

1) 화장실 볼일 보고 있는데 문짝이 열여있어서 조카 손아래15살 심리학 박사 몸으로 가리고 있으라고 하고 마무리하였습니다.

2) 들판에 강물이 갑자기 불어나 황토 물까지 내려오는 데 건더는길목에서 조카는 벌쩍 뛰어 가는데 이지현 여왕님은 거동이 불편하여 조카님에게 손을 붙잡으라고 하여 잘 건너는 것입니다.

해몽:

1) 화장실은 물질 경제적 도움을 주고 주변의 우리를 도와주는 것입니다. 전문 상담사의 활동반경이 늘어나고 고객관리가 많아져서 조카의 도움도 필요합니다. 상호협조를 하여 발전시키면합니다. 경제적 도움도 공유하면 좋습니다. 상담을 하아보면 사례가 많이 있습니다. 가족이나 친척 지인에게 상속하지만 지금은 자기에게 도움을 주는 사람에게 협조합니다. 좋은 일이 많이 생기게 됩니다.

2) 물도 물질적 풍요입니다. 갑자기 황토물이 흐르는 것은 큰, 돈이 지인이나 주변 사람으로부터 개인 분산투자한 것이 하나, 둘 수입으로 들어오는 것입니다. 혼자는 다 관리가 어려우니 조카도 손잡고 협력하면 좋겠습니다. 감사합니다.

문평래 회장 어제 밤 10시 전화 걸어와서 상담 하였습니다. 안부 전화 업무 부탁 이었습니다. 고맙습니다.
2022년12월 22일 김영월 목사 동지 팥죽 고맙습니다. 사모 동민 저녁 팥죽을 같이 먹었습니다. 감사합니다.

19. 2022년12월 23일 금요일 오늘은 제41회 평화포럼 08:30~12:00 소감문 작서하면 마칩니다. 좋은 시간이 되었으면 합니다. 형식이 아닌 진정성으로 상승되기를 바랍니다. 하나님을 감동하고 예배하고 기도하고 찬양과 감사의 평화 한마당이 되기를 바랍니다.
눈과 바람이 불어서 개, 닭, 염소 사료주고 골목길에 눈을 치우고 당산나무 앞 의자에 눈도 쓸어 놓았습니다. 감사합니다.
참교회 방문은 자제합니다. 염소와 개 해피 사료를 충분히 주고 와서 3일간은 버틸 것입니다. 크리스마스 성탄절은 예수님의 탄생 빛을 소유하고 새로 출발의 의미를 갖고 참삶과 참생명, 참 혈통, 참사랑으로 거듭납시다. 감사합니다.
자신이 습관을 정하여 건강 습관은 잠관리, 식습관, 실천하기 쉬운것부터 작은 습관이 내면의 저항을 줄일수 있습니다. 존경하고 사랑하는 하나님! 절대 하나님과 심정일체되어서 생각과 사상, 뜻! 섭리를 이해하며 효정의 참문화 정착하겠습니다. 예배와 기도 찬양, 기쁨의 감사를 드리는 것입니다.
본향 원고를 마무리하면서 하나님의 참사랑 감사합니다.

본향
(original hometown)

펴낸날　2023년 01월 08일
지은이　본향 작가 김공수 박사
이메일: kggs9911@gmail.com
전화　　010-9821-2239
펴낸곳　킹포레스트
펴낸이　김병원
전화　　010-5206-7113
이메일　bwhyu1090@naver.com
제작　대양문화인쇄사
isbn　　979-11-968364-2-9